세기의 권력자들

세기의 권력자들

김준봉 지음

이담
Books

머리말

　권력은 인간을 변질시킨다. 절대권력은 인간을 병들게 하고 미치게 한다. 1948년 남북이 각각 독립한 뒤 64년의 세월이 흘렀다. 남북은 지금 전혀 다른 세상에서 살고 있다. 남북을 이처럼 전혀 다른 세상으로 만든 가장 큰 단일 요인을 든다면, 국가권력관리의 상이함에서 찾을 수 있다고 본다.

　북한은 폐쇄사회이고 특히 권력 내부의 파워게임이나 승계과정의 패륜아적 행태를 우리는 알지 못한다. 그러나 북한이 국가권력을 세습하고 있기 때문에 사실상 북한은 왕조이다. 따라서 저자는 북한의 이해를 위해서 왕조의 행태와 승계과정을 동서고금, 시공과 인종의 구분 없이 알아보기로 하였다.

　결과는 놀라운 것이었다. 지역, 시대, 인종의 차이 없이 절대권력자들의 행태는 같았으며 승계과정은 모두가 '정글의 법칙'대로였다. 조사 대상 국가는 중국, 이스라엘의 남북조, 아테네와 스파르타, 로마, 러시아, 독일, 중동의 이슬람 국가들 그리고 북한이었다. 인간이 사회를 형성하여 살아가기에 누군가가 권력을 행사하지 않을 수 없는데, 권력을 행사하는 사람마다 병들고 미친다면 어찌해야 하는가?

　그래서 영국은 700여 년에 걸쳐 왕권을 견제하여 군주의 권한을 제한하고, 마침내 찰스 1세를 처형하고, 의원내각제를 만들고, 입헌군주국을 만들기에 이르지 않았던가. 인치를 지양하고 법치로써 상당한 '권력의 문명화'를 이룩하였던 것이다.

인간이 이 세상에 출현하여 살아온 기간을 1일 24시간이라 볼 때 인류가 문명, 문화, 윤리, 도덕 같은 제조건 속에서 살아온 기간은 불과 4, 5초에 지나지 않는다고 하니, 23시간 59분 56초 동안은 정글의 동물과 같은 생활을 했다고 볼 수 있다는 말이 되겠다. 그런 인간에게 절대권력을 맡기니, 동물의 세계에서 일어나는 일들이 인간세계에서도 그대로 일어난다고 볼 수 있겠다. 왜 황제는 몇천 명, 몇만 명의 궁녀를 감금하여 소유하였던가, 북한의 기쁨조는 그것과 무엇이 다른가?

남북이 분단될 당시 북한이 모든 면에서 월등히 유리했음에도 오늘날 북한이 저 지경이 된 가장 큰 원인이 법 위에 1인이 통치하는 그 전근대적 국가권력관리 체제에 있음이 너무나 명백하다. 1970년대 초반까지 북한의 주민 개인 소득이 남한보다 높았었다.

영국의 의회제도보다 한 발짝 더 앞선 것이 미국의 대통령제다. 인간으로서 필요한 기본적인 경험과 준비를 갖추었다고 볼 수 있는 35세 이상의 후보자 가운데서 국민이 선출하여 4 내지 8년을 봉사하게 한 뒤 물러나게 하는 방식이기 때문이다. 3권 분립으로 견제를 받으며 봉사하는 제도이다.

한국이 오늘날 이처럼 발전한 데는 우리가 '자유민주주의 제도'를 채택하였던 데 그 원인이 있다고 믿는다. 옛날 피라미드를 쌓기 위해 많은 사람이 죽어갔다. 그 사람들을 우리는 노예라 부른다. 북한의 주민들은 권력자 한 사람의 취향, 심기, 생각을 실현하기 위한 도구이다. 그들은 국민이거나 시민이 아니다. 신민이며 노예이다.

우리 후손들을 그러한 체제 속에서 살도록 할 수는 없다. 이 책을 읽어보시라. 그 이유가 너무나 자명하다. 이 책을 읽으시는 독자 여러분께서는 무슨 이유에서건, 종북, 친북 하는 사람에게 이 책의 내용을 알려주었으면 한다.

이 책을 준비하는 데 자료의 정리 등 많은 수고를 하신 이경주 씨, 많은 아이디어와 격려를 해주신 젠리코(ZENRICO) 사장 김재환 박사와 연세대학교 교수 김은주 박사 내외, 책으로 태어나게 해주신 한국학술정보(주) 채종준 대표이사님을 비롯한 출판사업부 권성용 대리와 직원 여러분께 진심으로 감사를 드린다.

2012. 3. 27.

김준봉

프롤로그

권력발생의 근거

권력현상은 사회적 의미를 갖는 현상이므로 사회적 근거가 있게 마련이며 그것은 사회 내부적으로 질서를 수립하고 외부적으로는 외침을 방지해야 하는 사회적 필요성이 권력발생의 근거라고 볼 수 있다.

권력의 의의

영국의 B. 러셀(Bertrand Russell, 1872~1970) 경은 "마치 에너지가 물리학의 근본적인 개념인 것 같이 권력은 사회과학의 근본적인 개념이다." "인간의 욕망 중에서 가장 중요한 것은 권력과 영광에 대한 욕망이다"라고 말하였으며, 막스 베버(Max Weber, 1864~1920)는 "어떤 사회관계의 내부에서 자기의 의사를 관철시킬 수 있는 일체의 찬스(가능성)"로 보았다.

일반적으로 권력을 정의하면, 권력이란 다른 인간이 소유 내지 추구하는 가치를 빼앗거나 또는 빼앗겠다고 위협하여 '인간의 행동양식(Pattern of conduct)'을 통제할 수 있는 능력이라고 할 수 있다.

영광을 누리는 가장 쉬운 방법이 권력을 장악하는 일이고 권력을 행사코자 하는 욕망이 인간성에 내재하는 고유한 속성인 것 같으며 '권력의 맛(taste of power)'은 도취적인 것으로 보인다.

권력의 개념

정치학에서는 권력의 실체개념(實體槪念)과 관계개념(關係槪念)의 두 가지로 보고 있으나 나는 신으로부터의 위임개념(委任槪念)을 추가하여 생각해보고자 한다.

실체설은 권력을 하나의 실체로 생각하여 이러한 실체를 가진 소수의 사람들이 권력 장악자로 되어 다수의 사람들을 지배한다고 주장한다. '권력을 장악한다', '권력의 좌(座)에 오른다' 등은 실체설에 입각한 표현이며 T. 홉스(Thomas Hobbes, 1588~1679), 헤겔(Georg Wilhelm Friedrich Hegel, 1770~1831), 마르크스(Karl Marx, 1818~1883), 스탈린(Joseph V. Stalin, 1879~1953) 등이 주장자이다.

실체설은 치자(治者)가 가치물을 일방적으로 소유함으로써 피치자(被治者)는 소유를 못 하게 되어 대립관계가 형성되면서 유한(有限)한 가치의 배분을 둘러싼 대립이 불가피하게 된다.

즉, 권력을 일방적 의지의 관철로 생각하면 다른 쪽 의지의 배제가 되어 정치권력은 복종자의 이익을 수탈하는 것이 되고 정치권력에 따르는 권위의 성립은 교묘한 기만이 된다. 수탈한 것과 수탈당한 것의 크기는 같으며 양자의 합은 제로(zero)가 되어 '제로섬 게임(zero sum game)'이 된다.

권력은 희소가치이므로 나누어 가질 수 없는 가치이자 경합하지 않으면 획득할 수 없는 가치로 보고, 상대방의 권력 축소 없이는 자신의 권력을 증대할 수 없다는 '권력관'이기 때문에 패자가 없는 승자가 있을 수 없어 권력게임은 모든 경쟁자의 득실점의 합계가 제로가 되는 게임이며 모든 경합 중 가장 냉혹하고 무자비한 것이다.

권력관계설은 권력을 하나의 실체로 보지 않고 치자와 피치자 간의 관계로 보는 것이다. 관계설의 대표적 이론가는 존 로크(John Locke, 1632~1704)이다. 정치권력의 존립 자체가 사회 공통의 이익을 낳는다고 보는 것이 '비(非)제로섬 개념'이다. 권력관계설에 있어서는 복종의 계기를 중시하게 되어 권력자와 복종자의 사이에는 이익추구를 위한 인간의 공동행위라고 하는 협력관계의 이미지가 생길 것이다.

어떠한 사회에서도 사회 전체에 이익이 되는 도로, 항만, 공항 등 공공재의 건설 같은, 통일적인 결정을 필요로 하는 문제가 생기기 마련이다. 공공적 문제가 통일적인 결정이 되면서 민중 전체의 이익이 증대된다. 결정의 효과가 비제로섬적이다. 그래서 권력을 실체적 요소를 포함한 관계로 보는 것이 옳다고 본다.

권력의 제로섬 이론은 현실 정치의 분석에 있어서는 불가결의 이론이라고 할 수 있다. 역사적으로 모든 나라의 정치는 언제나 사회적 가치의 불평등한 배분이라는 것과 결부되어왔기 때문이다.

사회가 통일적인 결정을 작성하는 경우에도 그 결정이 그것을 직접 작성하는 인간이나 집단의 구체적인 이해관계와 어떻게 결부되어 있는가의 관점을 망각하고 정치를 논한다면 그것은 어떠한 경우에도 현실적이 아니며 결코 정당하다고 볼 수 없을 것이다.

권력의 실체설과 관계설 외에 나는 한 가지를 더 추가해야 된다고 생각한다. 그것은 권력의 집행 내지 행사자가 그 권력이 절대자인 신으로부터 또는 역사적 소명으로서 자기에게 위탁, 위임되었으며, 자기는 오로지 그 뜻에 따라서 집행한다는 겸손한 '심부름꾼'의 자세를 취하는 경우이다.

　미국의 초대 조지 워싱턴, 3대 T. 제퍼슨, 33대 H. S. 트루먼, 38대 G. 포드 대통령 등이 그 예이며, 프랑스의 드골 대통령, 한국의 박정희 대통령도 이 반열에 든다고 믿는다.

　이에 대해서는 2012년 9월경 별도로 출판할 계획이다.

목 차

머리말 / 5

프롤로그 / 8

제1부 중국의 황제와 현대 지도자 / 17

1. 시황제(B.C. 259~210, 제위 B.C. 247~210) / 19

2. 유방과 항우 / 24

3. 여후의 시대 / 28

4. 문경의 치(文景之治) / 34

5. 한 무제(무제, B.C. 141~87) / 35

6. 외척의 시대 / 38

7. 왕망의 찬탈 / 41

8. 광무제의 두 황후 / 44

9. 외척 두씨의 흥망 / 45

10. 외척과 환관의 권력다툼 / 47

11. 동탁과 조조 / 50

12. 팔왕의 난 / 52

13. 후조(後趙)의 권력승계 / 56

14. 송조(宋朝)를 세운 고조 유유 / 57

15. 수문제와 양제 / 59

16. 당 태종 이세민 / 61

17. 측천무후 / 63

18. 현종 / 68

19. 황소(黃巢)의 난 / 73

20. 원의 후계자 싸움 / 74

21. 명의 건국과 건국공신 숙청 / 77

22. 정난(靖難)의 변 / 79

23. 주고구의 최후 / 81

24. 환관의 발호 / 82

25. 강희제의 후계자 결정방식 / 87

26. 서태후와 옥새 / 90

27. 서태후, 원세개(위안스카이), 손문(쑨원) / 93

28. 장개석과 모택동 / 108

29. 1945년 이후의 중공 지도자들 / 115

제2부 이스라엘, 다윗과 남북왕조 / 125

1. 이스라엘의 다윗 왕 / 127

2. 이스라엘 남북왕조의 왕들 / 129

제3부 그리스 아테네와 스파르타 / 133

1. 스파르타의 군국주의 / 136

2. 아테네인의 이상(理想) / 140

제4부 로마의 황제 / 143

1. 카이사르 / 145
2. 카이사르와 박정희 / 147
3. 옥타비아누스 / 148
4. 티베리우스 / 149
5. 칼리굴라 / 152
6. 네로 / 153
7. 갈바 / 159
8. 로마, 2세기의 평화, 3세기의 위기 / 160

제5부 러시아의 황제와 현대 지도자 / 163

1. 이반 4세(이반 뇌제, 1533~1584) / 166
2. 표도르 1세(1584~1598) / 168
3. 보리스 고두노프(1598~1605) / 169
4. 가짜 드미트리 1세(1605~1606) / 171
5. 바실리 슈이스키(1606~1610) / 172
6. 공위시대(空位時代, 1610~1613) / 174
7. 알렉세이 마하일로비치(1645~1676) / 175
8. 표도르 3세(1676~1682) / 176
9. 이반 5세(1682~1689) / 177
10. 표트르 1세(1689~1725) / 178
11. 예카테리나 1세(1725~1727) / 181
12. 표트르 2세(1727~1730) / 182

13. 안나 이바노브나(1730~1740) / 182

14. 이반 4세(1740~1741) / 183

15. 엘리자베타(1741~1761) / 183

16. 표트르 3세(1762) / 184

17. 예카테리나 2세(1761~1796) / 185

18. 파벨 1세(1796~1801) / 187

19. 니콜라이 1세(1825~1855) / 188

20. 알렉산더 2세(1855~1881) / 191

21. 니콜라이 2세(1894~1917) / 193

22. 레닌 / 204

23. 스탈린 / 212

24. 흐루시초프 / 219

25. 브레즈네프 / 220

26. 고르바초프 / 222

27. 옐친 / 223

28. 블라디미르 푸틴 / 225

29. 드미트리 메드베데프 / 226

제6부 독일의 황제와 지도자 / 229

1. 하인리히 4세(1056~1106) / 232

2. 프리드리히 1세(1152~1190) / 233

3. 프리드리히 2세(1212~1250) / 234

4. 프리드리히 빌헬름 1세(1713~1740) / 235

5. 프리드리히 대왕(1740~1786) / 236

6. 18세기 이후의 독일(프로이센) / 238

7. 프리드리히 빌헬름 4세(1840~1861) / 242

8. 비스마르크(Otto von Bismarck, 1815~1898) / 244

9. 20세기 이후의 독일 / 246

10. 제1차 세계대전 / 248

11. 전체주의시대 / 255

12. 아돌프 히틀러 / 258

제7부 아랍세계의 지도자 / 271

1. 이집트의 대통령 / 275

2. 무아마르 카다피 / 277

3. 기타 아랍국가 지도자 / 280

제8부 북한의 김씨 왕조 / 283

1. 제2차 세계대전 이후 북한의 상황 / 286

2. 김일성의 등장 / 288

3. 김정일의 통치 / 296

4. 김정은의 세습 / 297

에필로그 / 305

참고문헌 / 309

제1부

중국의 황제와
현대 지도자

중국의 황제와 현대 지도자

손자병법을 영문으로 번역한 뒤 서양 사람들은 그 핵심을 '속임수'에 있다고 보았다. 이른바 "병자궤도야(兵者詭道也, 속이는 방도)"로 보았던 것이다. 그럼 시황제(始皇帝)부터 살펴보기로 하자.

1. 시황제(B.C. 259~210, 제위 B.C. 247~210)

진나라가 천하를 통일한 것은 B.C. 221로 시황제의 나이 39세 때였다. 시황제의 실제 아버지는 여불위로 장사를 하여 큰 부자가 된 사람이었다. 진(秦)나라가 6국(연, 제, 초, 한, 위, 조)을 병합하고자 진의 소양왕이 조나라와 화친을 맺고 손자 이인을 조나라에 인질로 보냈다.

이인의 아버지 안국군은 5년 전에 태자의 지위를 승계했지만, 그에게는 아들이 20여 명이나 있었다. 이인은 장자도 아니었고 모친 하희가 안국군의 총애를 받는 것도 아니었다.

안국군의 정부인은 화양 부인이었는데 자녀가 없었다. 여불위는 이인에게 거액을 들여 교육하고 많은 인재와 교우하게 하면서 화양 부인의 언니를 비싼 선물과 돈으로 매수하여 그의 동생인 화양 부인에게 이인을 남편인 안국군의 후계자로 삼도록 설득하게 공작(로비)하였다. 이인의 이름으로 값비싸고 귀한 선물을 계속 보낸 것은 말할 필요도 없었다. 안국군과 화양 부인은 여불위를 이인의 스승으로 임명했다.

여불위에게는 여불위가 큰 대가를 치르고 데려온 자색이 뛰어난 부유한 양가 출신 여인이 있었다. 이 여인에게 첫눈에 반한 이인에게 여불위는 이 여인을 주면서 바로 그 자리에서 부인으로 봉했다. 시집온 지 얼마 안 된 부인은 임신 소식을 전했다.

이인은 몹시 기뻐했으나 그녀 배 속의 아기는 이미 여불위의 집에서 생긴 아이였고, 이 아이가 정(政)이며 훗날의 진시황이다. 정은 B.C. 259년 정월에 태어났다.

B.C. 251년, 28대 소양왕(B.C. 370~251)이 세상을 떠나서 안국군이 29대 효문왕(B.C. 251~250)으로 승계했으나, 1년 만에 세상을 떠나고 자초(이인)가 30대 장양왕이 되었다.

장양왕(B.C. 250~247)은 즉위하자마자 여불위를 상국(相國)에 임명하고 군국대사를 관장하게 했다. 장양왕은 즉위한 지 3년 만인 35세에 세상을 떠나니 기원전 251~247년까지 4년 사이에 진나라는 국왕을 세 명이나 잃었다. 이 사건은 아무도 속 시원히 밝히지 못한 미스터리로 남아 있다.

그 뒤를 이어 즉위한 사람이 장양왕의 태자로 실은 여불위의 자식인 진시황이다. 그의 나이 13세, B.C. 246년이었다. 어느 사이엔가 여불위는 일찍이 자기의 첩이었던 진시황의 생모와 정을 통하게 되었다.

시황제 34년인 B.C. 213년, 승상 이사는 극단적인 탄압책을 써야 한다고 주장하여 진나라 역사 이외의 다른 서적은 모두 불살라 없애고 옛 시서에 대하여 의논하는 자는 사형에 처하며 옛것을 옳게 여기고 현재를 비판하는 자는 그 일족을 멸하자는 것이었다.

시황제는 이사의 의견을 청취하여 많은 서적을 불살라버리고 다만 의약, 복서(卜筮)와 농사에 관한 서적만 남기도록 하였다. 이에 대해 유생들이 '시황제는 유생을 우습게 알고 법에만 의존하고 있다. 권세욕의 권화(權化), 잔학한 폭군'이라고 비방하였다.

시황제는 이 비방에 관련된 유생 460명을 구덩이에 생매장하였다. 이것이 '분서갱유' 사건이며 시황제 35년(B.C. 212)의 일이었다.

시황제는 13세에 즉위하면서부터 여산 기슭에 자신의 능묘를 만들기 시작하여 50세 죽을 무렵에야 겨우 완성하였다. 이를 여산능 또는 시황능이라고 부른다. 높이 116m, 사방이 각 약 600m로 둘레가 2.5km이다. 여산능의 조영 공사에만 75만 명이 동원되었다고 한다.

아방궁 건축공사에 70만 명, 만리장성 공사에 30만 명, 영남 개발에 50만 명, 도로공사 및 공공건물 건축 등 300만 명에 달하는 인원이 무상노역에 동원되었다.

시황제 37년(B.C. 210) 10월에 시황제는 순행길에 올랐다. 낭야로 가던 도중 병이 들어 사구에 이르렀을 때는 위독하였다. 시황이 조고를 시켜 변방을 지키던 장남 부소에게 줄 유서를 만들어 봉함하였으나 미처 사자에게 주기 전에 시황이 죽었다. 유서와 옥새가 모두 환관인 조고에게 있었고, 다만 아들 호해와 승상 이사 및 환관 5~6명만이 시황의 죽음을 알 뿐이었다. 승상 이사의 발의로 국상을 비밀에 부치기로 하였다. 함양으로 길을 재촉했으나 유해에서 고약한 냄새가 나기 시작하자, 마차 뒤에 소금에 절인 생선을 끌게 하여 냄새를 감추었다.

그 사이 승상 이사, 환관 조고, 아들 호해는 공모하여 유서를 위조, 호해를 태자로 삼고 장남 부소와 몽염 장군에게는 죄를 씌워 죽음을 명하는 내용으로 바꾸어 놓았다. 시황의 유해가 함양에 도착하자 비로소 시황의 죽음이 발표되고 태자가 즉위하니 이가 32대 2세 황제(B.C. 210~207) 호해이다. 위조된 유서를 받은 부소는 곧바로 죽었으며 몽염은 구금되었다가 감옥에서 피살되었다.

2세 황제 호해는 잔인 포악한 정치만을 일삼았다. 자신에게 반대하는 자를 베어 죽이고 22명이나 되는 형제자매까지 모두 죽였다. 조고는 천자가 군신 앞에 모습을 드러내면 고귀함이 없어지므로 자기가 국가 대사를 대행하겠다고 건의하여 승인을 받은 뒤 실질적인 군주 구실을 하였다.

조고는 승상 이사도 2세 황제를 마음대로 만날 수 없게 만든 뒤 중상모략으로 이사를 함양의 저잣거리에서 요참으로 죽이고 삼족을 멸하였다. 이사가 죽자 호해는 조고를 승상에 책봉했다.

B.C. 209년에 반란이 일어나 마침내 유방과 항우의 패권 다툼으로 이어져 B.C. 207년 봄 항우가 거록에서 장한이 이끄는 진나라의 주력 부대를 무찔렀고 유방의 군대가 함양으로 진격했다.

조고의 사위 염락은 망이 궁으로 난입해 승상 조고의 명에 의해 2세 황제를 시해하겠다고 위협하니 2세 황제는 자결하였다. 그의 나이 23세였다.

조고는 황권도 노렸다. 그러나 환관이 황제가 되겠다는 것을 지지해 주는 사람이 없었다. 하는 수 없이 호해의 조카 자영을 황제로 앉힌다는 소식을 알렸다. 그러나 이제 항우, 유방에게 국토의 대부분이 점령되어 버렸으므로 자영을 진왕으로 책봉하였다(33대 진왕(자영) B.C. 207).

태묘에서 조상께 고하기 위해 조고가 신왕을 나오라 하였으나 진 왕이 궁 안에서 나오지 않았다. 조고가 독촉 차 궁 안으로 들어가자 자영은 그대로 장검으로 조고의 가슴을 관통시켜 살해하였다.

그 3개월 후 유방이 함양을 포위하자 성 밖으로 나와 투항하여 진 의 멸망을 선포했다. 곧 항우의 대군이 몰려왔고, 병력의 열세로 유방 은 함양을 넘겨주었다. 자영은 항우의 손에 죽임을 당했다.

조고는 3년도 안 되어 한 국가를 멸망시켰으며, 한 나라의 황제를 죽이고 유능한 승상 이사, 진나라에서 가장 명망 높았던 몽염, 몽의 형제 장군을 살해했다. 무고한 진시황의 왕자와 공주 30~40명과 수 많은 대신의 생명을 앗아갔다. 이 밖에도 그의 손에 죽어난 자는 수 를 헤아릴 수 없을 정도다.

진시황이 중국을 통일한 지 겨우 15년(B.C. 221~206) 만에 진은 멸망하였다. 권력을 행사하는 사람의 주변 측근의 중요성은 아무리 강조하여도 지나치지 않다고 본다. 측근의 수준이 권력가의 수준이 라 해도 과언이 아니다. 권력가와의 물리적 거리는 상상 이상으로 중요하다.

2. 유방과 항우

진의 폭정에 진승·오관이 봉기한 것은 진의 2세 원년(B.C. 209)이었고, 유방과 항우가 쟁패를 시작한 것은 B.C. 206년이었다. 항우가 오강에서 최후를 마친 것이 B.C. 202년이니 4년여에 걸친 한·초전이 국가 권력 장악을 위한 본격적 쟁투였다고 볼 수 있다.

너무나 유명해서 모두가 잘 아는 이 이야기는 반복할 생각이 없다. 다만, 약간 다른 측면에서 몇 가지 고찰해보고자 한다. 이러한 국가권력 장악을 위한 쟁투에서 얼마나 많은 사람이 죽었을까 하는 문제이다. 이 4년의 쟁패기간 중 항우가 생매장한 적병의 수가 얼마일까?

B.C. 206년, 유방이 함양을 향해 진격하며 관중을 먼저 점령했을 때, 항우는 장수의 남쪽에서 진나라 장수 장한과 40여 일간의 대치 끝에 장한의 20만 군대의 항복을 받아냈다.

그러자 지난날 괴롭힘을 당했던 40~50만의 관동 군사(항우 군사)가 괴롭힘을 주었던 관서 군사(진나라 군사)를 혹사하여 보복하였다. 이에 관서 군사가 '어디 함곡관에만 들어서 보아라' 하고 벼르는 분위기를 알아차린 항우는 항복한 20여만 진병을 신안성 남쪽 구덩이에 모두 생매장하였다.

또한 항우는 진나라 토멸의 상징적 존재로 받들던 의제를 진이 망한 뒤 장강 중류에서 은밀히 구강왕 경포 등에게 명하여 살해하였다. 제나라를 공격하기도 한 항우는 계속 북쪽으로 전진하여 제나라의 성을 불사르고 항복해온 제나라 병사를 또 구덩이에 생매장하였다.

유방이 항우의 수도 팽성을 함락시키자 제나라를 공격 중이던 항우는 정병 3만을 이끌고 팽성에 육박하여 곡수·사수로 달아나는 유방군 10만여 명을 죽이고, 계속 추격하여 수수 강물로 10만여 명을 몰아넣어 죽였다. 그리고 유방의 아버지 태공과 부인 여후 등 가족을 생포하여 인질로 삼았다.

진에 대한 반란에 가담한 이래 8년 동안 70여 회의 싸움에서 한 번도 패한 적이 없었던 항우가 유방과의 쟁투에서 왜 패했을까? 여러 가지 요인의 종합적인 결과이겠으나, 가장 큰 패인은 그 지휘 스타일에 있었다고 보겠다.

유방은 훌륭한 참모를 기용하여 참모의 의견을 경청, 의사결정을 하였으나 항우는 참모 기용 및 활용에서는 실패하였다.

유방의 용인술은 그가 당초 옥좌에 올라 연회자리에서 군신에게 밝힌 천하를 거머쥘 수 있었던 비결에서 찾아볼 수 있다.

> 군막 안에서 계책을 내어 천 리 밖에서 승부를 결정짓는 데 있어 나는 장량(長良)만 못하며, 국가의 안녕을 도모하고 백성을 위로하며 군량을 안정적으로 공급하는 데 있어 나는 소하(蕭何)만 못하다. 백만 군대를 통솔해 전쟁에서 승리하고 공격하면 반드시 쟁취하는 데는 한신(韓信)만 못하다. 하지만 나는 이 세 호걸을 등용해 능력을 발휘할 수 있게 했기에 천하를 얻을 수 있었다.

유방이 먼저 진의 수도인 함양에 입성했을 때, 유방은 궁전 안의 금은보화와 미녀들을 보고 궁중에 머물러 즐겨보고 싶은 생각이 간절하였다. 그러나 이를 눈치챈 번쾌가 "이 사치스런 물건들이 진나라를 망친 원인이니 궁중에 머물러서는 안 된다"고 간하고, 장량이 "마땅히 검소한 생활로 모범을 보여야 한다"고 설득하자 유방은 전군을 함양에서 물려 패상에 주둔하였다. 소하는 재물 따위는 거들떠보지도 않고, 먼저 진나라 지도와 호적을 챙겨 앞으로의 작전에 큰 도움을 얻게 되었다.

B.C. 203년 12월, 항우는 신풍의 홍문에 40만 정병으로 진을 치고 있고, 유방은 패상에 10만으로 대치하고 있었다. 유방은 100여 기를 이끌고 변명과 사죄(먼저 진의 수도 함양을 점령하고 항복을 받은 것에 대한)를 하기 위해 항우의 본진인 홍문으로 향했다. 이른바 유명한 '홍문의 잔치'이다.

이 잔치에서 항우의 모사 범증은 유방을 제거하도록 항우를 설득하고 시행하려 했으나 항우의 변심으로 뜻을 이루지 못하였다. 혈기가 앞설 뿐 심사숙고하는 성품이 아닌 항우가 하늘이 내린 기회를 놓친 것이었다.

수일 후, 항우의 40만 대군은 함양을 도륙하여 유방이 항복을 받고도 살려둔 진왕 자영을 죽이고, 유방이 봉인해둔 금은보화며 비단 등을 모두 빼앗고 미녀들까지도 거침없이 몰수했다. 그리고 궁전에도 불을 지르니 3개월 동안이나 꺼지지 않았다 한다.

항우의 숙부인 항량이 회계에서 일어나 군사를 거느리고 회수를 건너오자, 한신은 칼 한 자루만을 가지고 그를 좇아 항량의 군사가 되었으나 무명의 병졸에 지나지 않았다. 항량이 정도의 싸움에서 패하여 죽자 그 군사들은 항우의 휘하에 들어갔다.

항우는 한신을 낭중으로 삼았다. 한신은 여러 번 항우에게 계책을 알렸으나 항우는 한 번도 그의 계책을 채택하지 않았다. 유방이 항우에게 밀려 파촉으로 들어오게 되자 한신은 항우의 진영에서 도망하여 유방에게로 갔다. 그러나 이 무명의 한신을 알아주는 사람은 아무도 없었다. 그러다 한신은 소하와 이야기할 기회를 가졌고, 소하는 한신이 뛰어난 인물임을 알아차렸다.

유방의 군대가 남정에 이르렀을 무렵, 도망하는 장병들이 많았다. 한신은 소화와 대화한 후에도 소식이 없자 다시 유방의 군대를 떠났다. 이 사실을 안 소하가 쫓아가 한신을 찾고 유방에게 추천하여 대장으로 임명하였다.

장량이 항우 진영을 보니 범증이 자기 계략을 꿰뚫어보는 모사이므로 항우와의 이간질로 둘 사이를 갈라놓았다. 범증이 떠날 의사를 밝혔지만 항우가 잡지 않았고, 범증은 팽성을 향해 가다 분노로 등창이 재발하여 노상에서 죽고 말았다.

마지막 해하 싸움에서 항우가 죽으면서 유방이 국가 권력을 장악하게 되었다. 세월이 흘러 유방의 부인 여후는 늙어가는 유방을 보고 여생이 얼마 남지 않음을 느꼈다. 허약하고 무능한 태자를 보며 유방 사후의 통치에 걸림돌이 되는 장애물을 제거하겠다고 생각했을 개연성이 높다.

한신, 팽월, 영포 이 세 사람은 유방의 천하 쟁패를 결정짓는 일등공신으로 이성(異姓)의 여덟 왕 중에서도 우위를 차지했다.

1년여의 세월 동안 유방과 여후 부부는 이성 제왕 중 가장 위협적인 세 명을 제거하고 한나라의 통치기반을 공고히 했다. 어린 시절 나는 외할아버지로부터 여후가 한신을 펄펄 끓는 가마솥에 집어넣어 삶아 죽였다고 들었다.

국가권력을 장악하는 쟁투와 이를 계승하는 과정에서 인류는 얼마나 많은 사람의 피를 흘렸을까? 진나라 때 3,000만이었던 인구가 한나라 초기에는 650만 명으로 감소되었다고 하니, 2,350만의 인구가 감소된 것이 아닌가? 예수가 탄생한 기원원년 무렵의 세계 인구는 약 3억 명이었다고 하니 얼마나 많은 수인지 짐작할 수 있다.

문명화되어가는 인류역사 속에서 첨단과학이 발달한 현재에도 이러한 현상이 계속되는 이유는 무엇일까?

3. 여후의 시대

진나라 자영이 한나라 유방에게 항복한 것은 한왕 원년인 B.C. 206년의 일이다. 한 고조가 정식으로 황제의 자리에 오른 것은 그로부터 4년 후인 고조 5년 B.C. 202년의 일이다.

고조 11년인 B.C. 196년에 여후는 한신의 삼족을 모두 멸하였다. 고조는 진희를 토벌하고 돌아와서 한신의 죽음을 들었다. 한편으로는 기뻐하고 한편으로는 슬퍼하면서 "한신이 죽을 때 무엇이라고 말하던가?"라고 물었다.

"그는 괴철의 계책을 채용하지 않았음을 한탄하였습니다"라고 답하자 고조는 "괴철을 잡아오도록 하라" 하였다.

괴철은 한신의 향배에 따라 유방·항우 두 쪽 모두가 이길 수 있는 캐스팅 보트를 쥐고 있을 때 독립하기를 건의했던 모사였다. 괴철이 잡혀 오자 고조가 이에 대해 물었다.

괴철은 "그렇습니다. 신이 가르쳐주었습니다. 그러나 그가 신의 계책을 채용하지 않더니 이 지경에 이르렀습니다. 만일 그가 신의 계책을 채용했었다면 폐하께서 어찌 그를 무찌를 수 있었겠습니까?"라고 대답했다.

고조가 성내며 "이놈을 삶아 죽여라" 했지만, 괴철은 조금도 두려워하는 빛이 없이 태연히 말했다.

"도척의 개가 요 임금에게 짖은 것은 요 임금이 어질지 않기 때문이 아니고 그 주인이 아니기 때문에 짖은 것입니다. 그때에 신은 한신만을 알았을 뿐 폐하는 알지 못했습니다. 뿐만 아니라 천하에는 날카로운 칼을 갈면서 폐하처럼 자신이 천하를 차지해보려고 한 사람이 많았으나 그들의 힘이 미치지 못했을 뿐입니다. 폐하께서는 그들을 모두 삶아 죽여야 하겠습니까?"

"이 자를 석방하라." 고조는 괴철을 용서하였다.

소하와 여후가 한신과 같은 군사적 천재를 일찍 숙청하지 않으면 한나라의 앞날이 위험하다고 생각하여 모반의 죄를 뒤집어씌워 고조가 없는 사이에 죽였을 가능성을 배제할 수 없다. 괴철도 대단하지만, 괴철의 논리를 선뜻 받아들여 석방한 한고조 유방도 큰 그릇임에 틀림없다.

고조는 바야흐로 조강지처인 여후를 멀리하고 척부인이라는 여자를 총애하고 있었다. 척부인은 자기가 낳은 아들 여의를 태자로 책립해달라고 울며 조르고 있었으며, 고조는 현재 태자인 영이 너무 유약하다는 점에 불만을 품고 망설이고 있었다. 세월이 가면서 고조는 병들고 있었다. 고조의 병상에는 척부인파의 환관이 척부인의 지시를 받아 여후가 낳은 태자 영을 폐하고 척부인이 낳은 여의를 빨리 태자로 책립해야 한다고 은근히 충동질하고 있었다.

여후의 여동생을 아내로 삼고 있던 번쾌는 척부인파에서 가장 두려워하는 인물이었다. 척부인파에서는 번쾌를 제거하기 위해 그를 참소하였다.

"번쾌는 지금 20만 대군을 거느리고 노관을 치지 않고 병사들을 쉬게 하고 있으며 황상께서 유고하시는 날에는 즉시 회군하여 척부인과 조왕 여의의 무리를 모두 죽여 없애려 하고 있습니다"는 것이었다.

고조는 화를 내며 "진평과 주발을 부르라"고 명령했다. 진평과 주발이 대령하자 "주발은 번쾌를 대신하여 장수가 되고, 진평은 번쾌를 잡아 당장에 군중에서 베어 죽여라"고 명하였다.

진평과 주발은 상의하여 번쾌를 먼저 죽이지 않고 함거에 싣고 일단 장안으로 연행한 후 죽이고 살리는 것은 고조에게 맡기려고 하였다. 그런데 장안으로 오는 도중에 고조가 죽었다는 소식을 들었다. 함거에 실려 장안으로 돌아온 번쾌는 석방되고 작위와 명예가 회복되었으며 정치적 실권은 여후에게 넘어갔다.

태자로 책립되어 있던 영을 폐하고 척부인의 아들 여의에게 마음이 쏠려 있음을 안 장량이 고조의 마음을 돌리려 했으나 고조는 이를 받아들이지 않았다. 천자의 고문격인 숙손통이 태자 폐립의 문제에 대해 목숨을 걸고 반대하였다.

'춘추시대 진헌공이 태자 신생을 폐하고 해제를 세움으로써 수십 년에 걸쳐 나라가 어지러웠고, 진나라는 일찍 부소를 태자로 정하지 않았기 때문에 조고가 황제의 유서를 위조하여 호해를 태자로 세워 스스로 멸망을 초래한' 고금의 역사적 사례를 들었다. 대신들 가운데도 반대하는 사람이 많았다.

고조는 B.C. 195년, 고조 12년 4월 갑진일에 장락궁에서 영면하였다. 황제가 된 날부터 따지면 8년밖에 안 되니 새로운 왕조의 발족단계에서 죽은 셈이다.

고조가 죽자 태자 영이 황제(혜제)의 자리에 올랐으나 그는 나이가 어리고 유약하여 실권은 여후가 장악하였다. 후에, 사마천은 아무 거리낌 없이 혜제를 본기에서 제외시켰다.

여후는 우선 척부인을 영항에 가두었다. 척부인은 머리를 깎이고 재갈이 물려졌고 빨간 옷을 입고 그곳에서 방아를 찧는 벌이 내려졌다. 여의에게는 짐주(독조의 깃과 털로 빚은 술)를 마시게 하여 살해하였다. 그리고는 척부인의 두 손과 두 다리를 끊고 눈을 도려내고 귀를 잘라 귀머거리로 만든 다음 약을 먹여서 벙어리로 만들었다. 그리고 변소에 갖다놓고 인체(인간돼지)라고 이름 붙였다.

며칠 후, 여후는 이 인체를 자기 아들 혜제에게 보였다. 혜제는 인간돼지가 척부인임을 알고 충격을 받은 나머지 병이 들어 그 후 1년 가까이 병석에 누워 있으면서 사람을 시켜 여후에게 다음과 같은 심정을 털어놓았다 한다.

"이것은 인간으로서 차마 할 짓이 아닙니다. 나는 어머니의 아들로서 양심상 도저히 천하를 다스려 나갈 수가 없습니다."

혜제는 이때부터 정치를 포기하고 술과 여자를 가까이했다. 이 때문에 정치의 대권은 더욱 여후의 손에 쥐어졌다.

여태후의 집권시대는 혜제 재위 8년을 포함하여 15년에 이른다. 혜제가 죽은 후 명목상의 황제로 소제(B.C. 188~184)가 즉위하였으나 사실상 여태후가 모든 권력을 장악했기 때문에 역사가들은 이 시기를 고후(高后) 몇 년이라 부르고 있다. 여태후는 고후 8년 7월 신사(辛巳)에 죽었다.

여태후는 병들기 전, 연왕 유건이 죽자 유건에게는 뒤를 이을 아들이 없다는 구실을 붙여 여씨 일족인 여통을 새로운 연왕으로 세웠다. 연왕 유건에게 아들이 있었으나, 여태후는 그 아들을 암살했던 것이다. 여태후는 여씨 천하를 만들기 위해 별의별 수단을 썼지만 천하의 일을 한 사람의 힘으로 움직일 수는 없었다.

서울 장안은 여씨인 여록·여산이 완전히 군권을 장악하고 있었다. 당시에는 장군의 인수가 없으면 군사의 최고 책임자인 태위도 군사를 움직일 수가 없었다. 태위 주발은 여씨들이 불안해하고 있는 허점을 노려 여록의 친구인 역기를 여록에게 보내어 설득하게 했다.

"고조와 여후가 함께 천하를 평정하는데, 유씨는 9명, 여씨는 3명이 왕으로 봉해졌습니다. 그런데 지금 태후께서 돌아가셨고 황상께서는 나이가 어린데 족하는 지금 조왕의 인수를 차고 있으면서도 조나라에 가지 않고 상장군으로 대군을 거느리고 궁정에 머물러 있으니 대신과 제후들이 모두 의심하고 불안해합니다."

"그들의 불안을 없애려면 어떻게 하면 좋겠소?"

"상장군의 인수를 반환하고 군사를 태위에게 넘기십시오. 그리고 양왕 여산에게도 재상의 인수를 반환하게 한 다음, 이 같은 사실을 대신과 제후들에게 알리고 봉국인 조나라로 가시는 일입니다. 일이 늦으면 후회하게 될지도 모릅니다."

여록은 역기의 말이 옳다고 여겨 태위인 주발에게 군사 지휘권을 넘겨주었다. 주발은 곧바로 군문에 들어섰다. 거기에는 북군의 수만 병사가 서 있었다. 주발은 큰 소리로 외쳤다.

"여씨에게 편들 자는 오른쪽 어깨를 벗고, 유씨에게 편들자는 왼쪽 어깨를 벗어라!"

군사들은 모두 왼쪽 어깨를 벗어 유씨를 지지하는 결의를 보였다.

북군의 지휘권이 유씨 지지 세력의 중심인물인 주발에게 돌아왔으니 승패는 이미 결정지어진 것이나 다름없었다. 또 여산이 장악하고 있는 남군은 여씨 일파가 가장 두려워하는 유장이 쳐들어가 달아나는 여산을 베어 죽이고, 장락궁의 경호 책임자 여경시를 죽인 뒤, 북군에 달려가 태위에게 이 사실을 보고하였다.

여씨 일족은 모두 참살당하였다. 북군의 지휘권을 넘겨준 여록도 칼에 맞아 죽었다. 연왕 여통은 사람을 보내어 주살했고, 여태후의 여동생이며 번쾌의 아내인 여수는 매를 맞아 죽었다. 번쾌의 아들 번항까지 살해되었다.

여태후가 정권을 쥐고 흔들 때 소하, 조참, 장량, 번쾌 등 건국의 원훈들은 모두 혜제 제위 시에 이미 세상을 떠났지만 살아남은 역전의 호걸들은 왜 여씨 일족의 전횡을 수수방관하고 침묵했을까?

그 가장 큰 이유는 여씨 일족의 진영에는 걸출한 인물이 없었으므로 그들이 아무리 세도를 부려봤자 여태후가 살아 있는 동안뿐이라는 생각에서 느긋하게 여태후가 죽기만을 바라고 있었기 때문으로 보인다.

4. 문경의 치(文景之治)

3대 소제 홍(弘)은 비록 혜제의 정비 소생이라 하여 황제가 되긴 했으나, 사실은 여태후가 여씨 일파의 세력을 심기 위해 여씨와 인연이 깊은 후궁이 낳은 아들이었다. 허수아비 황제에 불과했으니 이를 폐하고 새로운 황제를 옹립하려는 것은 당연한 일이었다.

새로운 황제 후보로는 고조 유방의 여덟 아들 중 남아 있는 대왕 유항(劉恒)과 회남왕 유장(劉長) 두 사람이었다. 유항은 4남에 성격도 관후하고 자비심이 많았다. 반면에 유장은 막내인데다 성격이 교만하고 침착성이 없었다. 그러나 여씨 일파를 토멸하는 데 맨 먼저 군사를 일으켰던 제왕 유양은 고조의 적장손으로 유력한 후보임에 틀림없었다. 결국 최종 선발에 남은 사람은 대왕 유항과 제왕 유양 두 사람이었다.

여씨의 집권에 골치를 앓았던 중신과 제후들은 이들 두 후보의 외척 문제를 최종적으로 평가하여 결정짓기로 하였다.

대왕 유항의 어머니는 박씨로 관후한 장자의 집안이라는 평판이 높았다. 제왕 유양의 어머니 쪽에서는 외척의 세력을 업은 사균이란 사람이 있었다. 사균은 포학하고 거칠어 제왕이 황제가 될 경우 제2의 여씨 정권이 나올 염려가 있다 하여 마침내 대왕 유항이 황제의 자리에 올랐다.

대왕 유항의 어머니 박씨는 소녀 시절 관부인, 조자아 등과 사이가 좋아 나중에 누가 출세를 하면 서로 돕기로 약속했다고 한다. 그 후 관부인과 조자아가 고조 유방의 총애를 받는 몸이 되자 소녀 시절의 약속을 고조에게 이야기했고, 그 이야기를 들은 유방은 "그렇다면 박 여인에게도 사랑을 주어야겠군" 하고 박 여인을 입실토록 하여, 단 하룻밤을 모셨는데 임신이 되어 낳은 아들이 유항이다.

대왕에서 장안으로 맞이하게 되어 황제 자리에 오른 이가 유항이 며, 명군으로 칭송이 자자했던 문제(文帝)이다.

문제는 재위 23년(B.C. 157), 46세에 죽고 그의 아들 유계(劉啓)가 그 뒤를 이어 경제(景帝)로 즉위하였다.

문제와 경제는 모두 '백성에게 휴식을 제공한다'는 정책을 40년 가 까이 실시하여 태평성대를 구가하였다. 이 때문에 이 시대를 "문경의 치(文景의 治, B.C. 179~141)"라고 부른다.

진나라 때는 오형 등 가혹한 형벌과 까다로운 법률로 매년 100만 이상의 백성들이 범죄의 사슬에 걸려들었으나 한의 문제 때에는 이 같은 참혹한 형벌이 폐지되었을 뿐 아니라 체형까지도 폐지되었다.

5. 한 무제(무제, B.C. 141~87)

B.C. 141년, 경제가 미앙궁에서 죽자, 황태자인 철(徹)이 뒤를 이어 제위에 올랐다. 그때 나이 16세, 이 임금이 바로 전한 왕조의 황금시 대를 이룩한 한의 무제이다.

세계적으로 유명한 실크로드는 바로 한 무제 때 장건이 처음 개척 한 것이며, 동으로 위만조선을 평정하고 낙랑, 임둔, 현도, 진번의 4군 을 설치한 것도 이때이다.

한 무제를 일컫는 진황한무(秦皇漢武, 진나라는 시황제 한나라는 무제)

로 일컬어지는 무제가 황제의 자리에 오르게 된 것은 여인의 힘에
의했다.

무제를 제위에 올려놓은 주역은 무제의 장모이자 고모인 관도공주
였다. 이 여인들을 둘러싼 권력싸움은 마침내 '무고의 난'을 일어나게
만들었다. 무고(巫蠱)란 무당이나 사도(邪道)로써 남을 저주하는 일을
일컫는다.

무고의 난은 진황후(陳皇后)를 실각시킨 사건으로 공손오가 그의
아내의 무고에 연좌되어 요참의 형을 받은 사건에서 비롯되었다. 이
후, 주안세의 무고 사건에 관련되어 무제의 두 딸인 제읍공주와 양석
공주를 비롯하여 위 황후(衛皇后)의 측근인 공손하, 위군유, 공손경성,
위항 등이 주살되었다. 이것이 이른바 제1차 무고의 난으로 이 난은
위 황후를 고립시키는 결과를 가져왔다.

다음 해, 제2차 무고의 난이 일어나 마침내 황태자(유거)까지 죽게
되는 커다란 사건으로 확대되었다. B.C. 91년의 일로 황태자의 두 아
들까지 죽임을 당했다. 강보에 싸여 있던 황태자의 손자만은 생명을
부지하여 옥에 갇혀서 여자 죄수의 젖을 먹고 자랐다.

황태자 유거가 죽은 후, 무제는 후계자를 결정하지 못하고 있었다.
B.C. 94년, 후궁인 조첩여가 황자 불능을 낳았다. 무제의 나이 63세였
다. 이렇게 하여 유단, 유서, 유불능 세 황자가 창읍왕의 라이벌이었다.

승상 유굴리는 창읍왕이 황제가 되면 외척이 되었기 때문에 무고
의 방법을 쓰다가 발각되어 요참의 형에 처해지고 일가족이 몰살당
하는 화를 입었다.

B.C. 87년, 무제가 오작 궁에서 죽으니 그의 나이 71세였다. 뒤를
이어 조첩여(권부인)가 낳은 불능이 황제의 자리에 오르니, 그가 소제

(昭帝)로 당시 여덟 살이었다.

제위 계승문제는 일단 소제가 즉위하면서 해결되었으나 그의 라이벌의 한 사람이었던 연왕 유단이 불만을 품고 있었다. 유단은 중산왕인 유승의 증손자와 제왕의 손자 유택 등과 손잡아 군사를 일으켜 거사할 생각이었다.

청주 자사로 있는 준불의가 이 음모 사실을 알고 유택을 체포해서 준엄하게 심문한 결과, 연왕 유단이 거사의 주모자라는 것을 밝혀내었다. B.C. 86년, 연왕 유단은 황제의 형이라는 이유로 죽음을 면하고, 유택 등은 주살되면서 연왕의 탈권 투쟁은 실패로 끝나고 말았다.

내조(內朝)의 중심인물은 무제로부터 어린 소제를 잘 보살피라는 유언을 받은 곽광, 김일제, 상관걸 세 사람이었고, 곽광과 상관걸은 사돈지간이었다.

상관걸에게는 친손녀이자 곽광에게는 외손녀인 상관안의 일곱 살된 딸을 황후로 만들고자 상관안이 장인인 곽광에게 부탁했으나 거절당했다. B.C. 83년, 상관안은 개장공주의 애인인 정외인(丁外人)과의 친분을 이용하여 겨우 8살인 딸을 소제의 황후를 만드는 데 성공하였다. 그때 소제는 12살이었다.

상관걸 부자는 개장공주와 음모를 꾸몄다. 그들은 연회장에 복병을 매복시킨 뒤 주연을 베풀어 곽광을 죽인 다음 소제를 폐하고 연왕 유단을 황제로 세우고, 그다음에는 상관안이 연왕을 청하여 같은 절차를 밟은 후 아들인 상관걸을 황제로 세운다는 계획이었다.

그러나 이 음모는 사전에 누설되어 일당은 일망타진되었다. 이 사건으로 상관 일가는 곽광의 외손녀이자 황후인 어린 여자 한 사람만을 남기고 모두 주살되었다. 연왕 유단도 천자의 조서를 받아 비참하게 자결하였고, 그의 부인 등 이와 관련되어 죽은 자가 20여 명에 달했다. 이 사건과 관련하여 어사대부인 상홍양도 주살되었다.

상관걸 일가를 숙청하고 외조(外朝)의 중심인물인 상홍양을 제거한 곽광은 한나라 국정의 전권을 손에 쥐게 되었다. 이것이 B.C. 80년의 일이고, 그가 죽은 B.C. 68년까지 곽광은 독재자로서 그 권력을 휘둘렀다.

곽광이 정권을 장악하고 있는 동안, 소제가 21세의 나이로 죽었다. 소제에게는 아들이 없어 후계자 문제가 다시 대두되었다. 유박의 아들 유하가 창읍왕으로 있었는데 그를 황제로 옹립하기로 하였다. 그러나 그는 언행이 거칠고 음란하며 천박하여 곧바로 제위를 박탈당하고 말았다.

17세의 황태후는 창읍왕을 불러 "창읍왕이 너무 무도하여 황제의 위를 폐하노라"고 선언하여 폐위하고 말았다. 이때 황태후가 있는 미앙궁에는 창읍왕만이 들어갔을 뿐, 가신 200여 명은 모두 문밖에서 제지당했다. 거기 장군은 군대를 이끌고 이들 200여 명을 모두 체포하고 하옥시킨 후, 3명만을 남기고 모두 죽였다. 아마도 창읍왕 쪽에서 곽광에 대한 쿠데타 음모가 있었기 때문에 곽광이 미리 알고 선수를 쳤을 가능성도 배제할 수 없다.

6. 외척의 시대

창읍왕 유하의 뒤를 이어 황제의 후보 물망에 오른 사람은 비운의 황태자 유거의 손자인 병이(病已)이다. 그는 황태자가 호현에서 억울한 최후를 맞자 옥중에서 여 죄수의 젖을 먹고 자랐다. 이 사람이 바로 선제(宣帝)로서 18세에 즉위하여 43세에 죽기까지 25년간 재위하면서 태평성대를 구가하였다.

무제의 비약을 위해 문제·경제의 휴식과 축적의 시대가 있었다면, 소제·선제 시대는 무제 55년의 대약진 후의 휴식과 정리의 시대였다고도 볼 수 있다.

B.C. 80년 이래 국정의 전권을 휘둘러온 대장군 곽광을 하루아침에 물리치고 선제가 친정을 하려 해도 정치를 담당할 만한 능력 있는 심복이 없었으니 당분간은 현상 유지를 하며 파악할 수밖에 없었다. 이런 면에서 선제의 판단력은 탁월하였다.

선제는 그가 민간인이었을 때, 아내로 삼았던 허씨 부인을 황후로 세웠다. 곽광에게 딸이 있어 그녀를 황후로 세우려는 의도를 미리 알아차리고 선수를 쳤던 것이다. 그러나 불행하게도 허 황후는 B.C. 71년, 임신한 몸으로 여의사 순우연이 바친 환약을 먹고 독살되는 비운을 맞이했다. 곽광의 아내가 여의사를 시켜 독살했던 것이다.

얼마 후, 곽광의 막내딸 성군(成君)이 황후로 세워졌다. 곽광의 외손녀는 황태후이고, 딸은 황후이니 정략적 결혼의 복잡성을 실감할 수 있다. B.C. 68년, 곽광은 병사하였다.

곽광이 죽은 다음 해인 B.C. 67년, 마침내 선제는 그 실력을 발휘하기 시작했다. 독살당한 허 황후 소생인 석(奭)을 황태자로 세운 것이다. 곽광의 미망인은 분통이 터진 나머지 피를 토하고, 그의 딸인 황후에게 황태자 석을 독살하도록 권하였다. 그러나 허 황후가 독살된 것을 안 선제는 치밀하게 대비하였다.

이어서 제2차 도전이 실행되었다. 군신 가운데 황제에게 상주할 일이 있는 자는 상서를 거치지 않고 직접 상주할 수 있게 조치하였다. 이로 인하여 절대적인 권한을 가지고 있던 상서직이 무력화되었다. 이것은 곽시에게 불리한 상주문을 묵살할 수 없게 되었다는 것을 의미하였다.

제3의 도전은 거기 장군과 우 장군의 둔병을 해산시킨 일이었다. 거기 장군 장안세는 곧바로 위장군에 임명되었으나 곽우는 지휘할 군대가 없는 대사마의 관직만 주어졌다. 그리고 군대의 지휘권을 가진 곽씨 친척들은 모두 변경의 문관직에 임명하고, 그들이 지휘하던 군대를 허 황후의 일족과 선제의 조모 친정 젊은이들로 하여금 통솔하도록 하였다.

막다른 궁지에 몰린 곽씨 일족은 쿠데타를 일으켜 선제를 폐하고 곽광의 아들 곽우를 황제로 세울 음모를 꾸몄다. 그러나 이 쿠데타 음모는 사전에 발각되어 곽씨 일족은 주살되고 곽광의 미망인까지 죽음을 당하였다. 허 황후 독살에 대한 보복이었다.

외척에 강력한 인물이 나타나면 그 인물의 권력이 황제를 능가하는 것이 일반적인 경향이었다. 여씨 일족이 그러했고, 곽씨 일족이 그러했다. 그들은 권력을 상실했을 때 모두 비참한 최후를 마쳐야 했다.

전한은 결국 외척의 세력에 의해 멸망하게 되는데 한나라를 찬탈한 자는 왕망(王莽)이었다.

7. 왕망의 찬탈

B.C. 49년, 선제가 미앙궁에서 죽자 27세의 태자 석이 즉위하니, 이가 원제(元帝)이다. 그는 선제의 황후 왕씨를 황태후로 높이 받들었다. 원제의 어머니 허 황후는 곽씨에게 독살되었다. 선제는 그 후 곽광의 딸을 황후로 맞이했으나 곽씨 일족이 주살될 때 곽 황후도 폐출 되었다.

그 후 선제는 후계자 문제를 둘러싼 악순환을 방지하기 위하여 후궁들에게 자식을 낳지 않고 후덕한 여자를 하나 골라 황후로 삼았는데 그녀가 바로 왕씨였다.

원제는 B.C. 33년 5월에 죽었다. 원제의 황후 원후는 왕씨였다. 그의 친정인 왕씨가 외척으로 막강한 권력을 장악하게 된 것은 원후의 힘이었다. 원후의 이름은 정군(政君)으로 원제가 죽고 원후가 낳은 아들 유오가 성제(成帝)가 되어 26년간 재위하였다.

원후의 조카인 왕망은 성제 말년에 대사마가 되었다. 왕망은 아버지를 일찍 여의었기 때문에 열후의 자리에도 오르지 못하는 등 매우 불우한 젊은 시절을 보냈다. 그의 고모인 원후는 이런 왕망을 가엾게 여겨 특별한 관심을 쏟았던 것이다.

성제 다음 황제 애제(哀帝), 평제(平帝)는 모두 병약하여 단명하였다. 애제는 20세에 즉위하여 26세에 죽었고, 평제는 9세에 즉위하여 24세에 죽었다. 이 같은 황제의 유약함과 단명이 외척 세력의 강화를 부채질하였다. 외척 왕씨의 권세를 한 손에 쥔 사람이 왕망이었다.

애제 시대에는 애제의 생매인 정씨와 조모인 부태후가 건재하여 외척 왕씨의 권세는 약화되었다.

성제에게는 아들이 없어 원제의 측실인 부씨 소생의 정도왕 유강의 아들 유흔(劉欣)이 즉위하여 애제가 되었다. 애제가 일찍 죽어 왕씨가 약화된 시대는 6년에 불과하였다.

애제가 죽자 원후는 왕망을 불러 대책을 의논한 끝에 9세인 중산왕을 맞아 황제로 세우니 평제이다. 원후는 이 어린 황제를 대신하여 조정에 나오고 왕망이 대사마로서 사실상 정사를 전담하였다.

중산왕에게는 그의 생모 위씨가 있었는데 왕망은 그녀를 중산국에 억류시켜 장안에 오지 못하도록 하였다. 왕망의 장남 왕우(王宇)는 이 일을 간하다가 도리어 왕망의 노여움을 사 자살을 명받았다.

왕망의 차남인 왕획(王獲)이 노예를 죽여 법을 어기자, 호되게 꾸짖고 자해하도록 하여 정당한 죗값을 받게 하였다. 왕망은 평제의 생모 위씨도 음모를 꾸몄다는 이유로 주살하였다.

왕망은 자신의 딸을 황후로 책봉하여 입궐시켰다. 왕망은 표면적으로 매우 도덕적인 것 같은 행보를 했으나 실상은 눈가림을 하는 위선자였다. 평제가 24세의 나이로 급서하였는데 사실은 왕망이 독살하였다. 평제가 자신의 생모를 왕망이 죽인 것을 원망하고 있다는 사실을 알았기 때문이었다.

얼마 후 왕망은 스스로를 가황제(假皇帝)라 칭하고 사람들에게는 섭황제(攝皇帝)라 부르도록 하였다.

평제의 후계자는 황족 가운데 가장 나이가 어린 두 살의 자영(子嬰)이 옹립되고 연호를 거섭이라 하였다. 왕망이 황제가 되는 것은 시간 문제였다. 거섭 3년(B.C. 8), 왕망은 황제의 자리에 올라 국호를 신(新)이라 하였다.

황제가 된 왕망은 사람을 시켜 태황태후로부터 황제의 옥새를 받아오게 하였다. 태황태후는 80세의 고령이었다. 그는 자기 일족인 왕씨가 유씨 천하를 찬탈하는 것을 끝까지 반대하였다. 사태가 여기에 이르자 분을 이기지 못해 옥새를 땅바닥에 내동댕이쳐 옥새에 새겨진 용의 머리 부분이 망가졌다. 204년 동안 이어오던 전한은 종지부를 찍고 말았다.

왕망의 한나라 왕조의 찬탈은 무력에 의한 것은 아니었다. 대사마에서 안한공, 재형, 가황제 등으로 한 걸음씩 계단을 밟듯이 행해졌기 때문에 찬탈을 눈치챈 때는 이미 왕망이 옥좌에 앉은 뒤였다.

잡다한 세력들이 왕망의 타도를 외치고 일어나 왕망은 이들 봉기군에 의해 장안을 포위당해 죽임을 당했다. 천하에 군림하려던 그의 꿈은 15년 만에 산산조각이 났다. 그 15년도 혼란과 전란의 연속이었다.

경제의 아들 14인 중 무제를 제외한 13인의 황자가 제후왕이 되었는데 그 가운데 장사국은 가장 가난한 나라였다. 가장 총애를 받지 못했던 여성이 낳은 유발이 장사왕이 되었던 것이다.

장사왕의 어머니 당희는 원래 정희의 시녀였다. 어느 날 밤, 경제가 정희의 처소에 들렀는데 때마침 정희가 생리기간이었기 때문에 시녀인 당희가 대신 경제를 모셨고 장사왕 유발을 낳았다. 이 장사왕 계통에서 일단 멸망한 한 왕조를 부흥시킨 광무제 유수가 태어났던 것이다.

8. 광무제의 두 황후

광무제가 어린 시절부터 좋아한 여인이 음여화이다. 광무제는 음여화와 결혼한 다음 해에 하북의 호적 진정왕 유양을 자기편으로 끌어들이려는 정치적 조건으로 유양의 처조카 곽성통과 결혼하였다.

광무제는 음여화를 황후로 세우려 하였으나 그녀가 굳이 사양하였다. 그녀가 사양한 까닭은 이때 이미 곽성통에게는 강(彊)이라는 황자가 태어났기 때문이라고 후한서에 기록되어 있다. 음여화가 황자를 낳은 것은 그로부터 2년 후이며 이름은 양(陽)이라 불렀다.

광무제가 반란집단을 토벌하기 위하여 출정하며 음여화를 동반하는 것에 대해 곽 황후는 질투하고 원망하였다. 곽 황후는 황후로서의 품위를 잃은 행동이 많아 결국 폐위되고 음여화가 황후의 자리에 올랐다.

광무제는 황후 폐위 문제로 양심의 가책을 받아서인지 곽 황후가 낳은 둘째 아들 유보를 우익공에서 중산왕으로 승진시켰으나 황태자의 폐립 문제는 어쩔 수 없었다.

2년 후, 곽 황후가 낳은 유강은 황태자의 자리에서 물러나고 음여화가 낳은 유양이 새로 황태자로 세워지고 이름도 장(莊)으로 고쳤다. 광무제(25~57)가 63세를 일기로 영면하니 황태자가 그 뒤를 이었고 그가 2대 효명(57~75) 황제이다.

9. 외척 두씨의 흥망

전한이 외척 왕망에 의해 멸망하였기 때문에, 후한은 이를 경계하였다. 따라서 후한 초기에는 외척으로 인한 큰 사건이 없었다. 외척이 등장하기 시작한 것은 3대 효장황제(75~88)가 죽고 화제(88~105)가 어린 나이로 즉위하면서부터이다.

두 태후는 황제의 생모는 아니었으나, 효장황제의 정처였으므로 어린 화제 대신 정치 일선에 나서게 되었다. 두 태후의 증조부는 건국 공신인 두융이었는데 죄를 짓고 옥사하였으며 조부 두목도 뇌물죄로 옥사, 선친 두훈도 옥사하였다. 이렇게 죽은 두훈의 딸이 황태후가 되어 권력을 장악하게 된 것이다. 3대 조상을 모두 옥중에서 잃은 그녀는 권력이 무엇인지 처절하게 느낀 여인이라 권력에 대한 집착이 매우 강하였다.

효장 황제의 죽음으로 그녀는 "외척은 근신하라"는 건국 이래의 정책적 제약에서 완전히 벗어나고 말았다. 화제가 10세밖에 안 되었기 때문이었다.

두 태후의 오빠 두헌은 시중(기밀 장악), 두헌의 동생 두독은 호분중랑장, 그의 동생 두경은 중상시(황제의 비서)가 되었다.

두헌이 제일 먼저 한 일은 그의 아버지와 할아버지를 고발한 알자(謁者) 한우에 대한 복수였다. 한우는 이미 죽었기 때문에 두헌은 한우의 아들의 목을 베어 그 목을 자기 아버지의 무덤에 바쳐 제사지냈다.

효장 황제의 초상 때, 도향후 유창이 조문차 낙양에 온 일이 있었다. 유창은 광무 황제의 형 유연의 증손이니 조문하는 것이 당연한 일이었다. 이것이 계기가 되어, 무슨 이유에서인지 두 태후의 귀여움을 받게 되어 이따금 두 태후의 부름을 받게 되었다. 두헌은 이를 질투하여 자객을 보내어 유창을 죽이고, 그 죄를 유창의 동생 유강에게 뒤집어씌우려다 탄로가 났다. 두 태후는 두헌을 유폐시켰다.

두헌의 동생으로 집금오의 요직에 오른 두경은 남의 재산을 약탈하고 유부녀를 강탈하였으며, 백성들을 마음대로 징발하는 등 두씨 일족의 횡포는 점점 심해져 갔다.

화제가 마음 놓고 의견을 교환할 수 있는 사람은 몸 시중을 드는 환관 정중뿐이었다. 화제는 두씨 일족을 제거할 일을 정중과 의논하고 정중은 황자 유경 등과 연락하여 두씨 제거계획을 구체화시켰다. 화제는 계엄령을 내려, 성문을 굳게 닫고 두씨 일당을 모두 체포하여 투옥시켰다. 두씨 일족과 결탁하여 출세한 자도 모두 숙청하였다.

두씨 일족이 숙청된 5년 후 태후가 죽자, 화제는 102년에 황후 음씨를 폐하고 등씨를 새로운 황후로 세웠다.

그로부터 3년 후 화제(88~105)가 죽었는데 이때 그의 나이 27세였다. 화제가 죽자 등 황후는 민간에 보내어 기르던 황자 유융을 데려다 그날 밤에 즉위시켰다. 태어난 지 100일밖에 안 된 그는 상제(105~106)가 되나, 다음 해 요절하고 말았다.

다음 황제의 자리에 오른 이는 청하왕 유경의 아들 유고로 안제(106~125)라 불렸다. 안제가 즉위한 다음 해인 107년에 어사대부의 자리에 있었던 주장(周章)이 쿠데타를 계획했다. 외척 등씨들이 자신들의 정치적 속셈 때문에 나이 어린 황제를 세웠다가 다음 해에 죽자, 엉뚱하게도 청하왕의 아들을 황제로 세운 것에 대한 불만 때문이었다. 그러나 이 계획은 사전에 발각되어 주장은 자살하고 말았다.

안제는 제위 18년에 죽었는데 그 가운데 14년간 등 태후가 실권을 쥐고 있었으니 안제의 친정은 4년에 불과했다.

10. 외척과 환관의 권력다툼

후한 전기(25~88)는 황제의 권력이 강력하여 세습 호족들의 세력을 지배할 수 있었으나 후기(89~189)에는 외척을 대표하는 호족들의 세력이 황제의 권력을 능가하는 일이 종종 나타났다. 그 대표적 인물이 양기 형제였다.

양기는 낙양거리의 건달이었으나 그의 누이가 순제(125~144)의 황후가 되면서 권력을 쥐게 되었다. 순제는 황후의 아버지 양상에게 대장군의 직책을 억지로 떠맡겼으며, 양기는 집금오의 자리에 오르고 하남윤(河南尹)이 되었다.

141년, 양상이 죽자 양기는 대장군의 자리를 승계하였다. 3년 후, 순제가 30세에 죽고 두 살의 황태자 유병이 충제(144~145)로 즉위하고 양태후가 섭정하게 되었다.

후한의 역대 황제는 단명하고 황후가 아들을 낳지 못하는 것이 일종의 징크스가 되고 있었다. 후한의 황제 가운데 초대 광무 황제만이 장수하고 광무 황제의 황후만이 아들을 낳았을 뿐, 그 후의 황제는 모두 단명하고 황후는 아들 복이 없었다. 충제 유병도 즉위한 다음 해 정월에 죽으니, 겨우 3살이었고 재위한 지 5개월에 불과했다.

태위 이고는 나이가 많은 황족을 골라 후계 황제를 세워야 한다고 주장하였으나 양기가 대장군으로 버티고 있는 한 이고의 주장이 관철될 수가 없었다.

양기는 황태후와 상의하여 당시 8세인 유찬을 황제로 세우니 이가 질제(145~146)이다. 질제는 양기가 생각한 바와 달리 총명하였다. 양기의 횡포를 알고 있던 질제는 어느 날 조정 백관들이 모인 앞에서 양기를 보며 "이자야말로 발호(跋扈, 권세를 제멋대로 부리며 함부로 날뜀) 장군이다"라고 말하였다. 겨우 8세인 어린 황제의 이 같은 행동을 본 양기는 덜컥 겁이 났다.

양기는 황제의 측근에게 명하여 음식물에 독을 넣어 질제를 독살하고 말았다. 순제, 충제, 질제 등 세 황제가 2년 사이에 연달아 죽자, 백성들은 이상히 여기고 국가의 앞날을 걱정하였다.

조정 중신들은 다음 황제로 나이도 비교적 많고 품격도 갖추고 질제와도 가장 가까운 유산을 추천했지만, 양기는 15세인 여오후 유지를 황제로 세웠다. 이가 환제(146~167)이다.

지금까지 황통이 끊겼을 경우, 같은 항렬이거나 다음 항렬인 황족을 후계자로 세우는 것이 관례였지만, 양기는 환제가 질제의 아저씨 항렬에 해당하는 역 상속임에도 강행하였다.

양기는 후맹이 요동태수로 부임하기 전에 인사를 하지 않았다는 이유로 다른 죄를 뒤집어씌워 처형하였다. 원저라는 청년이 양기를 탄핵하는 상소를 올리고 죽은 것처럼 꾸며 장사까지 지냈으나 양기는 끈질기게 추적하여 죽였다. 원저의 친구인 호무는 일족 60여 명이 몰살당하고 말았다.

159년 7월, 환제의 황후 양씨가 세상을 떠났다. 그녀는 언니 양태후와 오빠 양기의 권세를 믿고 제멋대로였다. 질투심이 강하여 자신이 아이를 낳지 못하자, 후궁이 임신하면 죽이기를 밥 먹듯 하였다.

환제는 맹녀를 극진히 사랑하였다. 맹녀는 양씨가 아니고 등씨였으나 양기는 맹녀의 성이 등씨라는 것을 비밀로 해둘 필요가 있었다. 맹녀의 형부 병존이 이에 대해 반대하자 양기는 그 비밀이 누설될까봐 병존을 암살하였다.

병존은 당시 의랑의 관직에 있었다. 양기는 병존을 죽인 것만으로는 마음이 놓이지 않아 맹녀의 생모인 선씨마저 죽이려 하였다. 양기가 보낸 자객이 선씨 집에 잠입하다가 노출되어 선씨는 급히 궁중으로 도망쳤다. 선씨는 환제에게 자신이 양기 부부의 암살 대상이었음을 호소하기에 이르렀다.

159년 어느 날, 환제는 극비리에 환관 당형을 화장실로 불러 환관 가운데 양씨 일족에 대해 원한을 가진 자로 큰일을 도모할 사람을 구하였다. 당형이 단초, 서황, 구원, 좌관을 추천하여 환제는 환관 5명으로 양씨 토멸계획을 세우기에 이르렀다.

양기 토멸의 깃발이 오르자 호분 등의 친위병단과 좌우 도후가 거느리는 무장병 1,000여 명이 양기의 집을 삽시간에 포위했다. 환제의 절(節)을 가진 칙사가 양기의 대장군 인수를 회수하자 양씨 토멸계획은 성공하였다. 그날 양기 부부는 자살하고 양씨, 손씨 일족들은 노소를 막론하고 주살되었다. 궁중대신 등 수십 명이 연좌되어 죽임을 당하고 관직을 박탈당한 자가 300명에 달했다.

11. 동탁과 조조

189년 4월, 영제(168~169)가 향년 34세의 나이로 죽었다. 영제는 여러 명의 황자를 낳았으나 모두 요절하였다.

도축업자의 딸 하씨는 황자 변(辯)을 낳자 사자요라는 도인에게 맡겨 기르도록 하였다. 그 후 황자를 낳은 하씨는 황후가 되고 그의 오빠 하진은 대장군이 되었다.

변이 태어난 5년 후, 후궁 왕씨가 황자를 낳았으나 질투가 많은 하황후는 왕씨를 살해하였다. 왕씨의 황자는 동태후에 맡겨져 무사하였다. 왕씨 소생의 황자는 이름이 협(協)이었는데 사람들은 이 협을 동후(董候)라고 불렀다. 영제가 죽었을 때 변은 14세, 협은 9세였고 협이 더 똑똑하였다.

당시 최대의 실력자였던 서원 팔교위의 총수 건석은 똑똑한 황자 협을 황제 자리에 올려놓기 위해서는 황자 변의 후견인인 하태후의 오빠 하진을 제거해야겠다고 생각하였다. 건석이 하진을 유인하여 살해하려 할 때, 건석의 부하가 비밀을 누설하여 하진의 제거 계획은 실패하고 말았다.

영제가 죽은 다음 날, 황자 변이 즉위하여 대장군 하진은 실권을 장악하였다. 마침 원소가 환관을 모두 주살해야 한다고 하진에게 권하였다. 황자 변이 즉위한 지 13일째 되는 날, 하진은 건석을 체포, 주살하였다. 궁중에서는 동태후와 하태후의 두 파들이 권력 다툼을 벌이게 되었다. 이 싸움은 고부간의 싸움이자 섭정의 싸움이기도 하였다.

동태후는 며느리인 하태후에게 "내 거기 장군(동중)에게 명령을 내려 하진의 목을 베게 하겠다"라고 말하였다. 하태후가 이 사실을 오빠 하진에게 알리자 하진은 즉시 거기 장군인 동중을 포위하여 자결하도록 하고 동태후마저 추방하였다.

거기 장군 동중을 중심으로 한 환관들과 대립하던 하진은 환관들을 모두 제거하고자 하태후에게 진언했지만, 하태후는 섭정을 하자면 선비 출신의 환관이 필요하다고 하였다. 하태후의 어머니 무양군과 하진의 동생 하묘 등도 환관들로부터 뇌물을 받고 있어 환관 제거를 하려는 하진을 견제하고 있었다.

환관의 주살을 하진에게 권고한 바 있던 원소는 계속해서 사방의 맹장과 호걸을 불러 모으고 있었다. 조조는 이 소문을 듣고 "환관들의 원흉을 주살하는 일은 일개 옥리로서도 충분한 일인데 무엇 때문에 여기저기서 군사들을 모은단 말인가?" 하고 비웃었다 한다.

조조는 그 비밀이 사전에 누설되어 실패할 것임을 예언했다는 것이다. 명문가 출신인 원소와 환관의 양자의 아들인 조조는 환관에 대한 사고방식이 근본적으로 달랐던 모양이다.

궁지에 몰린 환관들은 하태후의 명령이라 속이고 하진을 궁중으로 불러들인 후, 마음 놓고 들어오는 하진을 가덕전 앞에서 목을 베어 죽였다.

이 소식을 전해 들은 원소의 사촌 동생 원술과 하진의 부장 오관은 궁궐문을 부수고 남궁 청쇄문에 불을 질러 어두움을 밝혔다. 원소는 주작문에 진영을 설치하고 환관을 모두 죽였다. 이때 죽은 환관의 수가 2,000여 명이라 하니 환관들의 일대 수난이었다.

궁전을 탈출한 황제와 황제의 동생 협은 상서 노식과 민공의 추격을 받았다. 그러자 황제를 모시던 십상시와 단규가 강에 투신하여 자살했다. 황제는 할 수 없이 궁전으로 돌아오는 도중, 낙양에서 급히 달려오는 동탁과 마주쳤다. 이때 황제 변은 겁에 질려 벌벌 떨며 동탁이 묻는 말에 한마디 말도 못했으나, 동생 협은 똑똑히 대답하였다고 한다. 이것이 동탁의 시대가 열리는 계기가 되었다.

낙양에 도착한 동탁은 14세의 어린 황제를 폐하고, 9세의 진류왕 협을 황제로 세우니 이가 후한의 마지막 황제 헌제(189~220)이다. 동탁은 하태후를 독살하고, 하태후의 어머니 무양군도 죽였다. 동탁은 스스로 승상이 되어 제멋대로 정권을 휘둘렀다.

이에 반대하여 원소는 낙양을 떠났고 원술은 남양으로 갔다. 조조도 진류 땅으로 가 가산을 털어 5,000명의 군사를 모집하였다.

동탁은 헌제를 모시고 낙양을 떠나 장안으로 돌아갔다. 동탁이 낙양을 떠날 때, 수백만의 백성들을 강제로 끌고 갔으며 낙양에 있는 궁전, 민가를 모두 불살라 200리 안팎은 개와 닭조차 살아남을 수 없을 정도로 초토화시켰다.

12. 팔왕의 난

진(晉)나라는 초대 황제인 무제 사마염이 위(魏)나라로부터 천자의 자리를 물려받은 때로부터 시작되었으나, 그의 조부 사마의 시대부터 이미 절대적인 실력자로 군림하고 있었다.

무제 사마염은 어진 정사를 실현하려 했으나 점차 사치와 방종에 흘러 1만 명에 가까운 미녀들을 후궁으로 불러들였다. 당시 인구가

1,600만 명이었다 하니 엄청난 수의 후궁이었다.

무제에게는 3명의 아들, 1명의 조카, 2명의 숙부, 증조부를 함께하는 2명의 6촌이 있었다.

무제의 황태자 사마충은 너무 어리석어 한때는 동생 사마유에게 양위할 것을 고려하고 있었으나 사마유가 무제보다 먼저 죽었다. 사마유의 아들 사마경은 그의 아버지의 죽음이 의사에 의한 모살이라고 주장하여 의사가 주살당하는 소동이 있었다.

황태자의 어리석음을 고민하던 무제는 대소 신료들에게 몇 개의 문제를 출제토록 한 뒤 이를 밀봉하여 태자의 숙소에 보냈다. 태자의 실력으로는 손을 댈 수조차 없는 것을 아는 태자비 가남풍은 태자의 폐립문제가 걸려 있음을 눈치챘다. 가남풍은 시험관을 매수하여 답을 알아낸 뒤 태자 충이 답을 베껴 제출하게 하였다. 가남풍의 수완 덕분에 황태자 충의 자리는 확고하게 되었다.

290년 4월, 무제는 55세의 나이로 죽었다. 그러자 황후 양씨의 아버지 양준이 홀로 무제의 후사 위탁을 받고 황태자 사마충이 혜제(290~306)로 즉위하였다. 황후 왕씨는 황태후가 되었으나 정치적 실권은 아버지 양준의 손에 들어갔다. 이를 못마땅하게 생각한 혜제의 황후 가남풍은 양준을 제거하고 가씨가 정권을 독점하는 세상을 만들고 싶어 했다.

가남풍은 혜제의 배다른 형제인 21세의 초왕 사마위를 움직여 군사를 이끌고 낙양으로 올라와 양준을 죽이게 하고 양태후도 폐하여 서인으로 삼고, 양태후의 어머니 방씨도 처형하였다. 양씨의 천하가 가씨 천하로 바뀐 것이다.

가황후는 새로운 정권의 중신으로 조야의 인망을 얻고 있는 황족의 원로 여남왕 사마양과 72세의 노신 위관을 자신의 방패막이로 임용하였다. 그리고는 젊은 초왕에게 혜제의 조서를 내려 "황제의 폐립을 모의한 두 원로대신의 관직을 삭탈하게" 하였다. 초왕 사마위는 두 원로대신을 체포하여 살해하였다.

그러자 가황후는 "초왕 사마위가 제멋대로 사람을 죽였으니 사형에 처하노라"는 조서를 내려 사마위를 형리에게 넘겨 목을 베게 하였다. 그제야 사마위는 자기가 가황후에게 이용당했음을 알았으나 이미 때는 늦었다. 결과적으로 가황후는 여남왕 사마양, 초왕 사마위, 원로대신 위관을 일거에 제거하고 실질적인 가씨 정권 수립에 성공했다.

가황후는 음란한 여성으로 태의령 정거와 정을 통하고, 미소년을 상자에 넣어 궁중으로 데려와 정을 통한 다음 대부분의 소년을 살해했다 한다. 가황후는 네 명의 공주만 낳았을 뿐 황자를 낳지 못하였다. 그래서 그의 친정 동생이 낳은 아들을 양자로 키웠다.

양씨 천하는 1년 정도에 불과했으나 가씨의 천하는 10년 동안 계속되었다. 사마씨 일족들은 가황후 일당의 전횡을 언제까지나 그대로 둘 리 없었다. 기회를 기다리고 있었다.

299년 12월, 가황후가 황태자 휼을 폐하였다. 사마씨들은 가황후가 그의 양자를 황태자로 세울 것을 예측하고 있었다. 조왕 사마윤과 제왕 사마경이 그 기회를 노리고 있었다.

300년 3월, 폐서인이 된 황태자 휼이 살해되었다. 가황후는 태의령 정거와 짜고 독약을 넣은 약을 휼에게 마시라 했다. 이를 눈치챈 황태자가 마시기를 거부하자 약 찧는 절구로 쳐 죽였다.

이에 조왕과 제왕이 군사를 일으켜 가씨 일당을 모두 체포, 살해하였다. 가황후가 쿠데타의 기미를 알아차리기 전에 대신이 조서를 가지고 가 그를 폐서인하여 금용성에 유폐하였다. 5일 후 가황후에게 금설주를 마시고 스스로 목숨을 끊게 하였다.

301년, 조왕 사마윤이 친히 황제의 자리에 오르고 혜제를 태상황으로 받들자 제왕 사마경은 장사왕 사마애, 성도왕 사마영, 하간왕 사마옹과 연합하여 황제를 칭한 조왕을 죽이고 다시 혜제를 황제로 세우는 한편 제왕이 혜제를 보좌하게 되었다.

제왕 사마경은 권좌에 오르기 전에는 현명한 사람으로 인망이 높았으나 권좌에 오르자 바로 타락해버렸다.

제왕과 연합하여 가씨 정권을 무너뜨렸던 장사왕, 성도왕, 하간왕은 이 같은 제왕의 태도에 불만을 품고 제왕의 죄를 규탄하여 각각 군사를 이끌고 낙양으로 들어왔다. 제왕은 살해되고 그 후부터 이들 3왕 사이에 분쟁이 시작되었다. 하간왕과 성도왕이 연합하여 장사왕을 공략, 살해했는데 불로 구워 죽이는 참혹한 방법이었다. 하간왕의 부하인 장방이란 자가 행한 잔인한 짓이었다.

가황후가 황후의 자리에서 쫓겨나자 혜제는 양씨를 황후로 세우고 황태자까지도 책봉하였다. 그러나 성도왕 사마영은 황후와 황태자를 폐하고 자신이 황태제(皇太弟)가 되었다.

동해왕 사마월과 예왕 사마치가 성도왕의 이 같은 처사에 불만을 품고 성도왕을 공격하는 혼전이 계속되었다. 그동안 황후 양씨는 황후의 자리에서 쫓겨났다가 다시 복위되고 혜제도 장안으로 끌려갔다가 낙양으로 돌아오는 등 원인 모를 혼란이 되풀이되었다.

팔왕 가운데 남은 것은 동해왕, 하간왕, 성도왕 3인이었다. 306년 10월, 성도왕은 두 아들과 함께 죽음을 당하고, 12월에는 하간왕 또한

세 아들과 함께 죽음을 당했다. 잔인하기로 악명 높았던 장방도 그전
에 하간왕에게 살해되었다.

성도왕과 하간왕이 죽는 동안 혜제도 48세의 나이로 죽고, 황태제
로 있던 사마치가 혜제의 뒤를 이으니 이가 회제(306~313)이다. 회제
가 팔왕 가운데 유일한 생존자인 동해왕 사마월의 보좌를 받게 되니
이로써 팔왕의 난이 종결되었다. 무려 16년에 걸친 일이었다.

13. 후조(後趙)의 권력승계

4세기경 흉노, 갈, 저, 강, 선비 등 이른바 오호(五胡, 다섯 오랑캐)들
이 다투어 중국 중원지역에 무려 16개의 정권을 수립하니 이를 '오호
16국'이라 한다.

후조(後趙)는 갈족인 석륵이 세운 나라로 333년 재위 15년에 죽고,
태자 석홍이 즉위하였으나 곧바로 석호에게 제위를 빼앗긴 후 살해
되었다.

석호는 아름다운 궁녀의 목을 칼로 잘라 그 목을 접시에 올려놓고
바라보다가 쇠고기, 양고기와 섞어서 찢어 먹는 등 잔인한 행동을 서
슴지 않았다.

석호는 여러 아들 가운데 특히 석도를 사랑했다. 후계문제로 자식
들 간에 분쟁이 일어나 석선이 석도를 죽이는 사건이 발생하였다. 그
러자 석호는 석선의 머리털을 뽑고 혀를 뺀 후, 손, 발을 자르고 눈을
으깨고 배를 도려낸 다음 불에 태워 죽였다. 자신의 손자이기도 한
석선의 처자 9명도 모두 죽였다.

석호가 죽은 후, 왕위계승을 둘러싼 피비린내 나는 형제간의 싸움이 벌어지게 되었다. 석호의 뒤를 이은 석세는 재위 33일 만에 그의 형 석준에게 살해되고, 석준 또한 재위 83일 만에 동생 석감에게 살해되는가 하면, 석감도 즉위한 지 103일 만에 석호의 양손 염민에게 살해되었다. 염민은 석감을 죽인 후 황제의 자리에 올라 나라 이름을 위(魏)라 칭했다.

석호에게는 13명의 아들이 있었다. 이 가운데 8명은 형제끼리 싸우다 죽고, 5명은 염민에게 살해되었다. 손자 38명도 모두 살해되었다. 후조의 석호가 한족을 닥치는 대로 죽인 '이민족 말살정책'을 염민도 이어받아 포로로 잡힌 갈족 남녀노소 20만 명을 불과 며칠 동안에 학살하였다.

염민은 결국 선비족 모용씨의 포로가 되어 위는 3년의 단명 왕조로 끝이 났다.

14. 송조(宋朝)를 세운 고조 유유

410년, 동진 최후의 황제 공제는 유유에게 천자의 자리를 선양한다는 조서를 내렸다. 유유는 공제의 선양을 받아 제위에 오르고 나라 이름을 송(宋)이라 하고 수도를 건강에 두었다. 이 나라를 '유송(劉宋)'이라고도 부른다.

호족 출신의 권신·명장, 이를테면 왕돈, 환온, 환현 등의 무리가 모두 사마씨의 임금 자리를 노렸으나 실패하였다. 그러다 사마씨의 임금 자리는 평민 출신인 무장 유유의 손에 넘어가고 말았다. 유유는 백치인 안제를 죽이고 사마덕문을 공제로 세웠다가 선양받은 다음 해에 죽였다.

그런 유유도 재위 2년 만에 죽고, 그 뒤를 이은 문제 유의륭은 비교적 현명한 군주였으나 그 밖의 군주들은 모두 폭군이었다. 특히 유유의 증손 유자업은 포학하였다.

유자업은 16세에 즉위하자마자 그의 조부의 동생 유의공과 유의공의 네 아들을 모두 죽였다. 유자업은 또 그의 동생들이 성장하면 임금의 자리를 넘볼까 두려워 어린 두 동생을 죽이고 그의 숙부 6명도 죽이려 하였다.

유자업은 변태적인 정력가였다. 그를 시중드는 궁녀의 수는 헤아릴 수가 없었고, 갓 시집온 숙모를 강제로 자신의 아내로 삼기도 했다. 그의 누이 산음내친왕 또한 대단히 음란한 여성이었다. 유자업은 그의 누이의 욕구를 충족시키기 위해 36명의 남자 첩을 거느리게 하였으며 그의 측근에게도 궁정 안의 여성을 마음대로 희롱하게 하였다.

유자업은 결국 그의 동생에게 목숨을 빼앗기고 말았다. 유유에게는 9명의 아들이 있었는데 이 가운데 제명대로 살다가 죽은 사람은 단 한 사람뿐이었다. 유의륭의 아들 19명, 유유의 손자 유준의 아들 28명, 유목의 아들 12명의 대부분이 왕위 싸움에 휘말려 죽음을 당하였다.

유유가 창시한 송나라는 479년에 멸망하였다.

15. 수문제와 양제

약 400년 동안 이어오던 대분열의 시대에 종지부를 찍고, 천하통일의 대업을 이룬 이가 수 왕조의 창립자 문제이다. 문제의 선정이 20여 년간 계속되자 전국의 가구 수가 890여만 호, 인구가 4,600여만 명에 이르렀다.

이러한 업적에도 불구하고 문제는 사람을 의심하고 까다롭게 감시하고 참소하는 말을 그대로 믿어 공신과 옛 친구들 중 생명을 끝까지 보전한 사람이 없었다. 자신의 자식들과도 모두 원수처럼 되었다.

문제의 다섯 아들 가운데 병사한 양준을 제외하고는 모두 비명에 죽었고 또 그의 자손들까지도 전란에 죽거나 처형당하는 등 전멸해 버렸으니 이것은 문제의 잔인한 행위에 대한 인과응보처럼 여겨진다.

14세 때, 문제의 정처가 된 독고 황후는 막강한 힘을 가지고 있었다. 문제는 다른 여성과의 사랑을 독고 황후에게 숨겨야만 했는데 울지형의 딸을 후궁으로 삼아 은밀히 사랑하다 독고 황후에게 발각되고 말았다. 독고 황후는 문제가 조정에 나간 사이에 울지형의 딸을 죽여버렸다.

문제의 장남 양용은 황태자로 세워져 원씨와 결혼했는데도 첩인 운씨를 총애하고 있었다. 그런데 황태자비 원씨가 급사하자 황후는 양용이 죽인 것이 아닌가 의심하여 황태자의 폐립을 문제에게 권하였다. 그 결과, 양용은 황태자의 자리에서 쫓겨나고 차남인 진왕 양광(양제)이 황태자가 되었다.

600년 6월, 문제의 3남 양준이 병사하고, 10월에 양용이 폐태자가 되고, 11월에 양광이 황태자가 되었다. 이때 양광의 나이 32세였다.

602년, 독고 황후가 세상을 떠났다. 질투하는 아내가 없자 문제는 물 보를 튼 것처럼 여자에 빠졌다. 후궁에서는 선화부인의 지위가 황후와 같은 지위로 격상되었다. 선화부인은 문제에게 멸망당한 남조 진의 마지막 황제 후주의 누이였다. 양광은 선화부인의 환심을 사려 무슨 일이 있을 때마다 선물을 전하는 등 온갖 정성을 기울였다.

604년 4월부터 문제는 병상에 눕게 되었다. 선화부인이 문제의 병상에서 물러나 옷을 갈아입을 때 태자 양광이 선화부인을 범하려 하였다. 이 사실을 알게 된 문제는 병상에서 거칠게 숨을 몰아쉬며 "얼마 전에 폐한 태자 양용을 부르도록 하라"고 명령을 내렸다.

이 순간이야말로 양용과 양광 두 사람의 운명을 결정짓는 숨 막히는 찰나였다. 그러나 그 명령을 받은 병부상서 유술 등이 양광의 참모에게 붙잡혀 임무를 수행할 수 없게 되었다.

때를 같이하여 양광의 심복 장형이 문제의 침전에 들어가 그곳에 있던 후궁들을 모두 별실에 가두었다. 잠시 후 "윽!" 하는 단말마의 비명 소리가 들리며 피가 솟구쳐 병풍에 튀었다고 역사는 기록하고 있다. 문제가 세상을 떠났다.

양광은 바로 자객을 보내어 양용을 살해하여 무난히 제위에 오를 수 있었다. 그날 밤, 태자는 윗사람을 범했다고 역사는 선화부인의 이야기를 이어가고 있다. 양광이 아버지 문제의 여인인 선화부인을 범했던 것이다.

수양제는 612년, 113만 8,000명의 병력으로 고구려를 침략하였다가 실패한 바 있다. 양제의 폭정으로 수왕조의 지방관리, 장령들도 차례로 각 지방에 할거하여 자신들의 세력을 구축하고 있었다. 그 가운데 최강의 실력을 지닌 것이 당국공 이연(李淵)이었다. 양제가 이연을 연행해오라는 명령을 내리자 이연의 둘째 아들 세민(世民)은 이연을 설득하여 617년 반란군을 일으켰다.

장안성에 입성한 이연은 대왕 양유를 천홍전에 맞이하여 즉위식을 올리게 하고 양제를 태상황으로 받들었다. 당국공이었던 이연은 당왕이 되고 무덕전에서 황제를 대신하여 정권을 장악하였다.

양제를 호위하는 친위군의 우둔위 장군 우문화급(宇文化及)을 수령으로 하는 친위군이 쿠데타를 일으켜 양제를 시해하였다. 양제는 자신의 허리띠를 풀어 친위군의 장교에게 건네주고 그의 힘을 빌려 자신의 목을 매고 죽어갔다. 때는 618년 3월이었다.

이연은 그해 5월, 선양의 형식으로 황제의 자리에 오르고 나라 이름을 당(唐)이라 칭하였다. 큰아들 건성을 태자로 세우고 둘째 아들 세민을 진(秦)왕, 셋째 아들 원길을 제(齊)왕으로 삼았다.

이로써 수나라는 3대 37년 만에 멸망하였다.

16. 당 태종 이세민

당의 고조 이연은 반란 세력들을 모두 평정하고 천하를 통일하였다. 그러나 통일의 축배를 들기도 전에 후계자 싸움에 휘말려 골치를 앓게 되었다.

태자 건성, 진왕 세민, 제왕 원길 이 세 형제간에 미묘한 움직임이 있었기 때문이었다. 당 왕조의 창건과 안정에 진왕 이세민의 공이 너무나 컸기 때문에 후계자 문제가 대두되었던 것이다.

셋째 원길의 세력은 건성, 세민에게 미치지 못했으나 그는 용맹하였다. 원길은 진왕 세민이 없으면 건성을 잇는 것은 자신이라고 판단하였다. 그래서 제왕 원길은 태자 건성에게 진왕 세민을 제거하는 데 자신도 힘이 될 것을 약속하였다. 진왕 세민에게 위협을 느끼던 태자 건성은 일이 순조롭게 이루어지면 제왕 원길을 황태제(皇太弟)로 삼겠노라고 약속하였다.

한편, 진왕 세민도 태자와 원길의 움직임을 탐지하고 있었다. 세민은 그동안 태자의 심복이었던 현무문의 수비대장 상하를 매수하여 자기편으로 끌어들였다. 그리고는 고조를 알현하여 태자 건성과 제왕 원길이 자기를 모살할 계획을 세우고 있다고 보고하였다.

놀란 고조는 자식들을 엄히 훈계하기 위해 다음 날 아침 입궐을 명하였다. 그러나 세민의 이 같은 행동은 건성과 원길을 고조가 거처하는 대명 궁(大明宮)으로 불러들이게 하려는 책략이었다.

626년 6월 4일 새벽, 진왕 세민은 현무문에 복병을 배치시켰다. 현무문은 장안 궁전의 북문으로 대명 궁에서 황제를 알현하려면 반드시 이 문을 통과해야 했다. 현무문부터는 일반인의 출입은 물론 관리들도 출입증을 제시해야만 했다. 무장병이 들어갈 수 없는 것은 당연한 일이었다.

태자 건성과 원길도 그들이 거느리고 온 2,000명의 정병을 현무문 밖에 멈춰두고 출입증을 휴대한 소수의 부하만을 데리고 들어섰다. 현무문에 들어서는 순간, 이를 노리고 있던 복병들의 일격에 태자 건성은 여지없이 쓰러지고 말았다. 뒤따르던 원길도 필사적으로 싸웠지만 세민의 대장 울지경덕의 손에 무참히 살해되고 말았다.

역사는 이 사건을 '현무문의 변'이라고 기록하고 있다. 이태조 이성계의 아들 방원이 일으킨 '왕자의 난'과 본질적으로 같은 사건이라 생각된다. 이세민은 건성의 아들 5명과 동생 원길의 아들 5명까지도 모두 죽였다.

'현무문의 변'이 있은 후, 이세민은 태자 건성의 책사 위징을 불러내어 "너는 우리 형제를 이간시킨 자이다. 무엇 때문에 그런 짓을 했더냐?"라고 질책하였다. 위징은 "건성 황태자께서 만약 제 말을 따랐더라면 오늘과 같은 화는 없었을 것입니다"라고 주눅 들지 않고 당당한 태도로 답변하였다. 위징은 이세민을 죽여야 한다고 주장했던 것이다. 패자로서 이 같은 발언을 한다는 것은 죽음을 각오했음이 분명했다.

태종은 위징을 용서하고 첨사주부의 벼슬을 내렸다. 강자(强者)는 용자(勇者)를 사랑하는가 보다.

일찍이 유방·항우가 천하를 다툴 때, 한신의 향배에 따라 양쪽 모두가 이길 수 있는 기회를 가지고 있을 때 독립하기를 건의했던 모사 괴철의 일화를 살펴보자. 여후의 손에 한신이 죽은 뒤, 유방이 한신의 마지막 말인 "괴철의 계책을 채용하지 않았음"을 한탄한 말을 전해 듣고 괴철을 문초할 때, 괴철이 태연히 응대하여 살아난 경우와 같기 때문이다.

17. 측천무후

당 태종(626~649)의 황후는 문덕황후였는데 이름난 현처였다. 문덕황후는 자신뿐 아니라 그의 친정 사람들까지도 정치에 깊이 관여하는 것을 경계하여 가능하면 중요한 관직에 기용되지 않도록 신경을 썼다. 문덕황후는 애석하게도 36세의 젊은 나이로 세상을 떠났다.

문덕황후가 낳은 장자로 황태자에 책봉된 이승건은 다리가 불편했는지 보행도 자유스럽지 못하고 이상 성격의 소유자였다. 동성애에 빠져 칭심이라는 미소년을 몹시 사랑하고 있었다. 태종은 이 사실을 알고 크게 노하여 칭심을 죽였다.

시대와 장소는 다르나 프로이센의 프리드리히 대왕이 18세였던 1730년에 한 친구와 함께 궁정을 뛰쳐나와 도망을 쳤다. 두 사람은 곧 체포되어 빌헬름 1세 앞에 끌려왔는데, 왕은 프리드리히가 보는 앞에서 그의 친구를 처형하였다. 높은 성곽 위에서 그 친구를 밀어 즉사하게 하였다. 권력가의 눈에 인간이란 한갓 도구에 불과한 것인가?

문덕황후가 낳은 황자는 장남 승건 외에 넷째 아들 위왕 태(泰)와 아홉째 아들 진왕 치(治)의 세 사람이었다. 그 밖에도 황자가 14명이 있었으나 제위를 계승할 유력자는 문덕황후가 낳은 세 명의 황자뿐이었다.

태종은 태를 몹시 사랑하고 있었다. 황태자 폐립 문제가 거론되기 시작하자 태는 의욕적인 행동을 보이기 시작했다. 황태자 승건은 이런 태의 행동을 괘씸하게 생각하여 자객을 보내어 태를 암살하려 했다. 마침내 태종은 제3의 후보였던 이치(李治)를 황태자로 세우기로 결정하였다.

아마도 위왕 이태가 태종을 가장 닮았던 모양이었다. 태종은 이태가 즉위할 경우, 이승건도 이치도 살아남지 못할 것을 생각했음이 분명하다.

643년, 이치가 황태자가 되었다.

태종의 병이 날로 악화되어 가던 649년, 황태자 이치는 태종이 와병 중인 취미 궁으로 들라는 명령을 받았다. 취미 궁으로 든 태자는 태종 곁에서 시중드는 한 궁녀의 모습에 눈길이 멎었다. 이 궁녀가 후의 측천무후로서 당시는 미랑(媚娘)이라 불리는 낮은 신분의 궁녀였다. 그녀는 뛰어난 미모로 태종의 마음을 사로잡고 있었고, 이제 황태자 이치의 마음마저 사로잡은 것이다.

649년, 태종이 병사하자 미랑은 머리를 깎고 감업사로 들어가 비구니가 되었다.

태종의 뒤를 이은 이치 고종(649~683)은 정처 왕씨 외에 소씨라는 여성을 사랑하고 있었다. 고종의 즉위와 함께 정처 왕씨는 황후가 되고 소씨는 숙비가 되었다. 이 왕 황후와 소숙비 사이에 총애 쟁탈전이 벌어지고 고종의 마음이 소숙비에게 기울었다. 그러자 왕 황후는 고종의 마음을 딴 곳으로 돌리기 위하여 감업사에 있는 미랑에게 머리를 기르고 환속할 것을 명하여 그녀를 궁중으로 끌어들였다. 왕 황후도 이 결정이 역사의 흐름을 바꾸어 놓으리라고는 전혀 예상하지 못했다.

미랑은 얌전하고 상냥한 행동으로 고종과 황후의 신임을 받아 소의(昭儀)의 자리에 올랐다. 미랑은 왕 황후와 한편이 되어 소숙비를 모함하여 그녀를 유폐시키고 다음 공격 목표를 왕 황후로 돌렸다.

미랑이 궁중으로 다시 들어오게 된 경위는 고종의 자의가 아니었다. 미랑은 자신이 낳은 공주를 질식사시켜 그 죄를 왕 황후에게 뒤

집어씌우고 여러 가지 음모를 꾸며 왕 황후의 죄를 날조하였다.

왕 황후와 소숙비는 후에 무후(미랑이 무후가 됨)의 명령에 의해 곤장 100대씩을 맞고 수족이 잘린 후 술항아리에 집어던져져 죽음을 당했다고 한다.

665년 무소의의 나이 32세 때, 숙의문에서 황후의 인수를 목에 걸고 문무백관들의 하례를 받았다.

측천무후는 자신의 세력구축에 열을 올려 고종과 함께 수렴정치를 하게 되었다. 날이 갈수록 측천무후의 권력이 강대해졌기 때문에 고종도 그 기세에 눌릴 지경에 이르렀다. 이에 고종은 재상 상관의와 은밀히 의논하여 측천무후를 폐할 계획을 세웠으나 밀고하는 자가 있어 그 계획은 사전에 분쇄되고 상관의는 처형되었다.

이때 황태자는 유씨 소생의 이충이었는데 측천무후는 이충을 폐하고 자신이 낳은 이홍을 황태자로 세웠다. 이때 황태자의 나이 5세였다. 황태자는 성장하며 어질고 효성스러우며 직언을 하였다. 이에 대해 측천무후가 못마땅해 하던 때, 30세를 넘긴 소숙비의 두 딸을 출가시킬 것을 고종에게 건의하여 허락을 받은 것에 대해 분노한 측천무후는 황태자 이홍을 살해하였다.

이홍이 죽자 옹왕 이현(李賢)이 황태자로 세워졌다. 고종의 여섯째 아들로 무후가 이홍 다음에 낳은 아들로 되어 있으나 실은 측천무후의 언니 한국부인이 낳은 아들이라는 소문이 있었다. 한국부인은 미망인이었는데 궁중에 출입하다가 고종과 관계하여 이현을 낳았으며, 이 사실이 알려지자 한국부인은 동생 무후에게 살해되었다는 이야기가 항간에 전해지고 있었다.

자신의 출생에 대한 소문을 어디선가 들은 이현은 불안한 나날을 보내고 있을 때, 모반의 혐의를 뒤집어쓰게 되었다. 황태자의 마구간에서 수백 벌의 갑옷이 발견되어 황태자의 자리에서 쫓겨나고 얼마 후 파주로 옮겨졌다가 그곳에서 자결로 일생을 마쳤다.

그러자 고종의 일곱째 아들 이현(李顯)이 황태자가 되었다. 683년, 고종이 죽자 황태자 이현이 즉위하니 이가 중종(683~684)이고 무후는 황태후가 되었다.

고종은 원래 간질이 있어 모든 정무를 일일이 처결할 수가 없어 660년부터 황후 무씨에게 정무를 처리하도록 하였다. 중종이 즉위하면서 황후가 된 중종의 처 위씨는 자신의 친정아버지를 문하시중의 요직에 기용하려 한 것이 측천무후의 노여움을 사서 황제 중종과 함께 쫓겨났다.

고종의 여덟째 아들 이단이 예종(684~690)으로 즉위하였으나 그도 유폐생활과 다름없는 생활을 했을 뿐 정치에는 관여하지 못했다.

690년, 67세의 무후는 꿈에 그리던 황제의 자리에 올랐다. 측천무후 (690~705)는 이씨의 당나라를 무씨 천하로 바꾸었지만 제위 계승자 책립문제를 놓고 고민하게 되었다. 그녀는 친정 조카 무승사를 제위 계승자로 책립할 생각을 하고 있었다. 그러나 식견 있는 원로 재상들은 무후의 생각에 찬성하지 않았다. 이런 일로 인해 74세 고령의 무후는 밤에도 잠을 이루지 못했다.

마침내 무후는 자신이 낳은 셋째 아들 여릉왕 이현을 궁중으로 불러들였다. 이현은 중종에 즉위하였다가 쫓겨났었다.

705년, 반세기에 걸쳐 궁정에 군림했던 여걸 측천무후도 나이가 들어 병상에 눕게 되자 힘을 쓰지 못했다. 당시의 재상 장간지는 친위군 사령관과 공모하여 친위군 500명을 동원하였다. 그들은 내란을 진압한다는 명목으로 황태자를 동궁에서 맞아들여 현무문의 빗장을 부수고 궁중에 돌입하였다. 강간지 등은 와병 중인 무후를 협박하여 제위를 황태자에게 전하게 하고 무후를 상양궁으로 옮겼다.

그해 겨울 측천무후는 82세의 나이로 타계했다. 그녀는 16년간 여제(女帝)로 군림하였다.

18. 현종

705년, 중종 이현이 다시 황제의 자리에 올랐다. 그의 아버지 고종이 죽자 제위에 올랐다가 2개월 만에 측천무후에게 쫓겨나 여릉왕이 되어 군주·방주 등지에 있다가 3년 만에 낙양으로 돌아와 황태자가 되었다. 그로부터 8년 만에 다시 황제의 자리에 오르고 아내 위씨도 황후로 복위되었다.

중종은 방주에 있을 때, 언젠가는 무후의 손에 죽임을 당할 것이라 생각하여 여러 차례 자살을 기도했으나 그때마다 위씨가 위로하여 생각을 바꾸도록 하였다. 이러한 위씨를 중종은 끔찍이 사랑하여 만일 황제가 된다면 위씨가 하는 일은 무엇이든 방해하지 않으리라 약속했다고 한다.

중종의 딸 안락공주가 무후의 일족인 무삼사의 아들과 결혼하였는데 무삼사는 안락공주의 시아버지라는 자리를 이용하여 자주 궁중에 출입하다가 위 황후와 불의의 관계를 갖게 되었다. 위 황후는 무삼사와 공모하여 자신의 집권에 방해가 되는 인물들을 중종에게 참소하였다.

중종은 위 황후와 무삼사의 참소를 그대로 믿고 장간지, 최현휘, 환언범, 원서기 등 5명에게 정치에서 손을 떼게 하고 지방으로 좌천시켰다가 모두 사사하였다.

위 황후의 롤모델은 측천황후였다. 자신이 황후에서 황태후가 되고 황태후에서 여황제가 되지 말라는 법은 없을 것이라 자신하고 있었다. 때마침 연흠융이라는 사람이 위 황후의 음란한 사실을 중종에게 고하였다. 연흠융은 위 황후의 일당에게 죽임을 당했지만, 중종은 그 말을 들은 후부터 위 황후를 의심하기 시작하였다.

위 황후의 총애를 받던 마진객, 양균 등은 그 일이 발각될까 두려워 마침내 중종 시해음모를 꾸몄다.

710년 6월, 고기만두 속에 독을 넣어 중종을 시해하였다. 위 황후는 중종의 유조라 빙자하여 중종의 넷째 아들 온왕 이중무를 황제로 세우고 자신은 황태후로서 섭정하였다.

중종 시해사건에 중종의 친딸 안락공주도 가담하였다. 어머니 위 황후가 황제가 되면 자신은 황태녀(皇太女)가 되어 제3의 측천무후가 되겠다는 꿈이었다.

중종이 시해된 후 8일 만에 이융기에 의한 쿠데타가 감행되었다. 이융기는 예종 이단의 아들로 25세의 젊은 청년이었다.

위 황후 일당에서는 위씨 왕조를 세울 경우, 가장 방해가 될 인물을 일찍이 황제의 자리에 오른 경험이 있는 예종(684~690) 이단과 고종의 막내딸 태평공주로 지목하고 있었다.

위 황후 일파와 가까이 지내던 병부시랑(국방차관) 최일용이 이런 움직임을 이융기에게 전하면서 쿠데타를 서두르게 된 것이었다.

쿠데타의 중심인물 갈복순이 친위군 군영에 돌입하여 위씨 일족의 장군 위선, 위파 등의 목을 베자, 위 황후는 비기 궁으로 도망쳤으나 그곳 병사들에 의해 목이 잘리고 말았다. 안락공주는 거울 앞에 느긋이 앉아 눈썹을 그리다가 참수되었다. 갓 즉위한 이중무는 이단에게 양위하였다.

이단이 예종(710~713)으로서 황제의 자리에 오른 것은 710년 6월로 쿠데타 성공 후 4일째 되는 날이었다. 예종이 복위하는 데 그의 누이 태평공주의 힘이 컸는데 태평공주는 무후의 막내딸이었다.

점잖기만 할 뿐 별로 유능하지 못한 예종 밑에 태평공주와 황태자 이융기의 두 실력자가 존재하면서 궁정의 세력은 이들 두 파로 갈라져 치열한 싸움을 벌이게 되었다.

고민 끝에 예종은 712년 양위하여 이융기가 현종으로서 즉위하고 예종은 상왕이 되었다. 그러나 재상이라 불리는 중신 7명 중 5명이 태평공주 쪽의 인물이었다.

태평공주 파는 마침내 현종 암살이라는 최후 수단까지 동원할 음모를 꾸미기에 이르렀다. 당시 태평공주는 상황의 명령이라 빙자하여 중신들의 임명권을 행사하고 있는 형편이었다.

713년 7월, 현종은 태평공주 파에 대한 공격을 개시하여 순식간에 일당을 타도하였다. 태평공주는 사사되고 실로 반세기 만에 정권이 황제 현종의 손에 장악되었다.

번영했던 당 왕조의 발전이 급격히 쇠퇴하기 시작한 데에는 당시 간신들의 횡포와 현종의 양귀비에 대한 무분별한 총애가 주된 원인으로 지적되고 있다.

736년, 이림보가 조정의 실권을 한 손에 쥐게 된 때에 현종은 사랑하던 무혜비를 잃었다. 후궁에는 미녀가 3,000명(4만 명이라는 기록도 있음)이나 있었지만 현종의 마음을 끄는 여인은 없었다.

그즈음 수 왕비가 절세의 미녀라는 소문을 듣게 되었다. 수왕 이모는 현종과 무혜비 사이에서 태어난 열여덟 번째 아들이니 수 왕비 양귀비는 바로 현종의 며느리인 것이다. 56세의 시아버지 현종이 22세의 며느리와 사랑을 불태우게 된 것이다. 현종은 죄책감에서였는지 수왕에게 위씨의 딸을 보내어 아내로 삼게 하였다.

정치에 열중하던 현종은 정치에 흥미를 완전히 잃어버려 마치 다른 사람처럼 되어버렸다. 양귀비의 본명은 옥환으로 남궁에 들어온 지 6년 후에 귀비로 책봉되었다. 양귀비는 고아 출신으로 양씨 가문의 양녀로 들어갔기 때문에 혈연을 같이하는 친척은 없었지만 현종은 양귀비의 환심을 사기 위해 양귀비의 6촌 오빠 양소에게 국충(國忠)이라는 이름을 내리고 신임하였다.

양귀비는 질투심이 몹시 강해 질투심이 원인이 되어 두 차례나 현종으로부터 폐출된 일이 있었다고 한다.

이처럼 나라 안이 어지러울 때, 변경 지방의 군사력을 장악하고 있는 절도사들은 유사시 당 왕조를 위협할 위험성을 가지고 있었다. 755년, 마침내 안록산이 반란을 일으켰다.

안록산은 체중이 약 200kg의 거구로 양귀비의 수양아들이 되고 싶다고 자청하여 입궐하면 먼저 양귀비에게 인사를 드리고 다음에 현종을 알현했다.

752년 12월, 재상 이림보가 죽자 양국충이 재상이 되었다. 이림보를 어려워하던 안록산은 마침내 양국충 토벌을 명분으로 반란을 일으켰다. 안록산의 반란군은 파죽지세로 진격하여 낙양을 함락시켰다. 72세의 현종은 양귀비와 그의 자매, 황족, 측근, 대신들을 데리고 피난길에 올랐다. 무장한 1,000명의 친위군이 이들을 호위하여 서남쪽 촉당으로 향했다.

장안에서 1백 수십 리를 수행하던 장병들은 굶주리고 피로에 지쳐 사태를 이 지경으로 만든 양국충의 목을 베고 현종의 거처를 포위한 뒤 양귀비를 벌하라고 외쳐댔다. 현종은 눈물을 삼키며 양귀비에게 스스로 목매어 죽을 것을 명하였다. 양귀비가 죽은 후, 10여 일 만에 장안도 함락되었다.

현종이 양위하자, 현종은 상황천제라는 존호를 받고, 태자 이형이 즉위하니 이가 당의 숙종(756~762)이다.

태자가 된 지 20년 만에 안록산의 난을 만나 황제에 즉위한 숙종은 진용을 정비하여 6만의 병력으로 안록산에게 반격을 가하였다. 안록산은 755년에 반란을 일으켜 낙양·장안을 한때 점령하였으나 757년에 그의 맏아들 안경서에게 죽임을 당하였다.

이 무렵, 안록산은 완전 실명하여 아무것도 보지 못하게 되었다. 악성 종양까지 발병하여 울화통을 터뜨리는 난폭자가 되었다. 애첩의 아들 안경은을 후계자로 정하고 적자인 안경서를 폐하려 하자 안경서가 선수를 쳐서 아버지 안록산을 죽이고 황제가 되었다.

758년, 곽자의 등이 아홉 절도사에게 명하여 안경서를 토벌하도록 하자 안록산의 부장이었던 사사명이 안경서를 지원하는 바람에 아홉 절도사의 군사는 패하였다. 그러자 사사명은 안경서를 죽이고 스스로를 대연황제(大燕皇帝)라 칭하였다. 그로부터 3년째 되던 해에 사사명은 그의 아들 사조의에게 죽임을 당했다.

761년 사조의는 제위에 올랐으나 763년 자살로 생을 마감하였다. 이렇게 해서 755년부터 763년까지 이어졌던 '안사의 난'은 평정되었다.

현종은 말년을 슬픔과 통한으로 세월을 보내다가 78세에 타계하였다.

19. 황소(黃巢)의 난

881년 1월 8일, 당나라 제18대 황제 희종(873~888)이 장안의 서문인 금광문을 빠져나와 도망치고 있었다. 거의 때를 같이하여 장안의 동문 춘명문으로부터는 반란군의 수령 황소가 대군을 거느리고 금으로 장식한 수레를 타고 위풍당당히 입성하였다.

황소(黃巢)는 장안에 남아 있던 당의 황족 전원을 몰살하고 12월에 함원전에서 즉위식을 거행하고 당 왕조 때 3품 이상의 관리는 전원 파면하였다.

883년, 황소군의 전력은 눈에 띌 정도로 약화되었다. 장안의 남·서·북은 모두 당군에 의해 봉쇄되고 동쪽 낙양으로 통하는 길만 황소군의 부장 주온이 담당하고 있었다. 황소군의 형세가 불리하다고 판단한 주온은 당군에 항복하면서 낙양과의 교통마저 차단되었다.

당 왕조는 주온에게 요직을 내리는 한편 전충(全忠)이라는 이름까지 하사하였다. 이 주전충은 당나라에 이어 5대 10국의 하나인 후량(後梁)의 태조가 된 인물이다.

884년, 황소는 자결로 일생을 마치나 당 왕조는 황소의 반란 이후 23년간 겨우 명맥을 이어 갔을 뿐이었다. 이 23년 동안 절도사의 세력이 강성하여 환관들을 모두 죽이고 살아남은 조정 중신들도 모두 황하 강에 던져 죽이는 등 당 왕조의 운명은 풍전등화 같았다.

907년, 주전충이 당 왕조 최후의 황제 애제(904~907)로부터 선양의 형식으로 황제의 자리에 올라 후량의 태조가 되었다.

당 왕조는 고조로부터 20대 290년 동안 이어왔다. 주전충은 소종(888~904)을 시해하고 13세의 이축을 애제로 세웠다가 3년 만에 협박하여 선양의 형식으로 폐위하였다.

20. 원의 후계자 싸움

원나라의 후계자 싸움은 쿠빌라이와 아리크부가 간의 형제간 싸움을 비롯하여 그 후에도 여러 차례 있었다. 쿠빌라이와의 싸움에서 아리크브가를 지지했던 오고타이한국의 하이두(海都)는 세조 쿠빌라이가 남송과의 싸움에 얽혀 있는 틈을 타 차가타이 한국과 킵차크한국의 지지를 얻어 아리크브가를 몽고의 황제로 추대하였다.

세조 쿠빌라이는 남송을 멸망시키자 총수 바얀에게 명하여 하이두를 토벌토록 하였다. 바얀은 토벌에 성공하였으나 전후 40년에 걸친 혈전으로 몽고제국 전체의 힘을 약화시키는 결과를 가져왔다. 오고타이한국의 군대는 몽고족 가운데서도 가장 강력한 유목 부대였기 때문이다.

쿠빌라이가 죽은 후, 그의 아들 성종(成宗)이 제위를 계승하고 성종이 죽은 후는 그의 형의 아들 무종(武宗)이 제위를 계승하였다. 무종은 그의 동생 인종(仁宗)을 황태제로 세워 인종에게 제위를 물려준 것이 분쟁의 불씨가 되었다.

인종은 자신의 아들에게 제위를 물려줄 것인가, 형의 아들에게 물려줄 것인가가 문제의 핵심이었다. 그런데 인종은 자신의 아들 영종(英宗)에게 제위를 물려줌으로써 형의 유지를 어긴 셈이 되었다.

조정 중신들 사이에 자신의 제위에 대한 이론이 많은 데 불안을 느낀 영종은 불사(佛事)에 열을 올려 현실을 도피하려 하였다. 나라 사정이 어려워지자 조정 대신들은 비밀리에 도당을 모아 영종을 살해하고 태정제(泰定帝)를 새로운 황제로 옹립하였다.

태정제는 제위 4년 만에 죽고(1328), 황태자 천순제(天順帝)가 그 뒤를 잇게 되었는데 그의 나이 9세였다. 그러자 신하들 간에 동요가 일어났고 그 틈을 노려 무종의 아들 투크테무르가 군대를 일으켜 대도로 들어오자 천순제는 도망쳐 행방을 감추었다.

투크테무르는 자신이 제위에 오르지 않고 그의 형을 맞아 황제로 옹립하니 이가 명종(明宗)이다. 명종은 자신의 황제 즉위에 공이 큰 동생 투크테무르를 황태제로 세웠다. 공교롭게도 다음 해 황태제를 궁으로 불러 만난 뒤 급사하는 사태가 벌어졌다.

명종의 뒤를 이어 황태제로 즉위하는 이가 문종(文宗)이다. 그러나 제위에 오른 문종은 어렸을 때 총명했다는 소문과 달리 백성의 기대에 부응하지 못했다. 그는 라마교를 숭배하면서 라마교의 세력이 점점 더 강성해졌다.

1332년, 문종은 제위 3년 만에 죽었는데 임종 때 자신의 아들을 제쳐놓고 형 명종의 장남인 순제(順帝)에게 제위를 전한다는 유조를 내렸다. 그러나 당시의 실력자인 엔테무르는 문종의 유조를 무시하고 순제의 동생인 영종(寧宗)을 즉위시켰다.

명종이 죽자 명종의 황후는 명종이 살아 있을 때부터 순제는 자기 자식이 아니라고 늘 말해왔다고 순제의 출생에 얽힌 비밀을 털어놓아 순제는 고려 땅 대청도로 유배되었다가 다시 광서로 옮겨졌다.

영종은 권신 엔테무르에 의해 옹립되어 즉위하였으나 재위 50여 일 만에 죽고 말았다.

문종의 황후는 자기 아들은 아직 어리고, 광서에 있는 명종의 아들은 13세가 되었으니 그를 황제로 세우는 것이 좋다고 주장하여 결국 순제가 광서에서 대도로 돌아와 제위에 오르게 되었다.

엔테무르가 순제의 즉위를 꺼렸던 이유는 순제가 몽고 태생으로 몽고에 있는 황족과 중신들의 지지를 받을까 두려웠기 때문이었다. 원나라 조정에는 몽고파와 한지파(漢地派)가 서로 대립하고 있었고, 엔테무르는 한지파였다.

순제가 광서에서 대도로 돌아올 때 암살 음모의 가능성을 예측한 바얀은 군대를 거느리고 순제를 끝까지 호위하여 무사히 대도에 들어올 수 있었다. 이 공로로 바얀은 새로운 실력자가 되었으며, 순제가 즉위하던 해에 엔테무르가 죽으면서 순제의 제위 계승에 따른 유혈 참사를 면할 수가 있었다.

순제가 바얀을 태사우승상(太師右丞相)에 임명하자, 엔테무르의 일족과 그 추종자들이 바얀을 제거하고 황제를 폐립할 쿠데타를 꾀하지만 도리어 바얀의 선제공격을 받아 포살당했다.

엔테무르의 아들 타라하이는 황후의 치마폭 밑으로 들어가 숨었으나 끌려나가 참살되는 바람에 그 피가 황후의 옷에 튀어 묻었다. 바얀이 나아가 황후(엔테무르의 딸)를 잡으려 하자 황후는 순제에게 울면서 구원을 호소하였으나 순제가 황후를 궁중에서 내쫓아 사형에 처하게 하였다.

바얀은 동생의 아들 토크토를 양자로 삼아 자기 세력의 부식을 꾀했다. 그러나 바얀의 정치적 횡포가 너무 심하였기 때문에 토크토는 순제와 짜고 바얀을 영남으로 유배하였다가 독약을 내려 사사하였다.

21. 명의 건국과 건국공신 숙청

1368년, 명의 태조 주원장은 원나라의 국력이 쇠진한 틈을 타 한족 국가 부흥의 기치를 내걸고 명나라를 세워 남경에 도읍을 정하였다.

태조 홍무제(1368~1398)는 자신이 죽은 후, 공신들의 발호를 크게 두려워해 개국 공신들을 숙청하였다.

승상의 자리에 오른 호유용은 그 지위를 이용하여 당파를 결성하고 점차 독단 전횡하는 경향이 많았다. 호유용은 자신이 천자가 되리라 판단하고 은밀히 모반을 꾀하는 거사계획을 짜고 있었다.

그 음모가 발각되어 반란 주모자는 말할 것도 없고 호유용의 당파로 역모에 가담했을 것으로 인정되는 자는 그의 가족들까지 연좌되어 1만 5,000여 명이 이 사건과 관련되어 희생되었다.

호유용의 모반 사건이 있은 지 10년 후인 1390년 옥사가 재연되었다. 건국의 원훈이며 국가 최고 원로 격인 태사한국공(太師韓國公) 이선장이 사사되었다.

홍무제는 즉위 당시 41세였다. 건국 초기의 20대 젊은 간부들은 지금 40대의 혈기왕성한 나이에 이르고 있었다. 63세가 된 홍무제는 자신이 죽은 후의 일을 생각하지 않을 수 없었다. 황태자가 다루기에

힘겨운 존재들을 그가 모두 제거해야 한다고 생각한 것이다.

이선장을 숙청한 2년 후인 1392년 황태자 주표가 죽었다. 홍무제는 황태자의 아들인 손자를 황태손으로 정했다. 홍무제는 황태손에게 제위를 물려줄 경우 손자인 만큼 더 많은 공신들을 제거하지 않을 수 없다고 생각하였다.

다음 해인 1393년, 66세의 홍무제는 세 번째 숙청작업에 착수하였다. 숙청의 표적이 된 인물은 양국공(凉國公) 남옥이었다. 남옥은 촉으로 출정하여 사천 평정에 공이 있었으며, 막북에 원정했을 때는 원나라의 황자, 황녀, 후비 등 황족 130여 명과 장교 30여 명을 포함한 7만 명의 남녀 포로와 말, 낙타 5만 필을 전리품으로 하는 큰 공을 세우기도 하였다. 홍무제는 그의 공적을 칭찬하면서 그의 범법행위도 지적한 것에 불만을 품은 남옥은 더욱 오만한 태도를 취하여 홍무제의 눈 밖에 났다.

홍무제는 금의위(錦衣衛)의 지휘자 장모의 고발이라는 형식을 취하여 남옥을 모반의 중심인물로 체포, 처형하고 그의 당파로 인정되는 자와 그 가족들을 포함 2만여 명을 주살하였다.

세 번에 걸친 대숙청 작업으로 태조 홍무제를 도와 명 왕조의 기초를 구축한 문무공신은 거의 다 숙청되었다. 66세가 된 홍무제는 정신력이 이미 쇠하여 자신감을 잃고 남을 의심하는 마음이 강해졌다.

홍무제는 1398년 71세로 타계하였다.

22. 정난(靖難)의 변

홍무제가 죽은 후 얼마 되지 않아 홍무제의 아들과 손자 사이에 피비린내 나는 골육상잔의 비극이 벌어지게 되었다. 홍무제의 넷째 아들인 연왕 주체(朱棣)와 황태손 주윤문(朱允炆)과의 싸움을 역사는 '정난(靖難)의 변'이라 부른다.

홍무제가 타계하자 황태손 주윤문이 즉위하니 이가 건문제(建文帝)이다. 즉위 당시 22살로 학문을 좋아하였다. 홍무제의 넷째 아들 주체는 용맹 과감한 무장으로 북벌에도 참가하여 혁혁한 무공을 세우기도 하였다. 이런 점을 감안한 홍무제는 주체를 연왕에 봉하여 북경을 지키게 하였다.

황태자 주표가 죽자 홍무제는 주체를 황태자로 세우고자 하였으나 중신들이 반대하고 나섰다. 이유인즉 넷째 아들을 후계자로 정할 경우, 차남과 삼남을 어떻게 할 것인가와 손자로 적통을 잇게 하는 것이 예법이라는 것이었다.

결국 16세의 손자 주윤문을 황태손으로 세웠지만 나약한 성격의 황태손이 그 무거운 짐을 감당해낼지 염려되어 홍무제는 우울하였다.

1398년 홍무제의 황태손 주윤문이 건문제로 즉위하자 정권의 기본 방침은 왕들의 권력을 약화시키고 중앙 권력을 강화하는 것이었다. 맨 먼저 표적이 된 인물은 마황후가 낳은 다섯 황자 가운데 막내인 주왕 주수였다.

건문제가 즉위한 지 3개월 후인 8월, 국경을 경비한다는 명목으로 이경륭이 군사를 이끌고 갑자기 개봉부에 나타나 왕궁을 포위하고 불문곡직 주왕 주수를 체포해버렸다. 다음 해인 1399년 4월에는 제왕 주부, 대왕 주계가 폐서인이 되었다. 이에 불안을 느낀 상왕 주백은 분신자살하고 민왕 주편은 장주로 유배되었다.

연왕 주체는 이 같은 번왕들의 수난이 결국 자신을 노리기 위한 전 주곡임을 잘 알고 있었다. 조정에서는 북경에 파견되어 있는 포정사 장병, 도사 사귀, 장사 갈성에게 연왕 주체의 체포를 명하였으나 연왕이 선수를 쳐서 이들을 살해했다. 주체는 7월 계유일에 군사를 일으켜 수도 남경을 향해 남하하기 시작하였다. 연왕은 자신의 군대를 정난군이라 칭하였다.

연왕 주체와 황제 건문제 간의 싸움은 일진일퇴의 공방전으로 4년 동안이나 계속되었는데 건문제의 우유부단으로 결국 연왕 주체가 승리하게 되었다.

조정군이 대승을 거두자 건문제는 조서를 내리면서 '짐에게 숙부를 죽였다는 악명을 씌우는 일이 없도록 할 것이니라'라고 하였다. 사기가 올라 분전하던 조정군은 이에 전의를 상실하고 연왕을 죽였다간 큰일이라 생각하여 패배한 것이다.

연왕 주체는 군신들의 추대를 받아 부득이 즉위한다는 형식을 취하여 제위에 오르니 이가 영락제(永樂帝)이다.

남경에 입성할 때 불탄 황후의 시체는 확인했으나 건문제의 종적은 찾을 길이 없었다. 건문제는 승려의 차림으로 변장하고 지하도를 통하여 탈출하였다고 전해지고 있다.

23. 주고구의 최후

1427년 7월 명나라 3대 영락조(1402~1424)가 죽었다. 황태자 주고치는 지나치게 인자하고 병약하였으며, 둘째 아들 주고구는 용맹과감한 면은 있지만 무뢰한 같은 성격이어서 무신과 문신들 간에 이견이 분분하였다. 다행히 황태손 주첨기의 자질이 뛰어났기 때문에 중신들은 일단 황태자 주고치를 후계자로 옹립하는 데 양해가 이루어졌다.

황태자 주고치가 즉위하니 이가 인종(仁宗) 홍희제이다. 그러나 즉위한 지 1년이 채 안 된 1425년 5월에 타계하니 그의 나이 48세였다.

홍희제의 뒤를 이어 제위에 오른 선덕제 주첨기는 즉위한 지 얼마 되지 않아 숙부인 한왕 주고구의 반란이라는 중대 국면을 맞게 되었다. 1426년 8월 한왕은 마침내 반란을 일으켰다.

선덕제 주첨기는 즉시 친정에 나서 한왕의 항복을 받아냈다. 이 반란에 가담한 640여 명이 주살되고 국경수비군으로 쫓겨난 자가 1,500여 명에 달했다.

한왕 주고구와 그의 가족들은 자금성의 서안문에 소요성이라는 건물을 지어 그곳에 유폐되었다. 그로부터 수년 후 선덕제가 소요성에 거동하여 그들의 동태를 살피던 중, 유폐되어 있던 주고구가 갑자기 선덕제를 발로 차는 사건이 발생하였다.

선덕제는 크게 노하여 300근 무게의 구리 항아리에 주고구를 집어 넣고 뚜껑을 닫아버렸다. 힘이 장사였던 주고구는 항아리 속에서 힘을 다해 밀치자 뚜껑이 움직이며 젖혀지려 했다. 선덕제는 항아리 주위에 숯과 섶을 수북이 쌓아놓고 불을 질렀다. 구리 항아리가 달궈지는 가운데 한왕 주고구는 그 속에서 비참한 최후를 마쳤다.

24. 환관의 발호

명나라 5대 선덕제(1425~1435)가 38세의 나이로 타계하자 손황후가 낳은 황태자 주기진이 겨우 9세의 나이로 즉위하는데 이가 영종(英宗)이다. 명나라가 건국한 지 68년째에 명나라는 처음으로 나이 어린 황제를 맞게 되었다. 9세인 어린 영종이 친히 정무를 담당할 수 없었기 때문에 선덕제의 유조에 따라 영종의 할머니(홍희제의 황후)인 태황태후 장씨가 정무를 담당하게 되었다.

그러나 태황태후는 직접 정무에 임할 것을 사양하고 세 사람의 양씨에게 국정의 운영을 위임하게 되었다. 이 세 양씨들은 모두 늙어 영종 즉위 때 양사기는 이미 71세의 고령이었다.

영종의 입장에서는 젊은 측근이 필요했다. 그래서 영종이 황태자 시절에 그의 교육을 담당했던 환관 왕진(王振)을 기용하였는데, 이 왕진의 기용이 명나라 역사에 어두운 그림자를 드리우게 되었다.

세 사람의 양씨 가운데 양영이 1440년 70세로 죽고, 1442년 태황태후 장씨가 죽었으며 양사기는 그의 아들 일로 근신 중이라 정치에 참여하지 못하는데다 양부 혼자로는 왕진의 횡포를 억제하기에 역부족이었다.

그런 가운데 양사기가 1444년 80세로 타계하고 양부마저 1446년 세상을 떠나자 왕진의 독무대가 되고 말았다.

한림원의 시강(侍講) 유구가 왕진을 비판하자 마순을 시켜 유구를 죽였는데 지해(肢解)라 하여 팔다리를 잘라내는 형벌을 썼다. 또한, 제주(祭酒, 국립대학 총장) 이시면이 머리를 숙이지 않았다 하여 트집을 잡아 목에 칼을 씌우고 국자감 문 앞에 이시면을 세워 망신을 주었다.

명나라가 가장 경계해야 할 상대는 막북으로 도망친 몽고족의 잔존 세력이었다. 특히 서쪽 오이라트가 예센의 지도 아래 그 세력을 확장하였다.

언제부터인가 오이라트의 조공사절단을 매년 11월 말 조공물을 가지고 북경에 와서 말을 팔고 사절단 각각이 명으로부터 은상을 받아왔다. 일종의 평화를 사들이는 대가였다.

최초 50명이던 사신이 1,500명이 되었으며 부풀려서 2,500명이라 하였다. 그동안 그 허위를 알면서도 묵인해왔는데 1448년 왕진은 실제 인원에 한해서만 은상을 내리고 말 값도 오이라트가 제시한 5분의 1로 깎아버렸다. 그러자 1449년 7월, 오이라트 군이 일제히 명나라 국경을 넘어섰다.

군사에 대한 아무런 식견이 없는 왕진이 왕의 친정을 강행하자 아무도 이를 저지시킬 힘이 없었다. 마침내 친정이 결정되어 영종은 50만의 대군을 거느리고 북경을 출발하고 북경은 영종의 동생 주기옥을 유수로 삼아 지키게 하였다.

병부상서 광야가 여러 가지 진언을 했으나 왕진은 이를 무시하고 임의대로 군대를 운용하다 마침내 후미 부대를 궤멸당하고 토목이라는 곳 성채에 대부대를 주둔시켰다.

다음 날 오이라트 군이 성채를 포위하자 물이 나지 않는 성채라 빠져나오다가 오이라트 군의 4만 기병에게 섬멸되고 말았다. 호위장교는 왕진을 박살 내고 병부상서 광야와 총사령관 장보 등은 장렬히 옥쇄하였다. 영종은 오이라트 군의 포로가 되었다. 이를 '토목(土木)의 변'이라 부른다.

패보를 접한 북경은 황태후 손씨의 명에 따라 영종의 이복동생 성왕 주기옥이 감국(監國)으로서 국정을 담당하다가 제위에 올랐다. 포로가 된 영종을 상황으로 추대하고 성왕은 경태제로 불렀다.

오이라트 군이 포로가 된 영종을 인질로 북경을 공격하자 남경으로의 천도가 논의되는 가운데 병부시랑 우겸이 북경 사수를 주장하고 나왔다. 우겸이 병부상서가 되어 오이라트 군을 격파하였다. 마침내 오이라트와 명나라 사이에 강화가 성립되고 영종이 북경으로 송환되었다. 북경에 돌아온 상황 영종은 자금성의 남궁에 연금되어 우울한 나날을 보내게 되었다.

한편 경태제(1449~1456)는 일찍이 영종의 아들 견심(見深)을 황태자로 세웠으나 이때에 이르러 마음이 변하였다. 자신의 아들을 황태자로 세우기 위해 측근들을 매수하여 황태자 폐립을 거론하도록 하였다.

1451년 5월, 황태자 폐립이 단행되어 경태제의 소망은 이루어졌지만, 1452년 11월 황태자 견제가 죽고 말았다.

1456년 경태제가 중병으로 병상에 눕게 되자 군신들은 다시 황태자를 세울 것을 건의하였으나 경태제는 이를 거부하였다.

1457년 1월 17일 이른 아침, 장군 석형과 서유정 등은 쿠데타를 일으켰다. 2,000의 군사가 동원되어 남궁의 돌담 문을 부수고 들어가 연금되어 있는 상황을 수레에 태워 봉천문으로 들이닥쳤다. 군신들은 일제히 소리를 맞추어 '만세'를 불러 환영하였다. 이 사건을 '탈문의 변'이라 부른다.

병상에 있던 경태제는 폐위되고 2월 1일 타계하였다.

영종이 복위한 직후, 우겸을 비롯한 수십 명의 중신들이 경태제를 옹립했다는 죄목으로 체포되고 체포된 지 6일 후에 우겸이 북경의 저자 거리에서 처형되었다. 우겸의 나이 60세였다.

'토목의 변'이라는 사상 최대의 치욕으로 멸망의 위기에 처한 나라를 구원한 공로자 우겸은 억울하게 죽었다. 우겸과 같은 충신을 경태제 옹립 세력이라는 이유만으로 처형한 영종은 암군이라 불러 마땅할 것이다.

영종 복위에 공을 세운 또 한사람의 환관 조길상은 그 뒤 영종의 신임을 잃게 되자 쿠데타를 일으켜 영종을 폐하고 어린 황태자를 황제로 세우려다 실패하고 책형(기둥에 묶어 창으로 찔러 죽이는 형벌)에 처해졌다.

1505년 5월, 효종 홍치제(弘治帝, 1487~1505)가 36세의 나이로 병사하자 황태자 주후조가 그 뒤를 이으니 이가 무종(武宗) 정덕제(正德帝)이다. 환락에 빠져든 정덕제는 정치에는 무관심해져 환관 유근이 정치적 실권을 장악하게 되었다.

유근은 관직을 알선해주고 사례금을 받는 수법으로 국가 세입의 몇 배가 되는 재산을 모았다. 유근의 걱정은 권력 구조의 변화였다. 그는 심복인 장채와 논의하여 황제가 아들이 없으니 유약한 황족을 골라 대를 잇도록 하기로 하였다. 가장 안심할 수 있는 것은 자신이 황제가 되는 것이었다. 유근의 거사 계획은 같은 환관인 장영의 고발로 물거품이 되었다. 유근 일당은 모두 체포되어 처형되었다.

명나라의 백성이나 관료들을 감시하는 비밀경찰기구를 창위(廠衛)라고 불렀다. 창위의 위(衛)는 금의위(錦衣衛)의 약칭으로 원래는 황제의 신변을 경호하는 친위사단이라는 뜻이었다.

명태조 홍무제는 곧잘 대신들의 행동을 의심하여 이 금의위의 장교들로 하여금 대신들의 동태를 살피도록 하였기 때문에 금의위는 황제 직속의 비밀경찰기구로 변모하게 되었다.

이들 비밀경찰들의 횡포는 극에 달하여 사람 죽이기를 예사로 하였다. 명나라에서 창위와 환관 정치는 서로 표리를 이루면서 사회의 암적인 존재로 악명을 떨쳤다.

환관 중에는 정화, 회은, 금은 등 국가를 위해 활약한 인물도 있었으나, 대부분의 환관들은 국가를 위기에 몰아넣고 재앙을 가져다준 무리였다.

명나라 16대 천계제(天啓帝, 1620~1627) 때, 환관 위충현은 불량배 출신으로 궁정에 들어와 황제의 손자인 주유교(朱由敎)의 시중을 들었다. 그러는 가운데 주유교의 유모 객씨와 음란한 관계를 맺으면서부터 황제의 총애를 받게 되었다.

그 후 주유교가 16세에 천계제로 즉위하자 천계제는 연극구경과 오락에 빠져 모든 정치를 위충현에게 위임하게 되었다. 권세에 영합하는 무리들은 모두 위충현 앞에 무릎을 꿇음으로써 환관벌(宦官閥)이 형성되었다.

환관의 위력은 위충현 시절에 최절정에 달하여 학문과 덕행이라고는 찾아볼 길 없는 위충현이 성현으로 공자묘에 배향되었다. 천계제는 봄·가을 두 차례에 걸쳐 공자묘에 나아가 제사를 올리고 그때 이 불량배 출신의 환관의 위패 앞에 무릎을 꿇고 머리를 숙였다.

천계제가 죽고 숭정제(崇禎帝, 1627~1644)가 즉위하자 곧바로 위충현은 파면되고, 자살하였다. 이때가 1627년으로 이때부터 각지에서 농민반란이 일어나기 시작하였다.

거듭되는 환관들의 권세 농락은 마침내 명왕조의 운명을 구제불능의 늪에 빠져들게 하였다.

25. 강희제의 후계자 결정방식

1661년, 순치제(1643~1661)가 24세의 젊은 나이로 제위에서 물러나자 그의 아들 현엽(玄燁)이 제위를 계승하니, 그가 청나라 4대 성조(聖祖) 강희제(康熙帝, 1661~1772)이다.

제위에 오른 강희제는 당시 8세의 어린 나이였다. 아버지 순치제의 유언에 따라 4명의 명망 있는 만주족 출신 대신을 보정대신으로 임명하여 그들의 자문을 받았다. 이 가운데 오오바이라는 보정대신은 대단한 야심가로 조정의 권력을 제멋대로 휘둘러 횡포가 심하였다.

강희제는 16세 때부터 직접 정사에 임했으나 오오바이는 계속해서 강희제의 존재를 무시하고 조정의 실권을 장악하려 하였다.

어느 때, 보정대신의 한 사람인 스크사하가 정치문제를 둘러싸고 오오바이와 격렬히 대립한 적이 있었다. 오오바이는 스크사하의 처형을 강희제에게 강요하였다. 그는 강희제 앞에서 호통을 치면서 큰 소란을 피웠다. 결국 오오바이는 조서의 내용을 위조하여 스크사하를 처형하였다.

한 번은 오오바이가 병을 핑계 삼아 강희제에게 병문안을 오도록 요청했다. 강희제가 오오바이의 방에 들어서는 순간, 오오바이가 덮고 있던 이불 끝을 황급히 다독거리는 것이었다. 수상히 여긴 강희제의 호위병이 이불을 젖히자, 잘 간 큰 칼이 섬광을 번득이고 있었다.

호위병이 잽싸게 칼을 빼들고 오오바이를 에워쌌다. 강희제는 아무 일도 없었다는 듯 "칼을 몸 곁에 간직하는 것은 만주의 전통이니까!"라고 짐짓 침착한 태도로 말하였다.

그로부터 얼마 후, 강희제는 귀족 자제들 가운데서 자신의 친위대를 선발하여 금원(비원)에서 이들과 함께 무예를 닦았다. 오오바이는 이따금 궁정에 들러 강희제의 이 모습을 보았으나 어린 황제가 전쟁놀이를 하고 있는 정도로 생각하였다.

어느 날 궁정의 내궁 문에 들어선 오오바이는 삽시간에 강희제의 친위 대원에게 둘러싸여 포박되고 말았다. 재판 결과는 사형이었다.

강희제 앞에 나온 오오바이는 입고 있던 옷을 모두 벗었다. 오오바이의 몸뚱이 이곳저곳에는 깊은 상처의 흔적이 역력히 나타나 있었다. 일찍이 전장에서 강희제의 할아버지인 2대 청태종(홍타이지)의 위기를 육탄으로 막아 구원했을 때 입은 상처임이 분명했다. 강희제는 오오바이를 평생 구금의 조치를 취하고 그 일족에 대한 숙청을 단행하였다.

강희제는 삼번(三藩), 즉 운남·귀주지방, 광둥지방, 복건지방의 왕들이 일으킨 반란을 평정하였다. 1685년 5월, 흑룡 강 상류에 모습을 드러낸 러시아군을 알바진에서 포위하여 항복을 받고 재차 침입하자 1686년 2월 러시아군 사령관 토르푸친을 전사하게 하였다. 1689년, 러시아와 네르친스크 조약을 체결하여 국경선을 책정하였다. 그리고 외몽고를 친정하여 외몽고는 완전히 청나라 영토가 되었다.

일세의 명군으로 이름을 떨치던 강희제에게도 약점이 있었는데 그것은 후계자 문제였다. 그에게는 35명이나 되는 황자가 있어 그 가운데 둘째 아들을 황태자로 세웠으나 자질이 나쁘고 비행이 많아 강희제의 마음을 괴롭혔다.

강희제는 일단 이 황태자를 폐했다가 중신들의 간언을 받아들여 얼마 후 복위시켰다. 그러나 강희 51년(1712)에 다시 황태자를 폐하고 그 후로는 황태자를 세우지 않았다.

이때부터 청나라는 후계자를 오로지 유조에 의해 결정하게 되었다. 강희제의 유조에 따라 넷째 아들 윤진이 황사로 지명되었는데 그가 옹정제(雍正帝)이다.

황제가 죽을 때까지 후계자가 밝혀지지 않기 때문에 황태자를 추종하는 세력이 생길 수도 없고 또 여러 황자들은 아버지의 관심을 끌기 위하여 문무양면에 더욱 정진하려 노력하였을 것이다.

황제가 급사할 경우에 대비하여 자금성 안의 건청 궁 황제의 옥좌 바로 뒤 '정대공명(正大公明)'이라고 써 붙인 액자 뒤에 황제가 후계 황제로 지목한 황자의 이름을 써 비단 갑에 밀봉해놓았다는 것이다. 이 제도는 옹정제 때부터 시작되어 청나라가 막을 내릴 때까지 지켜졌다.

강희제는 8세에 즉위하여 재위 60년에 죽었다. 그의 뒤를 이은 옹정제 또한 강희제 못지않은 열성 정치가였다. 그는 수면시간이 4시간을 넘지 않았다고 한다.

옹정제가 58세에 타계하고, 그의 유조에 따라 건륭제(乾隆帝)가 그 뒤를 이었다. 옹정제는 45세에 즉위하였으므로 그의 재위기간은 13년이라는 비교적 짧은 기간이었다.

강희(1661~1722) 60년 동안이 통일·창업·흥륭의 시대였다고 한다면 옹정(1722~1735) 13년간은 계승·보전의 시대였다고 할 수 있다. 그리고 건륭(1735~1795) 60년 동안은 난숙(열매가 무르익음)의 시대였다고 표현할 수 있겠다.

26. 서태후와 옥새

1859년 9월 22일 함풍제(咸豊帝, 1850~1861)는 후비들을 거느리고 열하로 도망쳤다.

태평천국의 난이 한창이던 1856년, 애로우호 사건이 발생하면서 제2차 아편전쟁으로 이어졌다. 1859년 10월 13일, 영·프 연합군이 안정문을 점령하였던 것이다.

공친왕 혁흔, 문상, 계량 등이 북경에서 천진조약과 북경조약을 체결한 얼마 후인 1861년 8월 열하에 몽진(임금의 도주)했던 함풍제가 죽었다. 함풍제가 열하로 몽진할 때 조정에서는 찬반양론이 맞서고 있었다.

당시 총비 자희(慈禧, 서태후)는 몽진을 반대하였고 공친왕 혁흔은 몽진을 권하였다. 함풍제는 몽진 길에 오르기 전부터 여자와의 관계가 너무 지나쳐서 건강상태가 좋지 않았다. 함풍제가 열하의 이궁에 도착하자 곧바로 병상에 눕게 되었고 병세는 악화되어 회복 가능성이 희박하였다.

함풍제의 병세가 악화되자 딴마음을 품는 자가 있었다. 숙순과 이친왕 재원이었다. 어느 날 숙순은 이친왕과 귓속말을 주고받았다.

"폐하의 병세가 위독하여 회복할 가망이 없소. 우리 두 사람을 섭정에 임명하는 조칙을 내리도록 아룁시다. 그런 후 서태후와 황자를 제거해버리면 천하는 우리들의 것이 아니겠소."

이친왕은 마음이 약하였다. 그는 두려워하며 말했다.

"나는 그런 일을 못하오. 황상이 붕어하면 황자가 그 뒤를 잇는 것은 이미 정해진 일이오. 두 사람을 제거한다고 하지만 그 전에 우리들의 목이 날아갈 것이오. 내 비밀은 지킬 터이니 당신 혼자서 추진하시오. 나는 못하겠소."

숙순이 말했다.

"나 혼자서 하라니 그것은 말이 안 되오. 이 비밀은 이미 당신이 알고 있으니 당신이 거절한다면 나는 황상께 당신이 서태후와 황자를 해치려 한다고 아뢰겠소. 그러면 당신의 목은 성치 못할 것이오. 황상께서는 나를 절대 신임하고 있으니 내 말을 믿을 것이 아니겠소."

이친왕은 어쩔 수 없이 숙순과 함께 함풍제의 병상으로 향했다. 이때 함풍제는 말도 제대로 못 하는 상태였다. 두 사람은 함께 "소신들을 섭정에 임명해주십시오"라고 아뢰었으나 함풍제는 승낙하지 않는다는 뜻으로 고개를 흔들 뿐이었다.

이친왕은 단념하고 물러나려 하였으나 숙순이 이친왕을 내보내지 않았다. 그들은 다시 한 번 "우리들을 섭정에 임명해주십시오"라고 아뢰었다. 그런데 이들 두 사람의 행동을 서태후의 심복 환관이 추적하고 있다는 사실은 아무도 눈치채지 못했다.

이 비밀을 알아차린 서태후는 겨우 3살인 황자를 데리고 함풍제의 병상으로 들어갔다. "폐하, 이 황자에게 제위를 물려주실 의향이지요?"라고 아뢰었으나 함풍제가 갑자기 혼수상태에 빠져 아무런 의사표시를 하지 못하였다.

서태후는 기회를 잃어서는 안 된다고 판단하여 즉시 환관을 불러 황제의 조서를 작성하도록 명하였다. 그 조서에는 '황자가 너무 어리므로 동태후와 서태후에게 섭정을 명하노라'고 쓰여 있었다.

이윽고 함풍제가 죽고 전국에 함풍제의 죽음이 발표되자 숙순과 이친왕은 급히 서태후를 찾아가 말하였다.

"선제로부터 우리 두 사람에게 섭정으로 임명한다는 말씀이 있으셨습니다."

그러자 서태후는 문제의 조서를 내보이면서,

"이 조서를 보시오. 황자에게 제위를 물려주고 황자가 너무 어리니 두 태후를 섭정으로 한다고 쓰여 있지 않소."

숙순은 눈을 크게 뜨고 조서를 살펴보다가 마지막에 가서 비소(誹笑)를 지으며 말하였다.

"이 조서에는 황제의 옥새가 찍혀 있지 않습니다. 이 조서는 위조했음이 분명하므로 무효입니다."

서태후로서도 이러한 사태는 예상하지 않았으므로 내심 당황하였다. 그러나 짐짓 태연한 태도를 지으면서 조서를 건네받았다. 그리고 두 사람은 물러갔다.

서태후는 무슨 수를 써서든 옥새를 먼저 차지해야겠다고 생각하여 심복 환관을 불러 함풍제의 빈소에 들어가서 옥새를 찾아오도록 하였다. 심복 환관은 머리를 조아리고 나갔다.

숙순과 이친왕이 이미 함풍제의 유해가 안치되어 있는 빈전으로 가고 있었다. 옥새를 먼저 차지하기 위해서였다. 서태후가 보낸 심복 환관은 아무도 모르는 비밀 통로로 향했다.

옥새를 차지하기 위한 숨 막히는 싸움이 벌어지고 있었다. 서태후의 심복 환관은 비밀 통로 입구에 이르자 다른 환관으로 하여금 망을 보게 하고 곧바로 촛불을 켜들고 어둡고 무시무시한 빈전으로 들어가 옥새를 손에 넣었다.

잠시 후, 숙순과 이친왕이 빈전에 들어가 밀실을 열고 옥새를 찾았으나 옥새가 있을 턱이 없었다. 이때 옥새는 이미 서태후의 손에 들어가 있었다.

이 싸움은 결국 서태후의 승리로 돌아가 3세의 어린 황자가 즉위하니 그가 청왕조 10대 동치제(同治帝, 1861~1874)이다. 함풍제의 정실인 동태후(東太后)와 측실인 서태후(西太后)는 황태후로서 섭정의 자리에 오르고 사실상의 실권을 장악하였다.

27. 서태후, 원세개(위안스카이), 손문(쑨원)

1870년부터 1920년까지 중국 역사에 큰 영향을 미친 세 사람인 서태후, 원세개(위안스카이), 손문(쑨원)의 행적에 대해 살펴보자.

정치활동을 하고자 하는 사람은 누구나 권력을 추구한다. 그러나 그 권력 추구의 목적이 국가의 장래나 국민의 행복을 위해서인가? 아니면 개인의 권력욕이나 탐욕을 성취하기 위해서인가에 따라 국가와 다수의 국민에게 미치는 영향은 극단적으로 상이한 것이 된다.

청조 말의 혼란기와 1911년의 신해혁명, 그리고 현대적 국가 수립을 위한 손문의 노력과 좌절을 이해하기 위해 이 세 사람에 대해 살펴본다.

1874년, 동치제가 사망하자 서태후는 세 살 난 그의 조카 광서제(光緖帝, 1874~1908)를 즉위시키고 계속 집권하였다.

1894년, 청일전쟁 발발 후 청나라 조정은 공친왕 혁흔을 총서대신 (總署大臣)으로 기용하였는데 이것은 당시 청국의 실권자 서태후의 의사가 강화 쪽으로 기울고 있다는 것을 보여준 것이었다.

11월 6일, 미 국무장관 그레셤이 청·일 양국에 조정할 의사가 있음을 표시하자 일본이 열강의 움직임을 검토한 뒤 이를 수락하기로 하였다.

일본 수상 이등박문(이토 히로부미)은 강화에 보다 유리한 작전을 구상하여 1895년 1월 30일 일본 함대는 마침내 위해위를 공격하였다. 2월 12일 북양함대 사령관 정여창이 음독자살하였으며, 총병 장문선, 부장 양용림도 자결하였다. 부사령관 유보섬은 그전에 이미 자결하였다.

이홍장은 광서제, 서태후와 장시간 논의한 끝에 일본 측이 강화의 조건으로 조선의 독립과 전비의 배상 문제 외에 영토 할양을 요구할 것이라는 사실을 확인하였다.

1895년 4월 17일, 시모노세키 조약이 조인되었으며, 조약 안에는 요동반도, 대만, 팽호열도 할양이 포함되어 있었다. 러시아, 독일, 프랑스의 이른바 3국의 간섭으로 이를 거부할 능력이 없던 일본은 4월 29일, 어전회의에서 요동반도를 청나라에 반환하기로 결정하였다.

청 말기의 정계에 군림했던 직례총독·북양대신 이홍장은 패전의 책임을 지고 정계에서 물러났다. 이홍장과 함께 서태후 일파도 중앙의 권력에서 물러나고 장지동(張之洞) 일파가 권력을 장악하면서 광서제의 친정 체제가 성립하였다.

아편전쟁과 청일전쟁에서의 패배로 크나큰 패배를 맛본 청국의 백성들은 그 원인이 오래된 정치의 부패에 있다는 사실을 깨닫게 되었다.

이에 따라 하루속히 정치를 개혁해야 한다는 움직임이 강하게 대두하기 시작하였으며 그 운동의 지도자는 강유위(康有爲)였다. 그는 광서 24년(1898) 광서제에게 정치개혁, 즉 변법을 주장하는 상소를 올렸다.

이때 광서제는 이미 성년이 되었으나 사실상 정치적 실권은 서태후가 장악하고 있었다. 청일전쟁에서 패배한 후 들끓는 여론에 부딪혀 서태후가 이화원에 은거하여 광서제의 친정체제가 형성되긴 했으나 서태후는 한시도 경계의 눈을 누그러뜨리지 않고 있었다.

그러나 끈질긴 강유위의 상소는 마침내 광서제로 하여금 서태후로부터 자립하여 변법을 단행할 결심을 하게 하였다. 변법파들은 국정 개혁을 추진하면서 광서제의 친정도 함께 실현시키려 했다. 이는 서태후가 가장 경계하는 일이었다. 광서제는 황제이면서도 그 권한에 제약을 받고 있었다. 광서제에게는 2품 이상의 관리에 대한 임명권이 없었다.

광서제의 변법 조서가 발표된 며칠 후 호부상서 옹동화가 파면되었다. 강유위를 광서제에게 추천한 사람이 옹동화였기 때문이었다. 이것은 서태후가 변법파에 가한 일대 타격이었다. 서태후는 비록 이화원에 은퇴해 있었지만, 자금성에는 그의 손발 노릇을 하는 심복 환관들이 곳곳에 침투해 있었다.

변법파는 초조해졌다. 위기감을 느낀 나머지 기선을 잡아 쿠데타를 일으켜 서태후를 서산(西山)의 이궁에 유폐시키고 광서제의 친정을 실현시킬 계획을 세웠다. 쿠데타를 일으키자면 무엇보다도 군대가 필요했다. 당시 신식 윤군의 통솔자는 원세개(위안스카이)로 이홍장의 자식과 같은 존재임을 변법파도 익히 알고 있었다.

강유위는 군사쿠데타를 일으키는 방법밖에 없다고 제의하였고, 담사동은 원세개에게 지원을 요청하자고 주장하였다. 그들은 원세개가 오랫동안 조선에 머물러 있어, 외국 사정에 밝고 신식 군대의 편제를 주장하였으므로 개화·진보적인 사상을 가진 인물이라고 기대했기 때문이었다.

1898년 9월 16일, 광서제는 원세개를 자금성으로 불러 시랑후보(侍郎候補)의 관직을 수여하였다.

9월 18일, 담사동이 천진의 법화사로 원세개를 방문하였다. 담사동과 헤어진 원세개는 이해득실을 계산한 끝에 담사동과의 약속을 저버리기로 결심하였다. 이 사실을 직례총독 영록에게 밀고하였고 영록은 서태후에게 달려갈 준비를 하였다.

9월 19일, 영록과 원세개는 천진에서 비밀리에 북경으로 올라왔다. 보고를 받은 서태후는 9월 20일 새벽, 이화원에서 자금성으로 복귀하여 광서제의 방을 수색하고 변법에 관한 서류를 모두 압수하였다. 그리고 밤이 되자 광서제를 불러 음독 자결할 것을 강요하였다. 군기대신 왕문소와 황족들이 간하여 겨우 자결은 면하고 유폐처분으로 결정되었다.

1898년 9월 21일, 서태후의 수렴청정이 시작되고 변법운동은 103일 만에 실패로 막을 내렸다. 강유위는 영국 선박으로 홍콩에 와서 이토 히로부미의 도움으로 일본으로 망명하였고, 담사동은 망명 권유를 뿌리치고 9월 28일 북경의 형장에서 참수되었다.

1899년 의화단(義和團)이 중국인 기독교 신자들이 거주하는 평원현을 습격하는 사건이 발생하여 이를 계기로 서양인에 대한 배외운동이 확산되어 갔다. 북경 조정에서는 원세개를 산동순무로 임명하여 의화단의 난동을 진압토록 하였다.

1900년 봄, 의화단의 주력은 천진을 점령하였고 열강의 중국 주재 기관을 파괴하였다. 북경의 영·프·미·독의 공사는 청조가 의화단 난동을 진압하지 못할 경우, 네 나라가 군대를 파견하여 진압할 것임을 발표하였다.

서태후의 측근들은 의화단의 진격상황을 지켜보고 이들의 힘을 배외운동에 이용하려 하였다.

1900년 6월, 의화단은 마침내 북경으로 들어왔다. 북경에 들어온 의화단은 20만 명에 이르렀으며 청조는 배외적 색채가 짙은 동복상(童福祥)의 정부군을 북경으로 끌어들여 의화단과 합류시켰다.

5월 31일, 영국·프랑스·미국·러시아·이탈리아·일본 6개국은 모두 490명의 군대를 북경에 불러들여 공사관을 보호하도록 하였다. 그러나 북경 주재 공사와 북경 진주군이 고립상태에 빠졌다. 6월 10일 당사국들은 영국 극동함대 사령관 에드워드를 총지휘관으로 하는 2,000명의 연합군을 천진에서 북경으로 진군시켰다.

청조는 6월 21일, 각국에 대하여 선전을 포고하고 의화단에게 각국 공사관과 천진 조계를 공격하도록 명하였다.

사태가 긴박해지자 영국은 일본에 파병을 요청, 연합군의 총병력은 군함 47척, 병력 2만여 명에 달했고 일본군이 주력을 이루었다. 일본이 지리적으로 파병에 용이하기도 했으나 발언권 강화에 그 목적이 있었다.

선전포고를 한 서태후는 각 성에 격문을 보내어 거국적인 궐기를 명하였으나, 이홍장, 장지동, 유곤일 등은 전쟁에 반대하는 의견을 내세웠다. 이들은 서로 연락을 취하여 서태후의 명령에 따를 수 없다는 것에 의견을 같이 했고, 원세개도 이에 동조했다.

6월 21일, 선전포고가 되자 의화단은 천안문 맞은편 동쪽에 있는 동교민항(東交民巷)의 각 국 공사관을 포위하여 집중 공격하였다. 포위 공격은 8개국 연합군이 북경을 점령하기까지 55일간(6.21~8.14)이나 계속되었다.

8월 17일, 연합군이 북경에 입성하자 서태후는 광서제와 함께 자금성을 탈출하였다. 이때 서태후는 감금하고 있던 광서제의 황후 진비(珍妃)를 영수궁의 우물에 밀어 넣어 죽였다.

의화단 사건은 어렵게 명맥을 이어오던 청나라에 결정적인 타격을 주어 국가의 쇠망을 촉진시키고 외국 군대의 주둔을 허용하면서 국토의 반 식민지화를 가져온 셈이 되었다.

원세개는 진사시에 급제할 학문적 실력이 없는 인물이었으나 그의 종조부 원갑삼(袁甲三)이 이홍장의 맹우(盟友, 장래나 그 밖의 일로 굳게 맹세한 친구)였다는 인연으로 막하에 들어가 조선에 파견되면서부터 출세의 길이 열리게 되었다.

1882년 임오군란 후 청나라는 3,000의 청군을 조선에 주둔시켰다. 이때 원세개의 나이 24세였다.

1884년 갑신정변이 일어났을 때 청군에 맞설 일본 병력은 120명에 불과했다. 청군은 1,500명이 청·프랑스 전쟁터로 이동하고 1,500명이 잔류한 상태였다.

이날 개화당의 칼에 날아간 대신의 목숨이 11명에 이르렀고 일본 군과의 군사충돌을 두려워하는 오조유에게 출병을 격렬히 주장한 것이 원세개였고, 그의 나이 26세였다.

원세개는 갑신정변을 진압한 후, 청나라로 돌아갔다가 억류돼 있던 대원군을 호송하여 1885년 10월 조선에 돌아왔다. 그는 갑신정변 후 10년 동안 '조선왕조 배후의 권력'으로 군림하였다. 고종은 1886년 원세개가 정권을 가질 능력이 없는 사리에 밝지 못한 임금으로 몰아붙일 만큼 국왕다운 리더십을 발휘하지 못했다.

1894년, 청일전쟁이 발발하여 7월 23일 일본군이 조선 왕궁에 난입하고 때를 같이하여 청국총리 공관도 공격하였으나 이를 사전에 알아차린 원세개는 야반도주하여 귀국하였다.

1901년 11월 7일, 직례총독 재임 중에 이홍장이 사망하자 신식 육군을 배경으로 이홍장의 후임으로 원세개가 자리에 올랐다. 당시 원세개는 40대의 장년이었다.

무슨 일을 저지를지 모르는 무식쟁이로밖에 보이지 않던 원세개의 군권을 박탈하여 그의 세력에 제동을 걸려는 움직임이 일었다. 그 결과 원세개는 직례총독의 자리에서 해임되고 군기대신에 임명되었다.

북양상비군은 직례총독의 지휘하에 있었으나 사실은 원세개 개인의 입김이 많이 작용하고 있었으며 외상(外相)을 겸하면서 오히려 정치적 자산으로 활용하게 되었다.

원세개가 가장 두려워하는 일은 서태후가 죽는 일이었다. 그것은 광서제의 친정체제와 원세개의 배반으로 실패한 변법운동에 대한 보복을 당할 것이기 때문이었다.

1908년, 서태후의 죽음과 광서제의 죽음이 거의 동시에 일어나면서 원세개가 염려했던 광서제의 친정은 실현되지 않았다. 39세에 죽은 허약 체질의 광서제에게는 후사가 없었기 때문에 광서제의 동생 순친왕(醇親王) 재풍의 큰아들 부의(溥儀)가 3세의 나이로 즉위하여 선

통제(宣統帝)가 되었다.

순친왕은 원세개의 횡포를 트집 잡아 그를 처형하려 하였다. 이 문제에 대해 장지동 등은 국내의 불안을 이유로 매우 부정적이었다. 순친왕은 참형 대신 경관이라는 살인 청부업자를 시켜 원세개를 암살하려 했다. 원세개는 위기일발의 순간을 맞았으나 군기대신 나동의 귀띔으로 수염을 깎고 풍대역에서 3등차를 타고 천진으로 탈출하여 그곳 조계에 은신하였다.

1866년 광둥성의 가난한 농가에서 태어난 손문은 10세 때 마을의 서당에서 공부를 시작했다. 12세 때는 형 손미를 찾아 하와이로 건너가 그곳에서 중등교육을 받았다. 그 후 홍콩으로 돌아와 의학을 공부하여 의사가 되었다.

1892년 7월, 그는 마카오와 광주에서 의사생활을 하면서 많은 동지들과 교류하였다.

1894년 10월, 하와이로 건너가 호놀룰루에서 흥중회를 결성하였고 1895년 2월에는 홍콩으로 돌아와 흥중회 본부를 설립하였다.

손문은 광주에서 무장봉기를 시도하였으나 실패하였고, 1907년 7월 혁명 제 단체의 연합을 제창한 끝에 중국동맹회로 통합하였다. 1911년 10월 10일, 무창에서 신군과 동맹회가 봉기하여 신해혁명의 도화선이 되었다.

봉기 시간은 오후 3시로 정했지만 연락에 시간이 걸려 오후 7시 이후로 연기되었으며 연락이 된 부대는 2개 소대와 1개 중대뿐이었다. 혁명군에게 저항하던 청군도 총독 서징이 탈출했다는 사실을 알자 전의를 상실하여 도망치기 시작했다. 무창의 봉기 전투에서 전사한 혁명군은 결사대 소속 10여 명이었고 부상자는 20여 명에 불과했다.

무창 봉기 불과 한 달 사이에 15개 성이 청조에서 벗어나 독립을 선언하게 되었다.

청나라 조정의 혁명군 토벌 명령을 받은 음창과 살진빙이 청군을 제대로 통솔하지 못하자 청조는 원세개를 다시 생각하게 되었다. 북양군은 원세개 개인 군대라고 할 정도로 그의 영향력이 컸기 때문이었다. 청조는 모든 군권을 원세개에게 위임하였으며 원세개는 손쉽게 한구를 수복하였다.

11월 16일, 원세개는 내각 총리대신이 되어 내각을 조직하였다. 이제 정국은 혁명군과 청조 사이의 문제가 아니라 혁명군과 원세개 사이의 문제가 되었다. 원세개는 대총통의 자리를 꿈꾸고 있음이 분명했다. 그는 입헌 군주파를 설득 무마하여 자기편으로 끌어들이고 혁명파와의 강화 교섭만 성공한다면 대총통의 자리는 떼놓은 당상이라고 계산하고 있었다.

1911년 12월 25일, 혁명파의 원로인 손문이 상해에 도착하자 각 성대표들은 임시 대총통 선거준비를 서둘러 12월 29일 선거가 실시되었다. 17개 성이 참가한 선거에서 손문이 16표를 얻어 초대 임시 대총통으로 선출되었다. 1912년 1월 1일, 손문은 취임선서를 하였으며 1912년을 민국원년으로 정하고 군주전제 체제에 종지부를 찍고 공화정치가 실현되게 되었다.

이 무렵, 세계열강은 원세개를 지지하는 쪽으로 기울고 있었다. 원세개는 혁명정부에 대해서뿐만 아니라 1월 16일, 청조에 대해서는 황제의 퇴위를 요구하였다. 청국 황제는 가장 믿고 의지했던 원세개로부터 결정적인 배반을 당한 것이었다.

대총통 손문은 '청 황제가 퇴위하고 원세개가 공화정에 찬동한다면 원세개에게 임시 대총통의 지위를 양보할 것임을 선언'하고 5개 조항의 최종안을 제시하였다.

2월 3일, 융유황태후(隆裕皇太厚)는 퇴위를 결심하고 원세개에게 전권을 양도하였다. 2월 11일, 원세개와 임시정부 사이에 청국 황실에 대한 처우 문제가 결정되었으며 12일 청조가 수락하면서 청조는 순치제가 북경을 점령한 1644년 이래 267년 만에 종지부를 찍었다.

원세개의 정치 프로그램은 우선 공화국의 대총통이 된 다음, 공화제가 중국에는 타당하지 않다는 구실을 내세워 자신이 황제의 자리에 오르는 것이었다.

1912년 3월 10일, 원세개는 대총통에 취임하였으며, 직례도독의 자리를 둘러싸고 원세개와 내각이 대립한 끝에 6월 16일 내각을 해산시켰다.

원세개가 혁명파에 대한 무력탄압에 들어가자 손문의 지령에 따라 강서도독 이열군이 1913년 7월 13일 토원(討袁) 사령부를 설치하였다. 광동, 안휘, 호남, 사천의 각 성이 호응하여 독립을 선언하니 이것이 '제2혁명'이다. 그러나 제2혁명은 2개월도 채 못 되어 군사적으로 혁명군 측의 패배로 끝났다.

1913년 10월 6일, 원세개는 정식 대총통 선거를 실시하고, 국회 해산 및 지방의회 폐지 등 독재권력 체제를 구축하였다.

1913년 9월 1일, 남경이 함락되고 제2혁명이 실패로 돌아가자 손문은 일본으로 망명하여 도쿄에서 '중화혁명당'의 조직에 착수하였다.

장개석은 상해에서 중국 본토 거주자로서는 최초로 중화혁명당에 입당하였다. 그는 1887년 절강성 봉화현에서 출생하였으며 1906년 보정군관 학교를 졸업하고 1907년 일본 육사에 입학하였다.

원세개는 1915년 말 일본, 영국, 러시아, 프랑스, 이탈리아 등 5개국이 황제제도 부활에 반대함에도 12월 11일 참정원으로 하여금 '국민대표대회'의 투표를 실시토록 하여 원세개에게 황제 즉위 추대서를 제출하도록 하였다.

12월 12일, 원세개가 이를 수락하자 호국전쟁이라 불리는 제3혁명이 일어났다. 토원운동의 기세가 고조되어 가자, 원세개의 세력이었던 풍국장, 장훈, 이순, 주서, 근웅분 등 장군이 "조속히 황제제도를 취소하고 민중들의 노여움을 진정시켜야 한다"는 비밀전보를 보내기에 이르렀다.

1916년 3월 23일, 황제의 자리에 오른 지 83일 만에 원세개는 황제제도의 취소를 발표하였다.

1916년 5월 초순, 손문은 상해로 돌아왔다. 그러자 원세개는 5월 18일, 40세인 진기미를 암살하였다. 진기미를 잃은 손문은 장개석으로 하여금 진기미가 하던 일을 하게 하였다.

5월 22일, 원세개는 그가 가장 신뢰하던 사천장군 진환으로부터 "쓰촨 성은 원세개와의 결별을 선언한다"는 전문을 받았다. 그 전보를 보는 순간 원세개는 졸도하였고 병석에 눕는 신세가 되었다. 천부적으로 강철 같은 체질을 타고났던 그는 15명의 첩을 거느렸으며 인삼, 녹용으로 담근 술을 밤낮 복용하면서 정력을 길렀으나 실의에 빠진 그를 일으킬 수는 없었다. 마침내 1916년 6월 5일 밤, 집권욕의 화신 원세개는 58세로 세상을 떠났다. 그의 마지막 말은 "그놈이 나를 죽였지!"였다.

원세개의 죽음을 고비로 북양군벌은 직례파와 안휘파로 갈라져 군벌할거시대가 열리게 되었다. 남쪽과 북쪽이 모두 패권투쟁에만 열을 올려 1919년 1월에 남북화평교섭이 시작되었지만 그 결과 군벌할거체제가 더욱 굳어졌다. 그 후 10년이 넘는 동안 혼전을 되풀이하는 군벌지배의 시대가 되었다. 이들 군벌의 영도자는 단기서, 풍국장, 육영정, 당계요, 진형명, 담연개, 장작림, 염석산, 유상 등이었다.

1919년 10월 10일, 손문은 중화혁명당을 중국국민당으로 개편하여 새로운 국가를 재건하려 하였다.

1921년 10월, 북벌안이 국회에서 통과되자 손문은 계림에 대본영을 설치하고, 진형명에게 광둥에 머물러 식량과 무기의 공급을 담당하도록 하였다. 그러나 진형명이 북벌군의 공격 목표인 오패부와 내통하여 참모장 겸 1사단장인 등갱을 암살하면서 북벌군은 큰 타격을 받게 되었다.

진형명이 반란을 일으킨 것이었다. 진형명은 1922년 6월 16일 오전 2시, 마침내 손문을 습격하라는 명령을 내렸다. 손문은 이때 총통부에서 잠을 자고 있었는데 평상복 차림으로 반란군 속에 잠입해 들어가 포위망을 뚫고 군함 초예에 몸을 실었다. 총통부와 광주가 모두 반란군의 수중에 들어갔다.

손문은 군함을 황포에 집결시키고 북벌군에게 즉시 회군하여 반란군을 진압하라는 명령을 내렸다. 진형명이 돈으로 북벌군의 해군을 매수하여 순양함 3척이 진형명 쪽으로 넘어가기도 했다.

손문은 해상에서 55일간의 외로운 생활 끝에 홍콩을 거쳐 상해로 향했다. 그의 함상에서의 분투정신은 중국 국민에게 커다란 감명을 주었다.

1923년 1월 1일, 손문은 '중국 국민당 선언'을 발표하였으며 1923년 2월 21일 8개월 만에 광주로 돌아왔다.

이러한 혼란을 겪으며 손문은 투철한 혁명정신에 의해 통솔되는 강력한 직할군이 필요하다는 것을 통감하였다. 이에 군대를 양성할 사관학교를 설립해야 하겠다고 생각하여 이 업무를 장개석에게 맡겨 소련의 군사제도를 시찰하게 하였다.

1924년 1월 20일, 제1회 전국대회를 광주에서 개최하고 1925년 7월에 국민정부의 창립을 보게 되었다. 중국국민당 1차 대회에서 주목할 일은 '연소용공(聯蘇容共) 정책(중국국민당이 소련과 손을 잡고 중국 공산당을 포용하여 혁명을 추진한다는 정책)'이 채택되었다는 점이다. 이 사실은 중앙 집행위원 24명 가운데 이대교, 중앙 집행위원 후보 17명의 명단 가운데 모택동(毛澤東), 장국도(張國燾) 등 중국 공산당원들의 이름이 들어있다는 사실에서 알 수 있다. 이것이 '제1차 국공합작(國共合作)'이라 볼 수 있다.

모택동은 1893년 호남에서 태어나 공산당 창립에 참여하였다.

1924년 1월 24일, 손문은 장개석을 육군군관학교 설립 준비위원장에 임명하여 황포에 자리 잡고, 제1기생 324명을 모집하여 5월 3일에 개교하고 장개석을 교장으로 임명하였다.

간부 가운데는 섭검영(葉劍英), 주은래(周恩來) 등 공산당원도 포함되어 있었는데 주은래는 사회과학처 처장이었다.

1921년 7월 소련은 코민테른 극동담당 책임자인 마링이 참석한 가운데 중국공산당 설립이 선언되었는데 여기에 참석한 사람이 동필무, 모택동, 장국도, 주불해, 진공박을 포함한 13명이었다.

이 대회에서 서기로 지명된 모택동은 나중에 중국공산당 주석이 되었고, 동필무(董必武)는 중화인민공화국 부주석이 되었을 뿐 그 나머지는 제명, 처형되는 등 파란 많은 길을 걸었다.

창립 당시의 중국공산당은 미미한 존재였으나 민족해방운동이라는 커다란 조류 속에서 급속히 성장하여 불과 수년 후에는 군벌타도를 위한 북벌에 참가하는 강력한 세력으로 성장하였다.

1924년 8월, 광주에서 상단군(商團軍) 사건이 발생하였다. 영국은 손문이 소련과 제휴하는 것을 경계하여 소련과 대항할 상인들의 정부를 수립하기 위한 공작의 일환으로 무기를 사들이게 하였다. 손문의 지시를 받은 장개석은 무기 밀수선을 황포군관학교 부근으로 예인해서 정박시키고 9,000정의 무기를 압수하였다.

정부군의 북벌로 광주가 텅 비자 10월 11일, 상인단의 무장부대가 정부군과 대결할 태세를 보였다.

10월 14일, 손문은 전군의 지휘를 장개석에게 맡겼다. 10월 15일 새벽 4시 정부군의 포위작전이 효과를 거두어 상인단 부대 대부분이 투항하였다. 승리의 주역은 황포군관학교의 군관들이었다.

1924년 11월 13일, 손문은 북경정부의 군벌 장작림과 단기서로부터 회담요청을 받았으며, 12월 31일 북경에 도착하자 15만 북경시민의 환영을 받았다. 그러나 이때 손문은 지병인 간질환이 급속히 악화되어 1925년 1월 26일 수술을 했으나 간암 진단을 받았다.

3월 12일, 손문은 59세를 일기로 북경에서 객사하였으며 1929년 6

월에 남경의 자금산에 안장되었다.

공산당원을 국민당에 가입시키는 문제는 손문의 위대한 정치적 포용 속에서는 가능했으나, 그의 사후에는 많은 문제점이 노출되고 있었다. 1925년 7월 광동에서 열린 국민당 1기 3차 중앙위원회 전체회의에서는 국민성부가 정식으로 성립하였으나 좌파가 우위를 차지하였다. 8월 20일, 좌파인 재정부장 요중개가 우파에 의해 암살당하면서 좌우의 대립이 격렬해지기 시작했다.

1926년 1월, 국민당 2차 전체대회에서 다시 좌파가 우위를 차지하였다. 장개석은 이 대회에서 비로소 중앙위원에 선출되었으며, 군을 배경으로 한 그는 이때부터 두각을 나타내게 되었다. 군관학교 출신이 이미 3,000명에 이르고 있었으며, 1926년 2월에 국민당 혁명군 총감에 임명되었다.

장개석이 반공적인 체질을 드러내게 된 최초의 사건은 이른바, 중산함 사건이다. 이 사건은 중산함 함장 이지룡(황포군관학교 1기 졸업생으로 공산당원)이 명령 없이 군함을 광동에서 황포로 회항한 일에 대해 장개석이 반란음모로 탄핵한 데서 비롯된 사건이었다.

반란 평정 뒤에 알려진 사실이지만, 장개석이 광주에서 황포군관학교로 돌아가는 도중에 그를 결박하여 중산함에 싣고 블라디보스토크로 데려가 억류시킬 계획이었다는 것이다.

이 사건의 배후에 코민테른의 조종이 있었다는 결론을 내린 국민정부는 보로딘 이하 18명의 러시아인 고문을 추방하였다. 이로 인해 장개석은 소련인에 의한 국민당의 지배를 약화시키는 데 성공하였고, 아울러 자신의 정치적 기반을 굳히는 데 유리한 고지를 점령하였다.

28. 장개석과 모택동

장개석과 모택동의 투쟁은 진나라 말 한의 유방과 초의 유방이 천하를 다투던 모습과 유사하다.

청나라는 1840년의 아편전쟁에서 그 약체가 드러났고 뒤이어 태평천국의 난, 제2차 아편전쟁, 의화단 사건 그리고 서태후와 원세개의 등장으로 멸망의 나락으로 떨어지게 되었다.

1911년 신해혁명이 일어나 1912년 공화정치를 실현하고자 하였고 1921년 7월 중국 공산당 성립이 선언되었으며, 1923년 1월 26일 '손문·요페 선언'을 발표하였다. 요페는 소련정부 특명전권대사로서 1월 16일 상해에서 손문과 만나 긴 시간 회담 끝에 공동선언문을 발표하였다.

1924년 1월 20일, 중국국민당 제1차 대회에서 연소용공(聯蘇容共) 정책이 채택되면서 '제1차 국공합작'이 이루어진 것이기도 했다.

장개석이 1887년생이고, 모택동이 1893년생이니 6살 차이다. 모택동은 1921년 중국공산당 창당멤버이고, 장개석이 국민당 중앙위원으로 선출된 것이 1926년이니 정치에 본격적으로 들어선 것은 장개석이 5년 늦은 셈이라 보겠다.

1926년 6월 5일, 국민당 정부로부터 국민혁명군 총사령관으로 임명된 장개석은 그해 7월 9일 북벌을 개시하여 12월 24일 남경을 점령하면서 양자강 이남은 모두 석권하였다. 북벌전쟁이 진행되는 동안 중국공산당은 양자강 이남에서 1927년 2월까지 200만 명의 노동자·농민을 조직하였다.

1927년 4월 18일, 장개석이 이끄는 국민당 우파가 '남경정부'를 수립하자 국민당 좌파와 공산당의 연합정부가 '무한정부'를 세우고 군벌이 '북경정부'를 세우면서 중국에는 3개의 정부가 존재하게 되었다.

1927년 1월, 스탈린이 중국 주재 코민테른 대표 로이에게 내려진 긴급훈령이 국민당 좌파 왕조명에게 노출되면서 7월 28일, 중국국민당과 공산당이 3년 7개월 만에 갈라졌다. 무한정부는 붕괴되고 송경령(손문의 미망인)은 모스크바로 망명하고 그해 12월, 그의 누이 송미령은 장개석과 결혼하였다.

장개석은 국공합작이 결렬된 후, 화해무드 조성을 위해 잠시 일본으로 망명했다가 1928년 3월, 중앙정치회의 주석에 취임하여 군(軍)·정(政)의 실력자가 되었다. 그해 6월 8일, 북경을 무혈점령한 뒤, 7월 6일 손문의 영구 앞에 분향하여 2년 만에 북벌에 성공하였다.

그해 5월 3일, 장개석 군이 제남에 입성하자 일본은 1만 5,000명의 군대를 청도에 증파하고, 제남에 대한 총공격을 감행하였다. 6월 4일, 장작림을 태운 열차가 북경을 출발, 심양 역에 도착하기 직전 '장작림 폭사사건'이 발생하였다. 일본 관동군의 하본대작(河本大作) 대좌가 계획한 것으로 3년 뒤 만주사변을 일으키기 위한 전초전이었으며, 장학량이 장작림의 후계자가 되어 남경정부에 합류하였다.

1928년 국민당 정부 재정 중 군사비가 48%였다. 1929년부터 1931년간은 장개석의 통일에 대한 반대파의 저항으로 내전이 계속된 기간이었다. 이 내전은 장학량이 장개석에게 협력하면서 끝이 났다.

모택동은 1927년 7월, 남창봉기로 남창을 점령하였으나 8월에 남창을 버리고 남하하였으며 농민무장봉기(추수봉기)를 시도했다가 패하여 정강산으로 피하였다. 1928년 4월, 주덕, 임표, 진의가 정강산에 도착하여 '근거지 전략'과 '지구전략'을 수립하였다.

장개석은 6차에 걸쳐 공산당 근거지 공격을 실시하였다.

1차는 1930년 12월, 10만 병력으로 4만의 홍군을 공격하였으나 실패하였다. 2차는 1931년 3월, 국부군 하음흠이 5차에 걸쳐 공격했으나 모두 실패하였다. 3차는 1931년 6월, 장개석이 직접 30만 병력으로 공격하여 9월에는 홍군의 중심 도시 서금을 포위, 승리를 목전에 두고 있었다. 9월 18일 만주사변이 발발하자 장개석은 토벌을 중지하고 남경으로 철수하였다.

국부군이 철수하자 홍군은 그 뒤를 따라 소비에트구를 확대, 21개 현과 인구 250만의 중앙소비에트구를 형성하고 강서성 서금에서 제1차 전국대회를 개최하여 모택동이 주석이 되었다.

4차는 1932년 6월, 10만 병력으로 공격하였으나 실패하였다. 이 당시 모택동은 말라리아에 시달리고 있어 지도권이 거의 박탈된 상태였다.

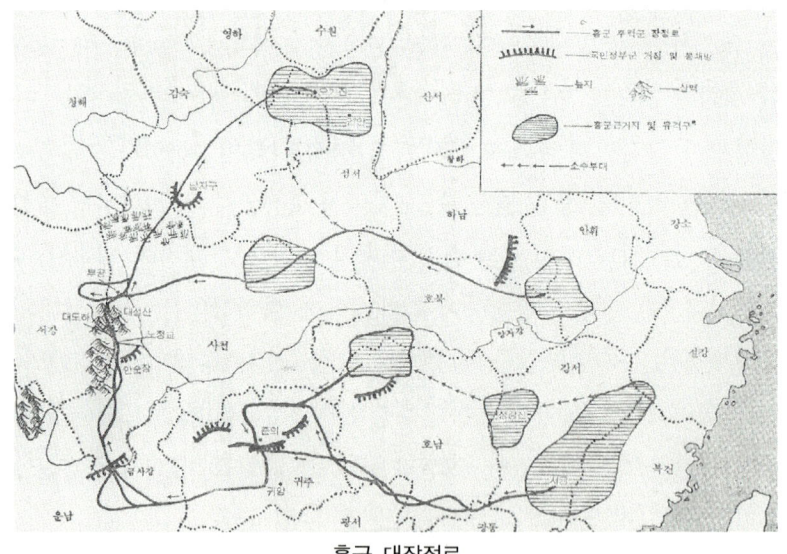

홍군 대장정로

5차는 1933년 8월, 장개석은 독일군 폰 젝트 장군을 고문으로 삼고 100만의 병력과 전차와 전술기까지 동원하여 경제봉쇄를 단행하였다. 대게릴라전으로 지역 내의 민간과 홍군을 차단하여 중공군은 식량, 의약품 특히 소금이 심각하게 부족하였다.

1934년 4월, 서금의 입구 광창이 함락되자 10월 초 홍군은 탈출을 결정하니 장정군 10만과 후위군 3만이었다. 이른바 대장정(大長征)의 길에 오르니 1만 2,000km의 거리였다. 임표의 선봉대가 24시간 만에 120km를 강행군하고 해발 4,853m의 티베트 산을 넘은 것도 이때였다.

1935년 11월 7일, 연안에서 50km 떨어진 보안에 도착하기까지 18개의 산맥을 넘고, 17개의 강을 건넜으며, 12개의 성을 가로질러 하루 65리씩 1년간을 행군한 것이었다. 생존자는 약 2만 명이었다(Time, 1996.11.4).

1936년 당시 국부군 총병력 약 200만 가운데 100만이 장개석 직계였다. 장개석은 "국내를 먼저 안정시킨 뒤 외적을 막는다"는 주장을 내세웠다. 그에 비해, 중국공산당은 국민정부에 대해 "정전강화(停戰講和)하여 항일에 힘을 합치자"는 전문을 보내었는데 국민의 항일시위가 꾸준히 계속되어 공산당과 국민당의 통일전선을 지지하는 움직임을 보였다.

이런 분위기 속에서 장개석은 1936년 10월, 6차 공산당 토벌작전을 개시하였다. 홍군과 서안의 국부군 사이에는 암암리에 잠정협정이 이루어져 전투행위가 중지되어 있었다. 장학량은 서안에서 내전을 중지하자는 제의를 한 적이 있었으나 장개석은 공산군에 대한 공격을 엄명하였다.

12월 11일, 장개석이 토벌전을 독려하고자 서안 동쪽 화청지에 머무르고 있을 때, 12월 12일 새벽 5시, 장학량, 양호성에 의해 장개석이 체포되어 감금되었다(서안사건).

주은래가 조정에 나섰다. 그는 장개석과 앉아 항일의 중요성을 설명하고 송미령과 송자문(송미령의 오빠)이 서안으로 날아와 장학량, 주은래와 만나 12월 25일 극적인 타협이 이루어졌다. 장개석 내외는 남경으로 돌아왔으며, 장학량도 함께 왔으나 1990년 초반까지 대만에서 연금 상태였다.

1937년 중일전쟁이 발발하니, 제2차 국공합작이 현실화되었다. 1937~1938년은 국공 통일전선이 성공한 시기였으나, 공산 측이 항일 30%, 영향력 확대 70% 정책을 세웠다. 그로 인해 1938년 후반부터 1940년간 국공 사이에 충돌이 빚어지게 되었다.

이 기간 중국은 '일본군 점령지역', 중경을 중심으로 한 '국민당 지구', 연안을 중심으로 한 '공산당 지구'의 3개 지구로 분할되어 있었다. 연안에는 군정대학과 일반교육기관이 있었으며, 항일 군정대학은 그 후 약 10만 명의 간부를 배출하였다.

8로군은 처음에는 3만이었으나 1938년 15만 명, 1940년 40만 명이 되었고, 신 4군은 2만이던 것이 10만 명으로 늘어났다.

1941년 12월 8일, 태평양 전쟁이 발발하고 1945년 8월 15일 종결되면서 중국은 청일전쟁 이래 50년, 유조구 사건 이래 15년, 노구교 사건 이래 8년간 지속되어오던 일본 침략이 종지부를 찍었다.

1945년 8월 28일, 모택동은 장개석의 초빙을 받는 형식으로 주중 미국 대사 하아레와 함께 중경에서 국공화평을 위한 43일간의 중경 교섭에 들어가 10월 10일 쌍십협정을 체결하여 홍군 20개 사단으로 축소(당시 세력의 1/10) 등을 포함하였다.

그러나 당시 국부군은 약 430만 명이었고, 공산군은 8로군 및 신 4군 128만 명에 민병 200만 명, 소속인구 약 9,550만 명으로 당시 인구의 약 20%를 지배하고 있었다.

1946년 1월 10일, 마셜 미 국무의 조정에 의해 '정전 결정의 조인'과 함께 쌍방은 휴전명령을 내렸다.

1946년 2월, 만주에서 소련군 철수에 뒤이은 인수를 위해 국공 간 무력충돌이 빈발하고, 1946년 3월, 국민당은 1월 마셜이 중재한 정치협상 결의를 파기하였다. 1946년 6월, 국부군은 공산군을 몰아내기 시작하여 1947년 3월 19일, 연안을 점령하였다. 그러나 1946년 1월에 비해 1948년 8월 물가가 67배에 달해 아사자가 속출하였다.

국부군이 지역 점령에 치중한 데 반해 공산군은 무장부대 격파에 주안을 두고 있었다.

1947년 공산군은 공세로 전환하여 임표의 군대는 장춘, 길림, 심양을 포위하였으며 2월까지 국부군 56개 여단, 5월까지 90개 여단, 9월까지 97개 여단을 궤멸하고, 국부군 약 100만 명을 격파하였다. 공산군은 120만 명에서 200만 명으로 증가되었다.

이 무렵, 미국은 '장개석 주도의 중국통일' 정책을 견지하고 있었으며 놀랍게도 소련 역시 장개석에게 협조적이었다. 스탈린은 미국에 "우리는 중국공산당을 산적의 무리 정도로밖에는 보지 않는다. 우리는 중국공산당을 결코 중시하지 않는다"는 뜻을 여러 차례 전달했다. 이 시기에 스탈린은 그저 원폭을 단독 보유한 미국의 비위를 건드리지 않겠다는 단 하나의 정책에 매달려 있었을 뿐이라고 볼 수 있다.

1949년 3~4월, 중공군의 양자강 도하가 임박한 시점에서 스탈린은 모택동을 비롯한 중국공산당 간부들에게 "중공군이 양자강을 건너 남진하는 경우, 미국은 국민당 정부를 살리기 위해 군사개입을 할 것이므로 그것을 막기 위해 양자강을 건너지 말라"고 강력히 권고하였다. 그뿐만이 아니었다. 국민당 정부가 남경에서 광주로 쫓겨 갔을 때도 소련은 여전히 국민당 정부를 지지해 주중 소련 대사관을 광주로 이전시켰다.

1949년 봄, 국민당 정부는 남경을 포기하고 수도를 중경으로, 그다음엔 성도로 옮겼다. 그 뒤 1949년 12월 미국의 보호 아래 대만으로 옮겼다.

1949년 10월 1일, 공산당은 북경을 수도로 '중화인민공화국'을 수립하였다.

장개석과 모택동의 대결은 1930년 장개석의 제1차 공격부터 따져도 20년의 세월이다. 유방과 항우가 국가권력 장악을 위해 본격적인 쟁투를 한 것이 4년(B.C. 206~202)에 걸친 기간이었던 것에 비하여 참으로 긴 세월이었다.

홍문의 만남(B.C. 206. 12)에서 유방을 처리할 기회를 놓친 항우나 일본군의 침략으로 몇 차례 결정적인 기회(1931.9.18, 1936.12.12)를 놓친 장개석이나 역전의 비운을 당하기는 마찬가지였다.

미국의 중국사 연구자인 로이드 E. 이스트만은 1984년 『파멸의 씨앗』에서 공산당의 승리 원인에 대해 "공산당이 국민당을 무너뜨린 것이 아니라, 국민당 스스로가 무너졌다. 낡은 정치제도를 물려받은 국민당 정권이 대중이 요구하는 정치·경제 개혁을 실행하지 못해 무너졌다"고 분석하였다.

29. 1945년 이후의 중공 지도자들

1982년에 최고 권력자에 대한 호칭의 변화가 있었으나 1945년 이후의 중공최고 지도자의 명단 및 임기는 다음과 같다.

모택동(毛澤東, 마오쩌둥)
1893년 12월 26일~1976년 9월 9일(82세)

임기: 1945년 6월 19일~1976년 9월 9일(31년)

모택동

화국봉(華國鋒, 화궈펑)
1921년 2월 16일~2008년 8월 20일(87세)

임기: 1976년 10월 7일~1981년 6월 28일(5년)

화국봉

호요방(胡耀邦, 후야오방)
1915년 11월 20일~1989년 4월 15일(73세)

임기: 1981년 6월 29일~1987년 1월 15일(6년)

호요방

조자양(趙紫陽, 자오쯔양)
1893년 12월 26일~2005년 1월 17일(85세)

임기: 1987년 1월 16일~1989년 6월 23일(2년)

조자양

강택민(江澤民, 장쩌민)
1926년 8월 17일~

임기: 1989년 6월 24일~2002년 11월 15일(13년)

강택민

호금도(胡錦濤, 후진타오)
1942년 12월 21일~

임기: 2002년 11월 16일~현재

호금도

　　모택동 집권기간 31년 가운데 그의 의사결정이 중국 국내외 정세
에 가장 크게 영향을 미친 것은 크게 4가지였다고 본다.
　　첫째, 6·25전쟁의 참전결정이었다.
　　중공의 6·25전쟁 개입은 모택동 개인의 결정이었다. 간부들 모두
의 반대를 무릅쓰고 심지어 임표의 공개적 반대를 묵살하고 추진하

였으며 철저한 기만정책(속임수)으로 청천강 이북까지 진출했던 유엔 군과 장진호까지 진출했던 미 제1해병사단을 기습하였다.

'병자궤도야(兵者詭道也, 군사작전은 속임수로 이루어진다)'라는 손 자병법의 핵심을 실천에 옮겨 맥아더 원수를 곤혹스럽게 했다.

둘째, 1958년, 사유재산, 가정의 소유를 제거하기 위해 중국 전 인 구를 성인남녀, 유아별로 분리하여 집단수용하는 인민공사(人民公社, 농업 집단화를 위한 대규모 집단농장) 제도를 단행하였다. 이른바 '대 약진 운동'이었다.

셋째, 1966~1976년간 체제가 느슨해지는 것을 방지하기 위해 문화 대혁명(홍위병 난동)을 꾀하였다.

인민공사와 홍위병 난동으로 약 7,000만 명이 목숨을 잃은 것으로 나타났다(매일경제, 2011.5.19).

또한, 대약진 운동(인민공사)만으로 3,000만~4,000만 명이 희생되 었다고 한다(Time, 1997.3.3).

넷째, 농민의 집단화로 아사자가 속출하자 이러한 보고를 믿지 않 는 모택동에게 유소기(劉少奇)와 함께 등소평이 경제개혁을 건의했다. 모택동은 실상을 파악하고 식량공급의 방도를 허용하였지만, 1966년 이 두 사람을 용서하지 않고 추방하였다.

1967년 인민재판에서 유소기는 다리가 부러지고 형무소에서 폐렴 으로 사망하였다. 등소평은 '자본주의 추구자', '파시스트', '배신자', '머리를 끓는 물에 삶아라!'고 군중들이 아우성치자, 그의 보청기를 귀에서 떼어냈을 뿐이었다.

등소평이 유소기와 운명을 달리한 단 한 가지 이유는 모택동이 귀 족적인 유소기는 멸시하였지만, 등소평은 대장정의 전우로서 얼마간

애정이 남아있었기 때문이었다. 모택동은 등소평의 공산당 당원증을 압수하지 않고 보유하게 하였다. "자손들에게 보여줄 수 있게 그대로 두고, 앞으로 어떻게 행동하는가 보자"고 말하였다. 모택동의 이 결정은 등소평의 운명과 중국의 진로를 바꾸었다.

1971년 중공과 미국의 국교를 튼 키신저 전 미 국무장관은 모택동, 주은래, 등소평에 대해 다음과 같이 평가하였다.

모택동은 "외교·역사에 두루 밝은 제왕적인 철학자", 주은래는 "공자 같은 고매함과 지혜를 지닌 정치인", 등소평은 "우울한 눈빛을 가진 용감한 작은 거인"

주은래

많은 사람들이 모택동 사후 등소평이 공식적인 중국 실권자로 개혁·개방을 주도한 것으로 생각하나 사실은 그렇지 않다.
중국 지도자의 승계과정 등을 이해하기 위해 등소평에 대해 알아보자.

등소평은 16세이던 1920년, 상해로 나와 프랑스어의 기초를 공부한 뒤 일과 학업을 함께하는 장학금을 받고 프랑스에 갔다.
프랑스에서 브리지(카드놀이), 크루아상(빵), 축구팬이 되었다. 5년간 프랑스에 머물며 1922년 공산당에 가입하였다. 1926년 모스크바에 가서

등소평

공산주의 이론을 학습하였다.

귀국하고 강서성 대도시 점령 지령을 받고 활동하다 모택동을 만나 1931~1935년간 홍군 기지를 함께 구축하면서 형제 같은 사이가 되었다. 9만 명을 잃는 대장정에서도 함께 하였다.

1940년, 신원을 알 수 없는 자들에 의해 등소평 아버지의 목이 잘렸다.

1945년, 당 서열 28위가 되었다.

1956년, 모택동의 12명 부수상 가운데 한 사람이 되었다.

1958년, 대약진운동(인민공사)의 시작과 함께 아사자가 속출하자 유소기와 함께 모택동에게 그 실상과 해결책을 제시하다 고난을 당했다. 모택동은 등소평을 그의 곁에 앉지도 못하게 하였다.

1966년, 문화대혁명(홍위병 난동)이 일어나자 등소평은 그의 '흑묘백묘론(고양이는 쥐만 잘 잡으면 되지 색깔이 검든 희든 상관없다는 이론)', 크루아상을 좋아하는 자, 외식 없이는 진정한 문화인일 수 없다는 등의 발언으로 홍위병의 공격목표가 되었다(아마 5년간의 프랑스 생활이 그의 이런 발언에 영향을 주었던 것 같다).

남쪽으로 추방되기 전, 2년간 등소평 내외는 북경에 있는 그의 가택에 연금되었다. 남쪽으로 가서는 트랙터 공장에서 일하였다. 이 시기에 그의 남동생이 홍위병에게 자살을 강요당하며 죽었고, 북경대학에서 물리학을 전공하던 아들이 4층에서 던져져 척추를 손상당해 소아마비가 되었다.

1973년, 등소평에게 기회가 왔다. 홍위병 난동으로 위기에 빠진 국가를 구할 세력이 군대밖에 없고, 군대만이 공석이 된 민간 직위를 메울 수 있었다. 군의 과도한 영향을 견제할 수 있는 인물로 등소평이 대두되었는데, 등소평은 군의 존경을 받고 있었다.

북경으로 소환된 등소평은 공산당의 실세에 끼지 못하고 겉돌았지만, 2년 만에 부수상직을 회복하고 주영강(周永康)의 '4대 현대화계획' 완성을 도왔다. 이 계획이 중국의 급속한 발전의 계기가 되었다.

1976년 초, 주영강이 죽자 모택동의 아내 강청과 그의 측근(4인방)은 등소평이 주영강의 죽음을 대규모로 애도하는 것에 대해 비난하였다.

당시 병든 모택동은 아내와 4인방을 신뢰할 수 없었다. 모택동은 우유부단하여 패기가 없는 화국봉을 후계자로 지명하였다.

이제 모택동이 죽기를 기다리는 일만 남았으며, 누구의 권력기반이 가장 효율적인지를 확인할 일만 남아 있었다.

등소평은 "나는 최악의 경우를 대비하였다"고 말하였지만, 최선의 결과를 얻었다.

1976년 9월, 모택동이 사망한 후 1개월이 되기 전에 강청을 비롯한 4인방이 구속되었다.

1977년, 등소평은 세 번째로 복귀하였다.

1979년, 북경을 완전히 장악한 등소평의 권력은 화국봉을 능가했고, 모택동 추종자들을 권력에서 밀어냈다.

수백만의 농민들에게 자기 경작지에서 농사지어 곡식을 팔 수 있게 하고, 부락공장에 투자를 허용하였다. 80%가 농민이었던 당시 상황에서 이것은 보통 일이 아니었다.

1979년, '북경의 봄'을 허용하여 다양한 이견을 제시하게 하였으나 자연발생적인 대중운동에 대한 깊은 불신으로 '북경의 봄'은 단기간에 끝나고 정치개혁자들이 투옥되었다.

1980년대 후반, 경제적 자율화가 정치적 갈망으로 번져가는 것을 통제할 수 없게 되었다. 등소평은 호요방의 정치개혁 추진을 취소시켰다. 이때 등소평의 공식직함은 '중국 브리지 협회 명예회장'이었다.

등소평은 1977년 복귀 이래 모든 고위직을 사양하였다. 1989년에는 중앙군사 위원회 위원장직도 포기하였다. 그럼에도 조자양 수상은 중국을 방문한 소련 수상 고르바초프에게 모든 주요 정치국 결정은 등소평의 결재를 받는다고 말했다고 한다.

경제가 부흥하자 공직부패, 빈부격차, 인플레 등이 함께 나타나고 암으로 사망한 호요방에 대한 학생들의 조문이 장기간의 천안문 시위로 이어졌다.

1989년 6월 어느 날 밤, 등소평은 군대를 불러들였다. 천안문에서의 학살로 보수적인 정적들은 등소평의 개혁을 후퇴시키고자 시도하였지만 등소평은 침묵하였다.

1992년 봄, 등소평은 고급 관료들에게 심천지역을 견학하게 하고 자유시장의 기회를 잡도록 독려하였다. 그 결과 폭발적인 경제성장을 가져왔다.

등소평은 "지도자는 인간이지 신이 아니다"라고 말하며, 3년간 모택동의 공과(功過, 공로와 과실)를 검토하게 한 다음, 공 70%, 과 30%로 최종 평가하였다. 그는 모택동의 동상이나 기념물 등을 일체 훼손하지 못하게 하여 흐루시초프의 '스탈린 격하운동'을 반면교사로 삼았다.

등소평은 죽기 전에 눈을 기증하고, 그의 재는 바다에 뿌리고 그를 기념하는 동상 등을 건립하지 못하게 하였다.

중국은 "한국이든 서방이든 중국인에게 이로우면 배운다"는 자세로 추진한 지난 60년간 4개 세대 노선 변화는 다음과 같다.

- 1세대: 모택동 시기(1949~1976), 초영간미(超英赶美, 영국을 초월해 미국을 잡는다), 중공업 우선주의, 급진적 경제개발
- 2세대: 등소평 시기(1978~1992), 3개 유리(三個有利, 생산력·국력·생활 수준 제고에 유리하면 좋은 것), 성장 우선주의, 불균형 성장 용인
- 3세대: 강택민 시기(1992~2002), 3개 대표(三個代表, 당이 선진생산력·선진문화·인민의 이익을 대변), 자산계급 포용, 민영·사영 기업의 자율성 확대
- 4세대: 후진타오 시기(호금도, 2002~), 과학발전관(科學發展觀, 합리적인 성장 추진), 환경·자주기술 중시, 균형성장·인본주의·지속 가능 성장 주장

그러나 중국 최고 권력기간인 전국인민대표대회(전인대) 2,909명 가운데 노동자·농민 비율은 1%도 안 된다.

등소평은 도광양회(韜光養晦, 빛을 감추고 때를 기다린다)를 내세웠고, 호금도는 화평굴기(和平崛起, 평화롭게 우뚝 일어선다)를 내세웠다. 최고 2020년까지 대미 협조 자세를 유지하겠다고 말하였다. 등소평의 유언은 "앞으로 100년간 미국과 맞서지 말라"는 것이었다.

개혁개방 이래 30여 년 동안 연평균 10%의 초고속 성장을 지속해온 중국은 세계 제2의 경제 대국이 되었으며 일본, 베트남 등 인접 국가와 마찰을 빚고 있다.

산이 높으면 골도 깊고, 빛이 밝으면 그늘도 짙은 법, 중국 인구 13억 가운데 10억은 아프리카인과 비슷한 수준의 삶이다. 6억 명이 가구당 하루 3달러 미만의 수입인 반면, 인구의 5% 수준인 6,000만 명은 2만 달러 수준이다.

가장 위협적인 존재는 농촌 출신 도시근로자로 2억 4,000만 명에 달한다. 이들의 월급은 2,000위안(약 34만 원)이다.

1840년 이래 중국의 가장 위대한 지도자는 누구일까? 모택동일까? 등소평일까? 중국의 지도자 승계방식은 '황제승계방식'에서 얼마나 발전되었고, 공산당은 환관의 기능이 조직화된 것은 아닌지 생각하게 된다.

모택동(좌)과 등소평(우)

모택동과 등소평을 비교하면 다음 표와 같다.

〈모택동과 등소평〉

	모택동	등소평
고향	호남성 샤오산	쓰촨 성 광안시
키	175cm	150cm
학력	장사 제1 사범학교	파리 및 모스크바 유학
선호 음식	자라탕 등 호북 및 사천음식	오이와 부추 등 채식 위주
흡연 여부	줄담배	줄담배
주량	보통 이상	보통 이상
운동	수영	수영과 산책
취미	독서 및 춤	축구경기관람, 브리지
여성편력	자유분방	가정 중시
애독서	사서(史書)	경제서와 사서(史書)
용인술	충성파 등용, 배반자 보복	능력 위주 인재등용
통치사상	민족주의, 인민주의	부국강병(富國强兵)
외교목표	제3세계 단결을 통한 세계혁명화	주변국 안정 통한 경제개발 여건조성
군사목표	2류 군사대국 탈피	군 현대화 및 탈정치화
경제목표	사회주의 유토피아 건설	실용주의

제2부

이스라엘, 다윗과 남북왕조

이스라엘, 다윗과 남북왕조

1. 이스라엘의 다윗 왕

가나안 땅으로 이주한 히브리인이 청동기 무기를 사용하고 있을 때, 철제 무기를 사용하는 필리스티아인(Philistines, 구약성서의 블레셋 사람)이 소아시아로부터 흘러들어 왔다. 삼손과 같은 사사의 힘으로 그들을 당하기가 어렵게 되자, B.C. 1025년에 히브리인이 왕국을 건설하는 직접적인 계기가 되었다.

최초의 왕으로 선출된 사람은 베냐민 지파 출신의 사울이었고, 처음에는 상당한 성공을 거두었다. 그러나 최후의 위대한 사사였던 사무엘의 불만을 사게 되었고, 사울의 뒤를 이어 왕이 된 다윗은 40년 간을 통치하였다(B.C. 1010~970).

재임 중 다윗은 부하인 우리아 장수가 전쟁터에 나가 있는데 우리아의 아내 밧세바를 불러들여 불륜관계를 맺었다. 밧세바가 임신하자 자기가 임신시킨 사실을 감추고자 야전사령관 요압을 통해 우리아를 불러들여 밧세바가 있는 집으로 보냈다. 그렇게 해서 부부가 동침한 뒤 아기를 낳으면, 자기가 임신시킨 사실이 감추어질 것으로 계산했던 것이다.

그러나 우리아는 다윗에게 "언약궤(하나님과 이스라엘 민족의 계약의 표로 지성소에 안치하였던 궤)와 이스라엘과 유다가 영채(營寨, 군대가 집단으로 거처하는 집) 가운데 있고, 나의 상사인 요압과 나의 왕의 신복들이 바깥에 유진(留陣, 머물게 함)하였는데, 내가 어찌 내 집에서 먹고 마시고 나의 처와 같이 자리하겠습니까? 나는 이 일을 하지 않기를 왕께 맹세하겠습니다"라고 말하였다.

다윗은 우리아를 그날 머무르게 하고, 다음 날 주연을 베풀어 취하게 한 뒤 보냈다. 그러나 우리아는 그의 집에 가지 않고 다윗의 신복과 잠을 잤다. 아침이 되자 우리아는 전쟁터에 돌아갔다. 다윗은 요압에게 전달하는 편지를 우리아에게 주었다. 그 편지에는 '우리아를 맹렬한 싸움에 앞세우고, 너희는 뒤로 물러나서 우리아를 죽게 하라'고 적혀 있었다.

요압은 공격 중이던 성을 살펴 적의 용사들이 방어하고 있던 곳을 우리아에게 공격하게 하였고, 우리아는 몇 명의 신복과 함께 그 전투에서 전사하였다.

우리아의 아내는 우리아의 전사소식을 듣고 호곡하고 장사를 마쳤고, 다윗은 그녀를 궁으로 데려와 처를 삼았다. 밧세바와의 간통으로 낳은 아이는 죽고, 다시 임신하여 낳은 아이가 솔로몬이다.

선지자 나단이 암몬 자손의 칼로 우리아를 죽이고 그 아내를 빼앗아 자기의 아내를 삼은 다윗을 꾸짖으며, 장차 다윗에게 닥칠 재난을 예언하였다. 후에 다윗은 회개하고, 나단은 하나님도 다윗의 죄를 사하셨다고 하였다.

그렇다면 다윗의 권력오용으로 억울하게 생명을 잃고 아내를 뺏긴 우리아의 생명과 억울함은 어떻게 되는가?

다윗은 목동 시절, 골리앗과 맞서는 믿음과 훌륭한 성품의 남자였다. 그러나 왕이 되어 권력을 장악하자, 충직한 부하 장수 우리아를 죽이고 그의 아내 밧세바를 빼앗아 아내를 삼는 악행을 저질렀다.

권력이 다윗의 인간성을 변질시킨 것이라고 볼 수밖에 없다. 그로 인해 희생된 우리아의 생명은 무시되고 망각되어도 괜찮은 것인가?

2. 이스라엘 남북왕조의 왕들

사울-다윗-솔로몬으로 이어진 이스라엘 왕조는 마침내 북왕국 이스라엘과 남왕국 유다로 분열되었다. 북왕국은 B.C. 931~723년간 19대 왕까지 유지하다가 아시리아의 사르곤에 의해 멸망하였고, 남왕국 유다는 B.C. 931~587년간 20대 왕까지 계속되다가 바빌론에 의해 멸망하였다.

남북왕국의 왕들이 계승된 양상을 살펴보자.

북왕국의 경우 19명의 왕 가운데 정상적 승계는 8명(42%)이었고, 나머지 11명 중 8명은 피살되었고, 3명은 전사, 병사, 또는 멸망하였다(『구약성서』, 열왕기 상·하).

피살된 왕 2대 나답(B.C. 910~909)은 3대 왕인 바아사가 꾸민 음모로 희생되었다.

4대 엘라(B.C. 886~885)는 자기 전차대를 지휘하는 시므리의 손에 피살되었다.

5대 시므리(B.C. 885)는 7일간 다스리다가 군대 장교 오므리가 공격해오자 자살하였다.

9대 요람(B.C. 852~841)은 예후에게 피살되었다.

14대 스가랴(B.C. 743)는 6개월 통치 후 살룸에게 피살되었다.

15대 살룸(B.C. 743)은 통치 1개월도 못 되어 므나헴에게 피살되었다.

17대 브가히야(B.C. 737)는 베가에게 피살되었다.

엘라를 살해한 시므리가 7일 후 오므리에게 공격당해 자살하는 것이나, 스가랴를 살해한 살룸이 1개월도 못 되어 므나헴에게 피살되는 것은 무엇을 말하고 있는가?

남왕국 유다의 경우를 살펴보자.

6대 아하시야(B.C. 841)는 예후에게 피살되고 왕모인 아달랴가 승계하였다.

8대 요아스(B.C. 835~796)는 신복들이 모반하여 그의 침상에서 살해되고 아마샤가 승계하였다.

9대 아마샤(B.C. 796~781)는 반역자의 손에 죽고 웃시야가 승계하였다.

15대 아몬(B.C. 642~640)은 신복이 반역하여 왕을 죽이고 요시야가 승계하였다.

18대 여호야김(B.C. 609~598)은 바빌론 왕 느부갓네살이 쇠사슬로 결박하여 바빌론으로 잡아가고 여호야긴이 승계하였다.

19대 여호야긴(B.C. 598)은 8세에 100일간 왕의 자리에 올랐다가 바빌론으로 잡혀가고 시드기야가 승계하였다.

344년간 20대를 이은 남왕국 유다의 경우, 정상적인 승계가 11명(55%)이고 나머지 9명(45%)은 피살 4명(20%), 전사·병사·폐위·멸망이 5명(25%)이었다(『구약성서』, 역대 하).

제3부

그리스 아테네와 스파르타

그리스 아테네와 스파르타

    그리스 도시국가들의 기원은 기원전 800년경에 씨족집단 또는 부족집단에 기반을 둔 촌락 공동체들이 더 큰 정치적 단위로 바뀌어가기 시작한 데서 비롯되었다. 교역이 늘어나고 방위의 필요성이 증대하자, 도시들이 시장과 방어 요새를 공동체 전체의 정부 소재지로 삼아 성장했다.

    도시국가는 그리스 세계의 거의 모든 지역에서 찾아볼 수 있었다. 그리스 본토에는 아테네, 테베, 메가라가 있었고, 펠로폰네소스 반도에는 스파르타와 코린토스, 소아시아 해안에는 밀레토스, 그리고 에게 해의 섬 지방에는 미틸레네와 사모스 등이 있었다.

    도시국가들은 크기와 인구 면에서 매우 다양하였다. 스파르타는 3,000제곱마일 이상이었고, 아테네는 1,060제곱마일이었는데 두 도시의 규모는 도시 국가들 중 가장 큰 편에 속했다. 다른 도시 국가들은 100제곱마일 이내였다.

    전성기의 아테네와 스파르타의 인구는 각 약 40만 명 정도였는데, 두 도시국가의 인구는 인근 도시국가들에 비해 대략 3배 정도 많았다.

스파르타의 군국주의는 개인의 이익을 국가 복리에 종속시킨 로마나 근대 전체주의자들의 효시이다. 또 페리클레스(B.C. 461~429) 시대에 완성된 아테네 민주주의가 현재의 자유민주주의에도 영감을 준 것에 비추어보아, 이 두 도시국가의 정치에 대해 알아보는 것은 오늘날의 남북한을 비교하듯이 세계의 두 갈래 흐름을 조망하는 데 의미가 크다 생각한다.

1. 스파르타의 군국주의

스파르타인은 다른 그리스인과 같은 혈통이었음에도 민주정의 방향으로 나아가는 것에 실패했다. 그 원인의 일부는 고립에서 찾을 수 있다.

북동부와 서부가 산맥으로 둘러싸여 있고, 좋은 항구를 갖지 못했기 때문에 스파르타인은 외부 세계의 진보적 영향을 받을 기회가 거의 없었다. 그러나 가장 중요한 원인은 군국주의에 있었다.

스파르타인은 본래 펠로폰네소스 반도 동부에 침략군으로 들어온 도리아인이었다. 그들은 기원전 9세기 말에 이르러 라코니아 지방 전역에 대한 지배권을 장악했지만 이에 만족하지 않았다.

스파르타인은 타이게투스 산맥 서쪽에 자리 잡은 비옥한 메세니아 평원을 정복하고자 했다. 그 모험은 성공을 거두었고 메세니아인의 영토는 라코니아에 병합되었다. 기원전 640년경에 메세니아인들은 아르고스의 원조를 얻어 반란을 일으켰다.

스파르타인이 살아남을 수 있었던 것은 아르고스의 사령관이 전사하고 호전적인 시인인 티르타이오스가 행한 애국적인 탄원 덕분이었다. 이 일이 있은 후, 스파르타인은 반란의 기회를 허용하지 않았다. 메세니아인의 토지를 몰수했고 그들의 지도자를 살해 또는 추방했으며 메세니아인을 노예로 만들었다.

메세니아 전쟁 이후 스파르타인들은 또다시 대외 전쟁을 하게 되면 노예들에게 반란의 빌미를 주지 않을까 두려워했다. 그 결과 그들이 이미 획득한 영토를 지키는 데만 전념하게 되었다.

스파르타인의 생활방식 중에 메세니아 전쟁의 영향을 받지 않은 것이 거의 없었다. 스파르타인은 그들의 적을 정복하고 약탈하는 동안 자신들도 모르는 사이에 스스로 노예가 되고 말았다.

그들은 항상 반란에 대한 극심한 두려움 속에 살았던 것이다. 그들이 변화에 대해 완강하게 저항한 이유는 어떠한 혁신적 조치도 기존 체제를 치명적으로 약화시킬 수 있었기 때문이었다. 그들의 폐쇄성 역시 같은 이유에서 나왔다.

그들은 위험한 사상의 유입이 초래할 결과를 두려워한 나머지 여행을 억제했고 외부 세계와의 교역도 금지했다.

엄청난 수의 노예에 대해 시민계급의 절대적 우위를 확보할 필요성 때문에 시민 개인에게는 엄격한 규율과 복종이 요구되었다. 스파르타의 집단주의는 사회·경제생활의 모든 부문으로 파급되었다. 그들의 문화적 후진성도 노예들을 압제하기 위해 벌인 격렬한 투쟁에서 불가피하게 초래된 억압적인 분위기에서 기인했다.

스파르타는 암흑시대에서부터 이어 내려온 오랜 정부 형태를 유지하고 있었다. 두 명의 왕과 28명의 귀족(60세 이상)으로 구성된 원로회가 있었고, 모든 성인 남자 시민으로 구성된 민회가 있었으나, 스파르타 헌정하에서 최고 권력은 5명으로 구성된 감독관 위원회에 있었다. 감독관들이 사실상 정부의 역할을 했다. 그들이 원로회와 민회를 주재했고, 교육제도와 재산분배를 통제했다. 시민생활을 감독했고 모든 입법에 대한 거부권을 행사했다.

감독관들은 갓 태어난 아기들의 생사를 결정하였으며 원로회에 기소할 권리를 가졌다. 종교적 징조가 불길할 경우에는 왕마저도 폐위시킬 수 있는 막강한 권한을 가졌다. 스파르타 정부는 사실상 과두정이었다.

스파르타인은 대체로 세 계급으로 구분되었는데, 지배계급은 원래 정복자의 후손인 스파르타 시민이었다. 정치적 특권을 독점한 이들은 인구의 5%였다. 중간계급은 '변두리 사람'으로서 과거 한때 스파르타의 동맹시의 주민이었거나 스파르타의 지배에 자발적으로 복종한 사람들이었을 것으로 짐작된다. 지배계급과 노예 사이의 완충 역할을 하는 대가로 이들은 상공업에 종사하는 것이 허용되었다.

노예계급은 주인의 영지에서 생산한 농작물 중 상당량을 가질 수 있었기 때문에 경제적 처지는 극단적으로 비참하지는 않았다. 하지만, 너무나 모욕적인 대우를 받았으므로 틈만 보이면 반란을 도모했다. 반란에 맞서기 위해 젊은 스파르타 시민들은 때로 변장을 하고 노예 사이에 잠입했으며, 경우에 따라서는 살해할 권한까지 지닌 비밀경찰의 역할을 했다.

스파르타 시민 계급으로 태어난 사람들은 인생의 대부분을 '고귀한 노예'로 지내야만 했다. 그들은 국가라는 거대한 기계의 톱니바퀴에 지나지 않았다. 스파르타의 유아들은 태어나자마자 건강을 시험받아야 했고, 허약하다고 간주된 유아들은 언덕에 내던져 죽도록 방치되었다.

스파르타 남성들의 교육은 거의 대부분이 군사훈련이었고 훈련은 7세부터 시작되었다. 전시 임무를 수행하도록 소년들을 강인하게 만들기 위해 무자비한 채찍질이 가해졌다.

남자들은 20세에서 60세까지 거의 모든 시간을 국가를 위한 봉사에 바쳤다. 결혼 자체는 사실상 강제적이었고, 가정생활은 거의 할 수가 없었다. 젊은이들은 병영에서 살아야 했고, 30세 이후에도 식사는 병영에서 해야 했다. 남편들은 결혼하는 날 밤에 자신의 무용(武勇)을 과시하여야 아내를 데려갈 수 있었다. 일단 결혼한 후에도 자기 부인을 볼 기회가 적었기 때문에 때론 남자들은 낮에 아내의 얼굴을 볼 새도 없이 자녀를 갖는 일이 일어나곤 했다.

건강한 자식들을 낳는 것이 아내의 주 임무였으나 어머니들은 어린아이들이 국가의 재산이라는 사실을 받아들여야 했다. 지배계급으로서의 그들의 지위에 대한 자부심이 그들의 마음속에서 혹독한 훈련과 특권의 포기를 보상해주었으리라 짐작된다.

스파르타의 경제는 스파르타 정부가 억압적이었던 만큼 정체되어 있었다.

2. 아테네인의 이상(理想)

아테네가 자리 잡았던 아티카에는 군사적인 침략도 없었고 적대세력 간의 내분도 없었다. 그러므로 피정복민을 억압할 군사적 지배계급이 존재하지 않았다. 아티카의 자연 조건은 비옥한 농업자원과 풍부한 지하자원 및 훌륭한 항구를 갖추고 있었다. 아테네는 농업국가로 남지 않고 활발한 상업과 도시문화를 발전시켜 나갈 수 있었다.

기원전 8세기 중엽까지 아테네는 그리스의 다른 국가들과 마찬가지로 왕정을 유지하고 있었다. 기원전 7세기 동안에 귀족회의가 점차 왕의 권력을 박탈하여 귀족 과두 체제로 이행하였다.

이 무렵 포도와 올리브의 재배법이 도입되면서 농업이 대규모 사업으로 성장하게 되자 가난하고 재력이 충분하지 못한 농민들이 몰락하게 되어 농노가 되거나 노예로 팔려가는 신세가 되었다.

도시 중간 계급은 농민을 지지하면서 정치적 자유를 요구하게 되고 기원전 594년에 모든 당파는 귀족 출신인 솔론을 집정관으로 임명하는 데 합의하고 그에게 개혁을 수행할 절대권을 부여했다.

솔론은 ① 새로이 400인회를 설립하고 여기에 중간계급의 참여를 허용했다. ② 하층계급을 민회에 참여시킴으로써 참정권을 부여했다. ③ 형사소송의 최고 법정을 모든 시민에게 개방하였고 재판관은 남자 보통선거에 의해 선출하였다. 솔론의 개혁은 중대한 의의를 가진 것이었지만 불평을 무마하지는 못하였다.

기원전 560년에 아테네 최초의 참주인 페이시스트라토스가 집권하여 문화를 후원하고, 귀족의 권한을 축소시키고 아테네인의 생활 수준을 향상시켰다.

그러나 그를 계승한 아들 히피아스는 무자비하고 심술궂은 압제자였다. 기원전 510년에 스파르타의 지원을 받는 일단의 귀족들에 의해 히피아스의 참주정은 전복되었다.

그 후, 2년 동안 정파들 간의 갈등이 심화되다가 귀족 출신의 지적인 인물 클레이스테네스가 민중의 지지를 얻어 대단히 급격한 개혁 작업을 단행했다. 그의 개혁 내용은 다음과 같다.

① 당시 아테네에 거주했던 모든 자유민에게 완전한 시민권을 부여하였다.

② 그는 새로이 500인회를 창설하여 정부의 주요기구로 삼고 민회의 법안 제출과 행정기능에 대한 최고 통제권을 부여했다. 500인회의 구성원은 추첨으로 선발되었다. 30세 이상의 모든 남자 시민은 피선거권이 있었다.

③ 클레이스테네스는 민회의 권한을 확대하여 500인회에서 상정한 법안에 대한 심의 및 채택 여부 결정권을 부여했고, 전쟁 선포권, 예산편성권 그리고 퇴임 행정관에 대한 회계감사권을 부여했다.

클레이스테네스는 기원전 508년에서 502년까지 6년간 통치하였으며 아테네 민주주의의 아버지로 알려지고 있다.

아테네 민주주의는 페리클레스(B.C. 461~429)시대에 완성되었다. 이 시기에 민회는 법안 발의권도 갖게 되었다. 또한 이 시기에는 10인 군사위원회의 권한이 증대되어 대략 오늘날 영국의 내각에 비견할 만한 지위를 확보했다.

군사 위원회의 장군들은 1년 임기로 민회에서 선출되었고 무제한으로 재선이 가능했다. 페리클레스는 최고 군사위원 또는 군사위원장의 직위를 30년 이상이나 유지하였다.

장군들은 단순히 군대의 사령관이 아니라 국가 최고의 입법 및 행정관이었다. 그들의 정책은 민회의 감독을 받아야 했고 1년 임기가 끝났을 때 쉽사리 소환될 수 있었으며 부정이 있을 경우에는 언제든지 고발당할 수 있어 참주가 될 수는 없었다.

아테네의 재판제도도 페리클레스 시대에 완성되었다. 모든 종류의 소송을 다룰 시민법정이 설치되었다. 매년 초에 6,000명의 시민이 아테네의 여러 지역에서 추첨으로 배심원에 선출되었다. 이 명단에 의거해 최소 201명에서 1,001명에 이르는 다양한 규모의 배심원단이 구성되어 특정한 재판을 맡아보았다. 배심원이 곧 재판관이었으며 일단 판결이 내려지면 상소는 불가능했다.

'아테네인의 이상(理想)'이 무엇이었는지 페리클레스의 <추도연설>을 통해 살펴보자.

> 우리는 아름다움을 사랑하지만 사치하지 않으며, 지혜를 사랑하지만 나약한 의지에는 빠지지 않는다.
> 우리는 부를 개인적 과시의 수단이 아니라 공공의 봉사를 위한 도구로 간주한다.
> 우리는 가난을 수치로 여기지 않으며 단지 그것을 극복하려고 노력하지 않음을 수치로 생각한다.
> 우리는 사람이 개인적인 일뿐만 아니라 공적인 일에도 관여해야 한다고 믿으며, 이는 우리가 정치에 참여하지 않는 사람을 무관심한 자일 뿐 아니라 쓸모없는 자로 간주하기 때문이다.

제4부

로마의 황제

로마의 황제

로마는 B.C. 753~509, 약 240여 년 동안 왕정체제였고, B.C. 6세기~27, 약 500여 년 동안 공화정시대였다. B.C. 27~A.D. 180년 동안 원수정시대였고, A.D. 180~284년 동안 격동의 시대, A.D. 284~610년 동안 제정 말기로 구분된다.

1. 카이사르

가이우스 율리우스 카이사르(Gaius Julius Caesar, B.C. 100~44)는 여섯 번이나 집정관으로 선출되었던 가이우스 마리우스(B.C. 156~86)가 고모부이다. 율리우스 가문은 로마 최상류 귀족가문이었다. 카이사르라는 그의 이름은 최고 권력자를 부르는 대명사가 되었다. 카이사르는 벨기에, 라인 강 서쪽의 독일, 프랑스 등지를 병합하는 갈리아 정복을 이룩하였다. 이 과정에서 로마가 그리스 문명을 서유럽에 전달하여 후세에 큰 영향을 미치는 데 공헌하였다. 서유럽의 잠재력을 꿰

뚫어본 것이다.

B.C. 52년 원로원은 폼페이우스를 단독 집정관으로 추대하고, 카이사르를 국가의 공적(公敵)으로 낙인찍었다.

3년 후인 B.C. 49년, 카이사르는 루비콘 강을 건넜다. 이탈리아 북부에서 동쪽으로 흘러 아드리아 해에 흘러들어 가는 24km의 이 강을 군대가 무장한 채 건너는 것은 '반란'으로 간주되었다. 이후 생사를 건 중대한 결단을 상징하는 "루비콘 강을 건넜다"는 말은 "주사위는 던져졌다"는 말과 동의어가 되었다.

B.C. 48년, 그리스의 파르살루스에서 회전하여 폼페이우스가 패배하고 자객에 의해 살해되면서 카이사르가 권력을 장악하게 되었다.

B.C. 48년, 카이사르는 10년 임기의 독재관에 취임하고, B.C. 44년에 종신독재관이 되면서 법률 위에 서게 되었다. 헌정을 무시하고 왕이 되려 한다는 소문이 나돌았다.

버트런드 러셀은 "인간의 욕망 중에서 가장 중요한 것이 권력과 영광에 대한 욕망이며, 영광을 누리는 가장 쉬운 방법이 권력 장악"이라고 말하였다. 또한 권력 그 자체가 때로는 자기 목적에 의한 것으로 나타난다는 사실을 부정할 수 없다.

술자리나 모임에서 '중독'이 되면 가장 빠져나오기 힘든 순서로 권력-사냥-마약-도박-술의 순서로 꼽는 것을 많이 보았다. 그만큼 권력은 중독 가운데 가장 강력한 모양이다.

3월 15일, 원로회 회의에 참석하는 카이사르에게 툴리우스 킴베르라는 사람이 추방된 자신의 형제를 위한 청원서를 들고 애걸하면서 카이사르 자리까지 따라왔다. 카이사르는 자리에 앉자마자 청원서를 내려놓았다. 그러자 툴리우스는 카이사르의 토가(겉옷)를 양손으로 움켜잡고 카이사르의 목에 걸쳐 있던 토가가 끊어질 정도로 세게 잡아당기는 일이 발생했다.

갑자기 호민관이었던 카스카라는 자가 카이사르의 목을 찔렀다. 카이사르는 재빨리 칼을 뺏어 들고 "카스카 네 이놈! 지금 무슨 짓을 하는 것이냐?"라고 소리쳤다.

반역자들이 모두 칼을 뽑아들었고, 카이사르는 완전히 포위되었다. 브루투스가 카이사르의 무릎을 찌르자 카이사르는 비명을 지르며 한쪽에서 다른 쪽으로 뒹굴었다. 로마의 가장 위대했던 장수이자 정치가는 스물세 번이나 칼을 맞았다.

항상 카이사르의 삶을 지켜주었던 수호신은 그의 죽음 이후에도 카이사르를 위해 복수를 해주었다. 반역자들은 모두 타인의 손에 비참하게 죽거나 스스로 목숨을 끊었다.

브루투스는 필리피(빌립보)에서 옥타비아누스와 안토니우스에게 참패를 당하고 동굴에 몸을 숨긴 후 칼로 자신의 가슴을 찔러 스스로 목숨을 끊었다.

2. 카이사르와 박정희

B.C. 44년 3월 15일 로마의 원로원에서 암살된 카이사르와 1979년 10월 26일 저녁 암살된 박정희의 죽음 간에는 상당한 유사성이 있다. 두 사람 모두 국가에 큰 공헌을 하였으나, 공화제 아래 종신집권을

시도한 것으로 비쳤다.

두 사람 모두 기존 집권자를 몰아내었고, 모두 자기가 은혜를 베풀었던 부하(측근)에게 당하였다.

카이사르는 파르살루에서 폼페이우스를 위해 싸웠던 마르쿠스 브루투스에게 호의를 베풀었다. 그랬던 그가 배신한 것이다. 김재규 역시 대령에서 군을 떠났던 그를 박 대통령이 불러들여 군단장(3성 장군), 건설부 장관, 안기부장(지금의 국정원장)까지 임명하였다가 그런 참변을 당했다.

2020여 년의 세월의 차이와 지리적 거리에도 불구하고 어떻게 이런 비슷한 일이 반복될 수 있을까? "역사는 반복된다"는 말은 무슨 의미일까? 그것은 인간의 본성에 변함이 없기 때문이라고 생각한다.

검고 생동감 넘치는 눈동자를 가졌던 카이사르, 그러나 그는 머리숱이 없어 대머리에 가까웠고, 이를 감추려고 머리카락을 뒤통수에서부터 앞으로 빗어 내린 다음 항상 월계관이나 금관으로 고정했다.

3. 옥타비아누스

카이사르는 죽기 전, 18세 청년인 옥타비아누스(B.C. 63~A.D. 14)를 상속자로 지명하였다. 옥타비아누스는 안토니우스, 레피두스와 제2회 3두 정치를 실현하였다. B.C. 43년에 키케로를 희생시키고, B.C. 42년에 필리피 근방에서 브루투스와 카시우스를 패배시켰다.

그리스적 문화 전통의 옹호자로서 서방세력을 결집하여 동방적 전체주의의 원리를 도입하려는 안토니우스와 클레오파트라 동맹군을

B.C. 31년 악티움 해전에서 궤멸시켰다.

안토니우스와 클레오파트라의 자살로 로마가 동방의 세력에 의해 장악되지 않으리라는 것이 확실해지자, 그리스적 이상과 도시생활이 향후 수백 년간 강화되어 서유럽의 장래에 중대한 의미를 갖게 되었다.

옥타비아누스는 최고의 권력을 가졌던 또는 그럴 가능성이 있는 모든 적수들을 제거하였다. 영리하지만 냉정하기 그지없었던 옥타비아누스는 이후 44년간 통치하였다. 그는 77년의 생애 중, 57년간을 화려한 공인으로 살았지만 자신의 속내와 비밀을 침묵이라는 커튼 뒤에 잘도 숨겼다.

4. 티베리우스

티베리우스(Tiberius Clauduis Nero Caesar, B.C. 42~A.D. 37, 제위기간 A.D. 14~37)의 아버지는 율리우스 카이사르의 장교로 이름은 티베리우스 클라우디우스 네로였다. 그의 어머니 리비아 드루실라는 티베리우스를 역사적 인물로 만든 장본인이었다.

갓 스무 살이 된 리비아와 옥타비아누스가 결혼했을 때 로마는 분개했다. 그녀의 첫 남편이었던 티베리우스 클라우디우스 네로는 그녀를 옥타비아누스에게 넘겨 준거나 마찬가지였다. 당시 리비아는 훗날 티베리우스 황제가 된 아들과 둘째 아이를 임신한 상태였다. 온갖 일을 다 겪은 로마인들조차 이 결혼은 눈살을 찌푸리게 하는 것이었다.

아우구스투스(옥타비아누스)의 딸 율리아는 아우구스투스의 가장 친한 친구이자 악티움 해전의 승자인 아그리파와 결혼하여 아이를 다섯이나 두었다. 율리아가 남편을 잃고 과부가 되자 리비아는 아들에게 율리아와 결혼하라고 강요했다.

티베리우스는 빕사니아라는 여인과 결혼한 상태였고, 아내를 매우 사랑하고 있었다. 빕사니아는 아그리파의 첫 번째 부인의 딸이었다. 티베리우스의 어머니는 아들을 현재 부인의 계모와 결혼시키려고 한 것이다.

이것은 티베리우스가 황제가 되기 위해 통과해야 할 첫 번째 난제였다. 티베리우스는 그가 유일하게 사랑했던 여인과 헤어지고 매력 없는 율리아와 결혼해야 했다.

티베리우스는 황제에 오를 당시 56세였다. 그는 항상 두려움에 시달렸고 누군가에게 위협을 당한다고 생각했다. 고령의 티베리우스 황제는 매우 잔인했다. 왼손잡이였던 그는 늘 단단한 사과를 손에 쥐고 한 손가락으로 사과에 구멍을 냈다. 숱한 사람들을 고문하고 교활하게 살해하였다. 눈이 크고 늘 두려움에 떨었던 그는 내면의 고통 때문에 정상인과 미치광이의 경계선까지 내몰렸다.

로마 제국은 티베리우스가 권력을 잡은 후 독재체제로 변했다. 군주의 절대권한을 세계 역사에 도입한 것 자체가 티베리우스의 비극적인 업적이었다. 그가 재임할 때, 사형 집행이 없는 날이 없었다. 하루에 20건의 사형집행이 이루어지는 날도 흔했다.

티베리우스는 시간이 지날수록 의심이 더 많아졌다. 그는 사람들을 멀리하고 혼자 있는 것을 즐겼다. 그는 재임 마지막 11년을 카프리 섬에서 서신으로 로마를 통치했다.

그는 근위대장 루키우스 아일리우스 세야누스를 전적으로 믿고 대행하게 했다. 그러나 세야누스에게는 오직 한 가지 목표만 있었다. 그것은 로마의 황제가 되는 것이었다. 이 목표를 달성하기 위해 그는 모든 왕위계승자를 제거하기 시작하였다.

세야누스는 티베리우스가 매우 사랑하는 빕사니아의 아들 드루수스를 독살하였다. 세야누스는 드루수스가 암살된 지 8년 후, 목에 밧줄을 두르고 머리에 두건을 쓴 채 처형장으로 끌려갔다. 세야누스의 자녀들도 처형되었다. 세야누스가 쫓아낸 아내 아피카타는 죄 없는 자식들이 죽어가는 모습을 보고 절망에 빠져 자살했다.

6년 후, 티베리우스 황제는 78세로 카프리 섬에서 죽었다. 그는 정신질환과 환청에 시달리면서 마지막까지 자신의 몰락을 가식적인 쾌활함으로 감추려고 했다.

A.D. 37년 3월 16일, 티베리우스가 숨을 거두는 듯했고, 황제의 시녀들이 황제의 죽음을 알렸다. 후계자인 가이우스 카이사르 칼리굴라는 벌써부터 즉위 축하인사를 받고 있었다.

그때 갑자기 티베리우스가 혼수상태에서 깨어나 음식을 달라고 했다는 소식이 들려왔다. 모든 사람들의 얼굴이 새파래졌고, 칼리굴라는 몸이 굳어졌다. 조금 전만해도 자신의 가장 큰 소망이 이루어지는 줄로 알았던 그는 죽으려고 하지 않는 황제의 죽음을 더 이상 기다릴 수 없었다. 칼리굴라는 늙은이의 몸을 무거운 이불로 덮으라고 지시했고, 티베리우스는 질식사했다.

5. 칼리굴라

칼리굴라(Caligula Gaius Caesar, A.D. 12~41)는 로마 귀족의 결혼식 도중에 신부를 납치하여 자기 여자로 삼은 적이 두 번 있었다. 그러나 얼마 지나지 않아 그 여자들을 모두 쫓아냈다.

카이소니아라는 여인은 아름답지도 젊지도 않았고, 사치스럽고 경박한 여자였으나 칼리굴라의 총애를 받았다. 칼리굴라는 그녀에게 군인의 옷을 입히고 투구를 쓰고 방패를 들게 한 다음 자기 곁에서 함께 말을 타게 했고, 친구들에게 종종 그녀의 벌거벗은 모습을 보여주었다.

가장 존경받았던 원로원 의원들은 토가를 입은 채 칼리굴라가 탄 마차 옆에서 뛰어야 했고 칼리굴라가 의자에 누워 있을 때에는 노예처럼 그 뒤에 서 있어야 했다. 그렇지 않은 의원들은 비밀리에 살해되었다.

검투사 경기가 있을 때에는 관객이 더위에 땀을 흘리도록 일부러 천막을 치우도록 명령하고 누구도 경기장을 떠날 수 없게 했다. 그는 종종 굶주린 맹수를 경기장에 풀어놓고 검투사 대신 늙고 병든 사람과 신체적 장애가 있는 한집안의 가장들을 경기장에 투입하기도 했다.

칼리굴라는 사형선고장에 서명을 할 때 "이제야 네가 죗값을 받는구나"라고 중얼거리면서 사형집행자에게 "사형수가 고통스럽게 죽게 하라"고 명령했다.

칼리굴라의 모토는 "그들이 나를 두려워하는 한 증오하게 내버려 두라"였다. 그는 국민의 안녕과 복지도 불만이었다. 큰 불행과 위기가 없으면 사람들이 자신이 통치했던 시대를 기억하지 못할 것이라는 이유 때문이었다. 그는 기아, 역병, 대형화재, 지진 등과 같은 재앙이 닥치기를 소원했다. 그는 자신의 아내나 정부의 목에 키스할 때면 언제나 "이 아름다운 머리도 내 명령 하나면 베어버릴 수 있다"고 나지막이 일러두었다.

거의 미친 사람 같았던 이 황제는 3년 10개월 8일간 로마를 지배했다. 고문, 살인, 막대한 세금 착취 등으로 칼리굴라는 장교들의 미움을 샀다. 근위대의 부군단장을 지낸 카시우스 카이레아는 비록 적은 수였지만 반란군을 결성했다.

그는 A.D. 40년 1월 24일, 칼리굴라가 극장에서 나가려던 순간 황제의 목에 비수를 꽂았다. 그리고 다시 한 번 황제의 가슴을 찔렀다. "나는 아직 살아 있다"고 칼리굴라는 절규했지만 결국 30군데나 칼에 찔리고는 목숨을 잃었다. 한 100인 대장이 칼리굴라의 아내 카이소니아마저 죽였다. 칼리굴라의 딸은 벽에 부딪혀 머리가 깨져 죽었다.

6. 네로

네로(Nero Claudius Caesar Drusus Germanicus)는 A.D. 37~68, 31년간 생존하였으며 14년간(A.D. 54~68) 제위에 있었다. 네로의 황위즉위 과정은 다음과 같다.

칼리굴라를 제거할 때 반란 세력은 방해가 되는 사람들은 모조리 잡아 죽였다. 원로원이 소집되었고 황제 직위 자체를 다시 폐지해야 하는지 여부에 대한 논쟁이 벌어졌다. 그러나 그러기에는 너무 늦어

버린 상황이었다. 군인들이 클라우디우스에게 충성을 맹세하고자 했기 때문이었다.

클라우디우스는 이를 허락했다. 그는 모든 군인에게 1인당 1만 5,000세스테르티우스를 지급하겠다고 약속했다. 그 이후 클라우디우스처럼 돈을 지급하지 않고서는 그 누구도 로마의 황제가 될 수 없었다. 그리고 대개 황제 임기는 지급하는 돈이나 선물의 양과 비례했다.

클라우디우스는 두 번 약혼했으나 결별 또는 약혼녀가 죽었고, 두 번 결혼을 했지만 모두 실패했다. 그리고 세 번째 부인으로 메살리나를 맞이했다. 클라우디우스가 제위에 오를 당시 50세였는데 메살리나는 17살이었다. 나이 차이가 33살이나 났다.

메살리나는 로마의 가장 아름다운 소년인 가이우스 실리우스에게 호감을 느꼈다. 그는 실리우스의 결혼생활을 망가뜨린 후 그를 자신의 애인으로 삼았다. 메살리나는 클라우디우스에게 황위를 이을 아들 브리타니쿠스를 낳아주었는데 그녀가 평생 유일하게 잘한 일이었다. 실리우스는 늙은 클라우디우스가 죽을 때까지 기다리고 싶지 않았다. 그는 24살이 된 메살리나와 결혼하고 브리타니쿠스를 입양하기로 결심했다.

메살리나와 실리우스는 요란한 결혼식을 올렸다. 뒤늦게 왕족 여인 두 명으로부터 이 소식을 전해 들어 클라우디우스 황제도 알게 되었고, 실리우스는 한 사형 집행자의 칼에 맞아 죽었다.

클라우디우스는 식사 도중 메살리나가 죽었다는 소식을 들었다. 술잔을 가져 오라고 하고 한참 술을 마시던 황제는 무엇인가 갑자기 생각났다는 듯 이렇게 물었다. "황후는 왜 식사하러 오지 않나?"

황제는 권세욕에 불타는 율리아 아그리피나와 다시 결혼하였다. 아그리피나는 황제의 형인 게르마니쿠스의 딸이었으므로 조카였다. 이기적이고 교활한 33살의 아그리피나는 온갖 애교와 교태로 황제를 사로잡았다.

아그리피나의 목적은 첫 번째 결혼에서 낳은 아들 네로를 황제로 만드는 것이었다. 아그리피나는 12살의 네로를 클라우디우스의 딸 옥타비아와 약혼시켰다. 네로는 클라우디우스의 친아들 브리타니쿠스와 공동으로 황제 계승 서열 1순위에 올랐다.

네로는 큰 인물이 되기 위한 준비를 해야 했다. 유명한 철학자 세네카가 그의 스승이 되었다. 결국 클라우디우스는 네로를 정식으로 입양하고 왕자 직위를 부여했다. 이로써 아그리피나의 목적이 거의 달성되었다.

그녀는 어느 날 클라우디우스가 좋아하는 버섯 요리를 준비했다. 독약이 든 요리였다. 유명한 독약 전문가 로쿠스타가 아그리피나를 도왔다. 클라우디우스는 버섯 요리를 먹은 후 말을 못하게 되었고 밤새 심한 통증에 시달리다가 아침에 시체로 발견되었다고 한다.

아그리파는 궁전의 모든 문에 감시원을 세워 누구도 출입하지 못하게 했다. 그녀는 브리타니쿠스가 햄릿처럼 아버지가 살해되었다는 의혹을 가지지 못하도록 그를 꼭 껴안고 슬픔을 못 이기는 척 놓아주지 않았다.

A.D. 54년 10월 13일, 황궁의 문이 열렸고, 17세의 네로가 등장했다. 아그리파는 39살이었다. 그녀는 클라우디우스와 공동 통치자였고, 클라우디우스가 살해된 이후에는 사실상 로마의 주인이었다.

네로는 조각과 그림, 성악에 취미를 가지고 있었고 경주와 작시를 즐겼다. 그가 뛰어난 시인의 재능을 갖고 있었으며 훌륭한 문장가였다는 사실은 네로의 시를 직접 보았다는 한 증인의 진술을 통해서도 확인할 수 있다.

아버지의 원수를 갚을 가능성이 있는 클라우디우스 황제의 친아들 브리타니쿠스가 살아 있다는 사실 자체가 네로에게는 매우 위험한 일이었다. 네로는 황위를 찬탈한 지 4개월 만에 브리타니쿠스를 독살하였다.

네로는 검투사 경기에서 검투사들이 죽는 것을 방지하도록 하더니 어느 날 갑자기 400명의 원로원 의원과 600명의 귀족이 서로 맞서서 겨룰 것을 주문했다. 많은 사람들이 피를 흘렸다.

그는 로마를 위한 새로운 건축 양식을 고안해냈다. 집집마다 아치를 설치하여 화재가 발생하면 아치의 꼭대기에서 불을 끌 수 있도록 했다. 로마는 늘 화재의 위험 속에 있었다. 네로는 자비를 들여 주랑 현관(여러 개의 기둥을 줄지어 세운 현관)을 만들게 했다.

네로는 정복 사업에는 전혀 관심이 없었다. 얼간이면서도 예술적인 재능이 탁월한 성격 때문이기도 했다. 그는 직접 성악과 치터 연주를 배우기 시작했고, 순회공연을 강행했다.

알렉산드리아에서 온 관중들이 큰 박수를 보내자 네로는 배편으로 더 많은 사람들을 오게 했다. 시간이 갈수록 황제는 어떠한 박수갈채에도 만족하지 못했다. 그는 로마의 상류층에게 돈을 주고 자신에게 환호하도록 시켰다. 그리고 5,000명의 젊은 남자들을 선정해 박수부대를 구성하고 여러 종류의 박수를 연습하게 했다.

네로는 그의 친구이자 원로원 의원인 오토의 아내, 포파이아 사비나에게 관심을 보였다. 오토가 둘의 관계를 추궁하자 네로는 그를 루시타니아(지금의 포르투갈) 총독으로 임명하여 로마에서 추방하였다. 포파이아는 네로에게 황후 옥타비아와 이혼하라고 설득하면서 황후의 자리를 넘보았고, 이를 반대한 네로의 어머니와 네로의 관계가 악화되었다. 결국 두 사람은 인연을 끊고 말았으며, 아그리피나와 포파이아는 서로를 증오했다.

네로는 어머니를 선박으로 유인하고 그 배를 침몰시켰다. 그러나 아그리피나는 해안가까지 수영을 해서 목숨을 건졌다. 아그리피나는 포위되었고 그녀의 하인들은 끌려갔다. 마침내 네로의 어머니는 살해되었다. A.D. 59년 3월 20일의 일이었다. 군인들이 아그리피나에게 칼을 들이대자 54살의 아그리피나는 소리쳤다. "네로 황제를 낳은 이 몸을 죽이시오."

네로는 자신의 아내 옥타비아를 몇 번이나 목 졸라 죽이려고 했다. 결국은 포파이아의 압력으로 네로는 옥타비아가 아이를 낳지 못한다고 주장하고 이혼했다. 사람들은 20살도 안 된 옥타비아를 뜨거운 목욕탕에 가두고 질식사시켰다. 포파이아는 밤늦게 돌아온 네로를 나무라다가 임신한 상태에서 그의 발에 차여 죽었다.

네로는 궁전 건설을 위해 상상하기 어려울 만큼 많은 돈을 썼다. 황금 궁전이라 불린 건축물은 중앙 홀이 35m 높이의 대형 네로 조각상을 세워놓을 수 있을 만큼 컸다. 이 홀의 길이는 1,480m였다. 국고가 바닥나기까지는 오래 걸리지 않았다. 군인들을 위한 연금 지급이 중단되었다. 그러자 네로는 황제에게 유산의 일부를 기증하겠다고 유언장에 기록하지 않은 유산은 국가에 몰수하였다. 대부분의 관직도 돈을 내야 맡을 수 있었다.

네로는 주변에 있는 사람은 먼 친척이든 가까운 친척이든 모조리 죽이려 들었다. 로마의 제2인자 부루스는 황제가 목에 좋다고 보낸 약을 먹고 즉사했다. 카프카스 산맥에서 유프라테스 강에 이르는 로마의 동쪽 국경을 책임지고 있던 코르불로 총사령관은 네로의 질투에 의해 자결하도록 강요되었다.

황제를 제거하고자 했던 음모가 발각되자 네로는 직접 가담한 사람들뿐 아니라 그들의 자녀들까지 긁어 죽였다. 황제의 광기는 점점 더 심해졌고 끝이 없는 듯했다. 그는 아주 사소한 이유만 있어도 시민들을 죽였다. 트라세아라는 사람은 자살하라는 판결을 받았는데 '그가 퉁명스럽고 무서운 교육자의 인상을 가졌기 때문'이 이유였다.

네로는 옛 건축물과 로마의 좁은 골목이 싫증 나자 로마에 불을 질렀다. 로마 시민들은 방화범이 네로라는 사실을 모두 알았기 때문에 불을 지르기 위해 집에 들어온 네로의 신하들을 막지 못했다. 로마에서는 7일간 불길이 치솟았다. 로마의 2/3가 잿더미로 변했다.

로마 시민들은 납골당, 기념관, 신전 등에 피신해 있었다. 웅장한 궁전과 수많은 신전들, 로마의 수많은 명물이 이때 사라졌다. 네로는 마이케나스 궁전의 탑에서 에스퀼리누스 언덕을 내려다보며 불길의 아름다움에 사로잡혀 일리운(트로이) 점령에 대한 노래를 부르며 이제야 트로이의 불길을 상상할 수 있겠다고 말했다.

네로가 방화사건의 주범이라는 소문이 퍼졌다. 네로는 이 사건을 기독교인들의 잘못으로 돌리고 기독교 박해를 일종의 축제로 만들었다.

14년 동안이나 로마 제국은 이 황제를 참아야 했다. 네로의 어머니가 살해된 지 정확히 8년 되던 날, 갈리아인들의 반란 소식이 전해지고 에스파냐마저도 로마로부터 독립했다는 소식을 듣자 네로는 의식을 잃고 시체처럼 쓰러졌다.

황제는 원로원을 통째로 독살할 계획을 꾸몄다. 자정쯤 되었을 때, 네로는 갑자기 잠에서 깨어났다. 근위병은 그의 곁을 떠나버렸다. 신하들을 불렀지만 아무런 대답도 없었다. 궁궐의 문은 닫혀 있었고, 신하들은 네로의 이불까지 모조리 들고 달아난 상태였다. 심지어 독약도 가져갔다. 파온이라는 해방 노예가 자기 집을 은신처로 내주며 도망가라고 했다. 파온의 집에 도착한 그는 침대에 쓰러져 흐느꼈다. 자기를 생포하기 위해 말을 탄 군사들이 다가오는 것을 본 네로는 에파프로디투스라는 사람의 도움으로 칼로 목을 찔러 죽었다. 그때 네로의 나이 32세였다.

7. 갈바

네로의 죽음과 함께 카이사르의 대가 끊겼다. 네로는 상속자가 없었다. 갈바는 네로의 친아들도 양자도 아니었다. 갈바는 최초의 여섯 카이사르와 피 한 방울 안 섞인 사람이었다. 프랑스 남부 아퀴타니아 지방의 총독이자 집정관이었던 갈바는 게르만과의 전쟁에서 승리를 거둔 로마의 사령관이기도 했다. 73세의 나이에 갈바가 황제가 되었다.

갈바(Servius Sulpicius Galba)는 B.C. 5(?)~A.D. 69년간 살았으며 제위 기간은 A.D. 68~69의 8개월간이었다.

갈바는 중풍으로 고통이 심할 때면 극도로 예민해지고 옹졸해졌다. 이런 순간에는 사소한 의심만 들어도 재판 없이 사람을 처형했다. 황제가 라쿠스 쿠르티우스 호수에 있는 포룸으로 향하는 길에 갑자기 기수들이 나타나 황제를 포위했다.

시민들은 길을 비켜주었다. 중풍으로 인해 흉측한 몰골이 되어버린 갈바를 호위하던 사람들은 순식간에 사라졌다. 갈바는 자신의 끝을 예감했다. 그를 죽이러 온 사람들에게 순순히 자신의 목을 내주었다.

8. 로마, 2세기의 평화, 3세기의 위기

96~180년간 로마의 황제 네르바(96~98), 트라야누스(98~117), 하드리아누스(117~138), 안토니누스 피우스(138~161), 마르쿠스 아우렐리우스(161~180)로 이어지는 5현제(賢帝) 시대는 로마의 가장 행복하고 평화로운 시기였다.

5현제의 마지막 황제인 마르쿠스 아우렐리우스를 제외한 네 황제는 모두 후계자를 친인척이 아닌 유능한 젊은이를 골라서 제위를 계승시켜 평화로운 황위 계승을 가능케 한 전통을 만들었다.

일본의 기업인의 자식이 무능하면, 유능한 젊은이를 데릴사위로 맞아 가업을 계승시키는 전통과도 유사했다고 보인다.

철인 황제였던 마르쿠스 아우렐리우스는 무능한 패륜아인 코모두스에게 교살(영화 <글래디에이터>) 또는 독살되어 자식에 의해 계승되었다. 코모두스 자신도 192년 한 궁정 파벌에 의해 교살되었다. 분명한 후계자가 없어 속주의 군대들에 의해 내란으로 휩쓸린 뒤 한 속주의 군 사령관 세베루스가 승자로서 193~211년간 계승하였다. 이후 속주의 군대가 임의로 제국의 정치에 개입하게 되어 235~284년 약 50년간에 26명의 군인 황제들 가운데 1명을 제외한 25명이 모두 폭력에 의해 목숨을 잃었다.

군사령관들은 군대의 지지를 얻기 위해 관할 지역을 재정적으로 고갈시켰고, 전염병으로 3세기 로마 인구의 1/3이 감소되었다. 260년에 페르샤 군은 발레리아누스(253~260) 황제를 사로잡아 페르샤 지배자의 발판 노릇을 하게 한 뒤 시신은 박제를 만들어 매달아 전시하기에까지 이르렀다.

제5부
러시아의 황제와 현대 지도자

러시아의 황제와 현대 지도자

러시아의 국가적 기틀은 826년 전설적인 인물 루릭이 마련하였다. 러시아 역사에 있어 최초의 통일국가는 올레그가 탄생시킨 키에프 시대였다.

러시아 역사에 가장 큰 충격을 준 것은 몽고가 지배한 240년(1240~1480) 이었다고 본다. 왜냐하면, 러시아의 지배자들은 타타르족(몽고계 유목민족)의 영향으로 서서히 독재를 배워갔고, 그들에게 조공을 바치기 위해 언어와 행동을 모방하였기 때문이다.

러시아 역사의 전체를 통해 나타난 2가지 요소, 독재 정치와 농노제는 바로 타타르 지배의 영향에서 시작되었기 때문이다. 모스크바는 타타르족에게 조공을 바치는 중심 역할을 하며, 세력을 쌓아 타타르족을 물리치는 핵심 역할을 하면서 등장하게 되었다.

1480년 초, 이반 3세는 타타르인의 지배를 종식시킨 장본인이 되었으며, 그의 아들 바실리 3세는 '러시아의 진정한 통일시대'를 열어놓은 주역이 되었다. 이 시기로부터 국가 권력 승계상 문제가 있었던 경우를 살펴본다.

20세기 러시아의 저명한 사상가 베르쟈예프는 "러시아 공산주의를 이해하는 데는 마르크스주의에 관한 지식은 별 도움이 되지 못한다. 왜냐하면, 러시아 공산주의는 러시아 역사에 의해 그 한계가 결정되고 성격이 규정되었기 때문이다"라고 말한 바 있다.

1. 이반 4세(이반 뇌제, 1533~1584)

스스로를 차르(Czar, 카이사르란 뜻)라 칭했던 바실리 3세가 1533년 죽자, 그의 아들인 이반 4세 즉, 이반 뇌제가 세 살에 왕위를 계승하였다. 그의 어머니인 대공비 엘레나(Elena)가 섭정하였다. 엘레나는 그녀의 형제들인 글린스키 가문의 귀족들을 정치에 참여시켰다.

1538년, 엘레나가 독살되었다는 소문 속에 엘레나가 급사하면서 권력은 슈이스키 가문의 공작들이 탈취해갔다. 그들은 엘레나의 사랑을 받았던 보좌관 오블렌스키를 비롯한 다른 가문의 귀족들을 가둔 뒤 굶겨 죽이는 방법으로 숙청하였다.

그러나 뒤이은 권력투쟁으로 권력은 벨스키 가문-보론초프 가문-슈이스키 가문으로 옮겨가며 유혈 숙청이 잇달았고, 권력을 쥔 가문은 자신들의 이익에만 몰두했다.

이반 4세

이러한 권력 다툼 속에서 냉대받으며 자란 이반 4세는 그 성격이 정상적일 수 없었다. 그의 평생을 지배한 의심하는 버릇과 잔인성, 편집광은 이 과정에서 생긴 것이었다. 그는 결국 정신분열 증세를 갖게 되었다.

1547년 이반 4세가 17세가 되던 해, 그는 차르에 즉위하고 아나스타샤 로마노프를 왕비로 맞이하였다. 그가 즉위한 직후인 6월에 모스크바에 큰불이 일어나 2만 5,000 농가가 불타고 1,700명이 죽는 사고가 발생하자 글린스키 가문이 불을 질렀다는 소문이 나돌면서 주민들이 폭동을 일으켰다. 이 과정에서 이반 4세의 삼촌인 유리 글린스키 공작을 찢어 죽이고 집을 파괴하였다.

전국회의를 소집하여 국가 발전을 꾀하던 이반 4세는 1560년 아내 아나스타샤가 죽고, 그녀가 독살되었다는 풍문이 돌자 이반 4세의 의심증, 잔인성, 정신분열증세가 폭발하였다. 피의 숙청이 시작된 것이다.

1564년, 이반 4세는 돌연히 한 달 이상 행방불명이 되었다. 그가 다시 귀환하는 조건은 두 가지였다.

그 조건은 오프리츠니나(황실령)를 그에게 허용할 것과 반역자에 대한 처치는 오직 자신만이 할 수 있다는 것이었다.

오프리츠니나로 전 국토의 1/2 이상을 차지하게 되었으며 영지확장을 위해 친위대인 오프리츠니크를 조직하였다. 이들은 검은 옷을 입고 말안장에는 개의 머리와 빗자루를 달고 다녔는데 이는 국가의 반역자들을 모조리 물어뜯어 쓸어버리겠다는 의미였다. 오프리츠니크의 행동은 8년 동안 전 러시아를 공포의 도가니로 몰아넣었다.

이 양상은 1917년 10월 혁명 후인 1918년 초, 제르진스키가 우두머리가 되어 생긴 비밀경찰 '체카'와 1922년 2월 내무부 아래 설치된 '게페우(GPU)'와 유사하다.

1566년 공작과 귀족들로 이루어진 국민회의에서 오프리츠니나를 폐지하자는 청원을 내자 이반 4세는 청원에 관련된 200여 명을 처형하였다. 성직자들이 이를 비판하자 대주교를 비롯한 수도원의 고위

성직자를 독살하거나 수감하였다.

대귀족회의 의장인 페트로비치 표도로프도 살해되었다. 1570년 노브고로드에 철퇴가 내려졌다. 한 달에 걸쳐 고문과 처형이 계속되어 형체를 알아볼 수 없는 사상자들이 매일 강물에 던져졌다.

1572년, 오프리츠니나가 폐지되고 학살이 금지되었다.

1584년, 주색에 곯은 이반 4세가 54세의 나이에 죽었다.

이반 4세에게는 원래 세 아들이 있었다. 황태자였던 첫 번째 아들 이반은 발작한 이반 4세의 쇠 지팡이에 맞아 죽었다. 첫 번째 아내에게서 난 표도르(Feodor)와 일곱 번째 아내에게서 난 생후 6개월 된 드미트리가 있었는데 드미트리에게는 왕위 계승권이 없었다. 결국 표도르가 차르의 자리에 올랐다.

2. 표도르 1세(1584~1598)

표도르는 병약하고 어리석어 나랏일을 제대로 볼 수 없었다. 그는 러시아의 현실과는 동떨어진 세계에 살고 있었다. 대부분의 시간을 기도하는 것으로 보냈으며 색다른 소일거리가 없었다.

농민들은 늘어나는 부채 부담과 극심한 중노동을 요구하는 환경에서 벗어나기 위해 그들의 거주 지역에서 이탈하기 시작했다. 15년이 채 안 되는 표도르 1세의 통치기간에 러시아 중심 지역의 인구가 급격히 줄어들었다.

전반적인 국가질서가 혼란에 빠지자 귀족계급이 다시 힘을 얻기 시작하여 독재정치에 대항하는 세력으로 소생하기 시작했다. 그 가운데서 가장 강한 힘을 갖게 된 사람은 이반 4세의 비밀경찰 두목으로 표도르 1세의 처남인 타타르의 후예, 보리스 고두노프였다. 차르의 권력이 고두노프에게 넘어간 것이다.

한편, 드미트리는 고두노프의 명령에 따라 어머니와 함께 모스크바 북쪽의 작은 도시 우글리치로 쫓겨났다가 죽었는데 고두노프가 사람을 시켜 죽였다는 소문이 나돌았다. 이런 가운데 1598년 표도르 1세가 후계자 없이 세상을 떠났다.

새로운 차르를 선출하기 위해 '전국회의'가 소집되었고 여기서 고두노프는 정식으로 차르에 선출되었다.

3. 보리스 고두노프(1598~1605)

정권을 잡은 고두노프는 먼저 국민들을 계몽하기 위하여 모스크바에 대학을 세우려고 했다. 그러나 외국의 잡다한 사조들이 들어와, 국가 전체가 혼란에 빠질 것이라는 교회의 강력한 반발로 뜻을 이루지 못하였다.

1601년 러시아 전역에 가뭄과 기근이 닥쳐 그해에 100만 명 이상이 굶어 죽었다. 약탈이 일상화되는 혼란 속에서 드미트리가 죽지 않고 살아 있다는 유언비어가 퍼졌다. 이 소문은 당시 고두노프를 시기하던 귀족들이 그를 합법적으로 제거하기 위해 조작한 술책이었다.

귀족들은 추도프 수도원에서 도망친 수도사

보리스 고두노프

그리고리 오트레피예프가 드미트리라는 소문을 퍼뜨리게 한 다음 폴란드 귀족들에게 소개하고 폴란드 왕 지그문트 3세를 만나게 했다.

여기에서 오트레피예프는 지그문트 3세가 병력조직을 도와주어 모스크바 원정에 성공한다면, 폴란드에게 스몰렌스크와 세베르스키 지역을 넘겨주고 영구적인 동맹을 맺으며 가톨릭 선교를 허용하겠다고 약속하였다.

1604년, 폴란드인과 농민 등으로 구성된 부대가 모스크바로 향해 진군하자, 대귀족과 지주들에게 반항하여 반란을 일으킨 농민과 도시민들이 환영하고 지지하였다.

1597년, 제정된 법률은 농노는 죽을 때까지 주인에게 봉사하도록 강제하고 있었다. 사는 것이 괴로운 농노와 주민들은 자신들을 구해 줄 좋은 차르를 기대하는 심리가 팽배하였다. 결국 기대심리(메시아니즘)는 가짜 드미트리에게 희망을 걸게 되었고, 지방 관리들까지도 가짜 드미트리 편에 서게 되면서 대세가 기울게 되었다.

1605년, 고두노프가 갑자기 사망하면서 모스크바는 오트레피예프의 수중에 들어갔다. 모스크바 귀족들은 재빨리 그들의 칼을 고두노프 가문에 들이댔고, 모스크바에 입성한 오트레피예프는 드미트리가 살해된 진상을 당시의 조사관인 바실리 슈이스키에게 발표하도록 하였다.

"고두노프가 보낸 자객이 죽인 사람은 드미트리가 아니고 한 수도사의 아들이었다"고 발표했다. 격분한 군중은 고두노프의 일가친척을 살해한 후, "그들은 자신의 죄를 알고 음독자살했다"고 공표하였다.

4. 가짜 드미트리 1세(1605~1606)

고두노프 정권이 무너지자 가짜 드미트리 1세에 의한 통치가 시작되었다.

그는 약속을 지키기 위해 정부의 주요 관직을 대부분 폴란드인에게 내주었고 많은 재물을 주었다. 신부를 데려올 때는 금으로 가마를 만들기까지 했다.

그들이 곧 법이었고 물건은 물론 여자들까지도 마음대로 빼앗았다.

국민들의 원성이 높아지자 교활한 바실리 슈이스키는 현재의 정부를 무너뜨리고 자신이 권좌에 앉아 보려고 꾀하였다.

1606년 5월 17일, 오트레피예프와 그의 신하들이 술에 취해 깊은 잠에 빠진 틈을 이용하여 교회의 종소리가 신호로 울렸다. 모스크바 시내의 전 폴란드군인들은 모두 죽임을 당했다. 이로써 가짜 드미트리 1세에 의한 13개월간의 통치는 끝이 났다.

가짜 드미트리 1세는 창문에서 뛰어내리다 다리가 부러졌으며, 그를 죽인 다음 붉은 광장에 내던져 불태워졌다.

가짜 드미트리   진짜 드미트리

5. 바실리 슈이스키(1606~1610)

바실리 슈이스키는 '가짜 드미트리 1세'를 성공적으로 제거하면서 새로운 시대의 인물로 제위에 올랐다.

그러나 그간의 혼란된 분위기가 완전히 가라앉지 않은 가운데 키예프 동북쪽에 있는 도시 푸치블리에 자신이 '차르 드미트리'의 지방관이라고 주장하는 인물이 또다시 나타났다.

그의 이름은 이사예비치 볼로트니코프로 카자크인이며 전투 포로였던 자로 차르를 사칭하며 쉽게 수만 명의 군대를 모았다. 모스크바 남부의 작은 도시에서 정부군과의 첫 전투가 일어났는데 정부군은 며칠 만에 패배하였다. 볼로트니코프 군은 100일도 되기 전에 모스크바에 접근하였다. 모스크바 근교에서 약 3일간의 전투에서 정부군의 위세가 강해지자 볼로트니코프 군의 일부가 슈이스키 쪽으로 합세하여 볼로트니코프 군은 포획되었다. 이들은 사형에 처해졌고, 겨우 목숨을 건진 볼로트니코프는 도망병들을 다시 모아 칼루가에 새로운 진지를 구축하였다.

칼루가에서도 견디지 못한 볼로트니코프 군이 툴라로 빠져나가자, 여기서 표트르 황제의 아들이라고 자칭하는 일리야 고르차코프라는 인물과 합류하면서 큰 힘을 이루게 되었다.

약 한 달 후, 슈이스키는 15만 명의 병력으로 2만 명의 반란군을 100여 일 동안 공격하였으나 별 진전을 보지 못했다. 마침내 툴라 요새를 관통하는 하천의 하류를 막아 식량과 탄약이 모두 수장되었다. 슈이스키는 '무기를 버리고 나오는 사람은 모두 자유롭게 풀어주겠다'고 제안한 뒤, 나온 병사들을 모두 죽이면서 혼란의 불씨를 없앴다.

혼란이 수습되는 과정에서 폴란드가 재차 간섭을 해왔다. 그들은 '가짜 드미트리 2세'를 내세워 그에게 병사와 무기를 공급했다. 가짜 드미트리 2세는 모스크바로 향했고, 새로 구축한 진지 안에서 가짜 드미트리 1세의 아내였던 므니쉐크를 아내로 맞아들였다.

가짜 드미트리 2세

슈이스키는 양면으로 공격을 받고 있었다. 밖에서는 가짜 드미트리 2세가 조여들어 오고, 안에서는 반기를 들었던 일부 귀족들이 가짜 드미트리 2세와 손을 잡았기 때문이었다. 드미트리 2세의 부대는 전국을 돌아다니며 약탈하였다. 가짜 드미트리 2세는 '투시노의 악당'이라 불리며 러시아 내부를 혼란스럽게 하였다.

자력으로 대내외 상황을 처리하는 것이 어렵다고 판단한 슈이스키가 스웨덴군을 끌어들이자, 러시아에 상륙한 스웨덴군이 노브고로드를 점령해버렸다.

당황한 슈이스키는 자기의 조카이며 총사령관인 미하일 스코빈 슈이스키에게 투시노 요새를 공격하도록 하였다. 1610년, 투시노 요새의 공격에는 성공했지만 위협은 계속되었다.

모스크바 내부에서 귀족들이 스코빈 슈이스키를 새로운 차르로 임명하려는 움직임이 일자, 이에 불안을 느낀 바실리 슈이스키는 자기 조카인 스코빈 슈이스키를 독살하였다.

이 사실을 알게 된 귀족들은 귀족회의를 소집하여 바실리 슈이스키를 퇴위시켜 강제로 삭발한 뒤 수도승을 만들었다. 이로 인해 러시아는 또다시 통치자가 없는 상태가 되었다.

6. 공위시대(空位時代, 1610~1613)

1610년 여름, 폴란드군은 지체 없이 모스크바를 공격하였다. 피해를 최소한으로 줄인다는 명분으로 폴란드 쪽으로 기울어진 귀족들이 가짜 드미트리 2세와 손을 잡으니 드미트리 2세의 부대는 러시아 전국을 돌아다니며 약탈을 일삼았다.

그들은 폴란드의 어린 왕자 블라지슬라프를 권좌에 앉히기로 결정하였다. 1610년 9월, 러시아를 등진 귀족들은 모스크바 성문을 열어 폴란드군의 입성을 환영하였다.

폴란드군은 모든 러시아인의 재산을 강탈하고 모아들인 재산은 모두 본국으로 옮겼다. 러시아 주민들을 모두 추방시켰고, 반항하는 주민은 모두 죽였다. 이때 발생한 사상자 수는 하루에 7,000여 명이 넘었다.

마침내 러시아 주민들이 대규모 저항을 시작하였다. 수백 명 단위로 집단을 형성하여 모스크바 전역에서 유격전을 벌였다. 모스크바 시내는 이로 인해 불바다가 되어갔다. 전 국민이 외세에 강하게 저항하여 '국민적 해방운동'이 일어났다.

러시아 수호를 위해 구체적인 조직 편성에 들어간 지도자는 상공인 출신의 코지마미닌이었는데 그는 군자금도 모으기 시작했다. 그리하여 성공적으로 부대를 편성하고 무기 공급을 할 수 있게 되자, 코지마미닌은 국민군의 지도자를 뽑고자 각 대표들을 불러 모았다. 여기서 드미트리 포자르스키가 국민군 총사령관으로 선출되었다.

폴란드의 지그문트 3세가 거느린 부대와 포자르스키의 러시아 국민군이 모스크바를 중심으로 이루어진 전투에서 1612년 10월 마침내 포자르스키의 러시아 국민군이 폴란드군을 격파하면서 모스크바의 해방이 이루어졌다.

미하일 로마노프

가장 골치 아픈 외세의 개입을 중단시키자 포자르스키는 새로운 통치자를 뽑기 위해 즉시 국민회의를 소집하였다. 1613년 귀족과 농민에 이르기까지 거의 모든 계급의 사람들이 모였고, 여기서 러시아 역사의 한 장을 여는 16세 소년, 미하일 로마노프를 차르로 선출했다.

만일 로마노프 왕조의 초기 지도자들이 '모든 자유계급 대표'가 참석하는 국민회의(젬스키 사보르)를 발전시켜 나가고 그 왕조 탄생의 밑거름이었던 국민과의 협력을 중시했다면 러시아의 역사는 크게 달라졌을 것이다.

7. 알렉세이 마하일로비치(1645~1676)

1645년, 미하일 로마노프가 죽고 16세의 나이에 알렉세이 미하일로비치가 제위에 올랐다. 황후 마리아 밀로슬라프스카야의 형부인 모로조프가 황제를 양육했기 때문에 권력이 모로조프와 밀로슬라프스키 가문에 넘어가고 말았다. 특히 모로조프가 권력을 독차지하면서 국민들의 원성을 샀다.

지나친 납세의무에 시달리던 도시 외곽 상인들과 빈민들이 1648년, 모스크바를 비롯한 여러 도시들에서 봉기하였다. 모로조프는 상비군에 발포를 명령했으나 상비군은 오히려 봉기군중의 편에 섰다. 힘을 얻은 군중은 지배계층의 집들을 파괴하였다. 붉은 광장에 운집한 시민들은 모로조프를 내놓으라고 외쳐댔다.

놀란 차르는 모로조프와 같이 숨어들어 온 플레스체에프와 트라하니오토프를 처형하고 모로조프를 모스크바에서 추방하겠다고 약속했다.

도시의 봉기는 1650년, 1662년에도 되풀이되었다. 세금은 은화로 받고 대금은 동화(銅貨)로 지불하면서 물가가 폭등하였다. 이른바 '동전반란'이 일어난 것이었다.

차르는 무력으로 이를 진압하여 약 7,000명을 죽였으며, 약 1만 5,000명을 불구로 만든 뒤 유배지로 보냈고, 나머지 사람들의 이마에는 반란자를 뜻하는 러시아어 분토프슈치크(Buntovshchik)의 머리글자 B가 문신으로 새겨졌다.

1667년, 스텐카 라진의 농민반란이 일어났다. 진압과정에서 죽어간 사람의 수는 10만 명에 이르고, 1671년 6월 6일 스텐카 라진도 붉은 광장에서 처형되었다. 망나니는 그의 한쪽 팔, 한쪽 다리, 그다음 그의 목을 쳤다.

8. 표도르 3세(1676~1682)

1676년, 차르 알렉세이가 죽었다. 그의 뒤를 이어 첫 황후의 장남 표도르가 즉위했다. 15세였던 표도르는 반 환자였기 때문에 대관식에도 걸어갈 수가 없었다. 두 차례의 결혼을 통해서도 후계자를 출생시키지 못한 채 1682년, 27세의 나이로 죽었다.

9. 이반 5세(1682~1689)

차르 알렉세이 때, 첫째 황후 밀로슬라프스키 집안이 정권을 장악했다. 첫 번째 황후가 죽은 뒤, 알렉세이는 나리슈킨 집안에서 두 번째 황후를 얻었고 정권은 나리슈킨 집안으로 넘어갔다.

알렉세이가 죽고, 표도르가 즉위하면서 권력의 추는 다시 밀로슬라프스키 집안으로 옮겨졌다. 누워서 러시아를 통치하던 표도르가 후사를 남기지 못한 채 죽은 뒤 계승의 문제는 심각해졌다.

후보는 알렉세이의 첫째 황후의 아들이자 표도르 3세의 동생인 이반과 둘째 황후의 아들이며 표도르 3세의 이복동생인 표트르 두 사람이었다.

궁정의 관례로 보면, 첫째 황후의 아들이고 표트르보다 6살 위인 이반이 당연히 계승해야 했다. 그러나 이반은 장님에 가까웠고, 다리를 절었으며 말하는 데도 어려움이 있었다. 반면, 표트르는 나이에 비해 몸이 컸고 활동적이며 영민했다.

그러나 문제의 핵심은 반드시 나타날 섭정이 어느 집안에서 나올 것이냐는 것이었다. 대귀족과 총주교를 비롯한 귀족회의는 표트르를 새로운 차르로 선포했다.

이반 5세의 친누이인 황녀 소피아를 중심으로 하는 밀로슬라프스키 집안은 이에 승복하지 않았다. 성격이 강한 소피아는 밀로슬라프스키 집안사람들과 상의해 모스크바 친위부대인 스트렐치를 동원하게 되었다.

스트렐치는 이 무렵, 22개의 연대 2만 3,000명으로 구성되어 '정부를 위기로부터 구하는 일', 즉 차르의 보호를 1차적 책임으로 삼고 있는 부대였다. 지적 수준은 낮고 정치에 대해 무지했으며, 쇄신을 싫어하고 개혁을 반대하며 기존의 방식을 좋아하는 차르의 비호 아래 많은 특권을 누리고 있었다. 그들이야말로 러시아에서 권력의 열쇠였다.

소피아를 중심으로 하는 밀로슬라프스키 집안은 이들이 불안하고 흥분할 만한 여러 가지 유언비어를 퍼뜨렸다. 단순한 스트렐치들은 그대로 궁성으로 뛰어들어가 곧바로 나리슈킨 집안의 권신들을 죽이고 이반을 제1차르로, 표트르는 제2차르로 선포하였다. 소피아는 스트렐치들을 조종하고, 이반 5세의 친누이로서 섭정하게 되었다.

독신녀였던 소피아의 섭정시대는 1682년부터 1689년까지, 그녀가 25세부터 32세가 되는 7년 동안 계속되었다. 이 시기에 그녀의 통치를 뒷받침한 신하들은 외삼촌인 이반 밀로슬라프스키, 스트렐치의 신임 사령관 표도르 샤클로비티, 고승(高僧) 실리베스트르 메드베데프 등이었고 가장 중요했던 이는 권력과 사랑을 함께 나누었던 총리 골리친이었다.

10. 표트르 1세(1689~1725)

1689년 소피아는 차르로 즉위하려는 계획을 은밀히 추진하고 있었다. 소피아의 욕망을 눈치챈 반(反)소피아 및 반골리친 세력은 표트르를 중심으로 모여들었다.

표트르는 모스크바 근교의 프레오브라젠스코예에 머물며 자신의 소년병 부대들과 함께 병정놀이에 몰두하는 한편, 수학과 포병술, 역사학 등을 공부하였다. 그는 1689년에 결혼하면서 러시아의 관습에 따라 성년으로 간주되고 있었다.

소피아와 표트르 사이의 긴장이 높아가던 어느 날 밤, 소피아가 스트렐치를 동원했다는 소식이 전해졌다. 표트르는 서둘러 전통적인 피난처인 트로이츠키 수도원으로 달아났다.

스트렐치조차, 그곳을 공격하기 위한 진군을 결심하기는 쉽지 않을 것이었다. 표트르의 어머니 곧 모태후와 그의 황비, 총주교와 궁정 대귀족들 그리고 그의 소년병 부대가 곧바로 달려왔다. 대세는 표트르에게 기울었다. 표트르는 소피아를 노보데비치 수도원에 가두고, 골리친을 비롯한 그녀의 측근들을 처형하거나 유배시켰다.

소피아는 1704년 47세의 나이로 죽을 때까지 15년 동안, 수도원 밖을 한 번도 나가지 못했다. 몇백 년 동안 러시아의 여성들은 내실의 어둠 속에 묻혀 지냈다. 그녀는 이 관습을 깨고 한낮의 햇빛을 향해 뛰쳐나왔으며, 정권마저 장악했다. 그녀의 뒤를 따라 러시아 역사에는 4명의 여성 황제가 등장한다.

권력은 이제 표트르 어머니 친정인 나리슈킨 집안으로 돌아갔다. 1696년 2월, 제1차르 이반 5세가 29세의 나이로 죽었다. 이에 따라 표트르는 유일한 차르로 러시아 국가의 실질적인 최고 지배자가 되었다.

1697년 3월, 표트르 자신이 '포병 상등병 표트르 미하일로프'라는 이름으로 250명 이상으로 구성된 '대사절단'에 포함되어 유럽을 순방하였다. 오스트리아에서 이탈리아로 출발하려던 때인 1698년 7월, 스트렐치의 일부가 반란을 일으켰다는 급한 보고를 받고 15개월에 걸쳤던 외유를 중단하고 8월에 모스크바로 돌아왔다.

표트르는 친위병 반란자들을 직접 심문하며 담금질까지 가하는 철저한 고문 끝에 밀로슬로프스키 가문과 소피아가 개입되었다는 자백을 얻어내었다. 표트르는 1,700명이 넘는 관련자들을 무자비하게 직접 처형했다.

소피아는 삭발하고 여승의 길을 밟게 하였으며, 그녀와 관련 있는 것으로 보이는 197명은 그녀가 유폐생활을 하는 사원 부근에서 처형했고 특히 3명은 그녀의 침실 창문 밑에서 처형하였다. 황태자 알렉세이가 음모에 관련되었다는 사실을 자신의 직접 심문을 통해 파악한 그는 친아들마저 용서하지 않고 투옥한 뒤 독살하였다.

1700년, 터키와 휴전 협정을 체결하고 스웨덴의 칼 12세가 폴란드와 분규를 일으키는 사이 네바 강 하구를 획득하였다. 그곳에 1703년부터 새 수도 건설을 시작하여 1712년에 가서야 대체로 끝났는데, 10만 명 정도의 노동자가 작업 도중 죽어 그대로 현장에 묻혔다. '뼈 위에 세워진 도시'라는 별명을 얻기에 이르렀다. 그 도시가 페테르부르크 또는 세인트 피터즈버그이다.

스웨덴과의 전쟁인 '대북방 전쟁'은 1700년부터 21년 동안이나 계속되었으며, 스웨덴을 완전히 굴복시키고 발트 연안의 광대한 지역을 장악하면서 고대 노브고로드 땅을 되찾았다.

1708년, 스웨덴의 칼 12세가 러시아를 침공하였고, 1709년 폴타바 전투에서는 스웨덴군의 총탄이 표트르의 투구와 말안장을 관통하였으나 그는 무사했다.

표트르 대제 때에 와서 비로소 러시아는 모스크바 대공국의 틀로부터 벗어났으며, 제정 러시아가 되고 세계적 강국의 반열에 들었다. 그는 '피터 대제'라는 이름에 충분히 어울릴 만한 위대한 업적을 러시아 역사에 남겼다.

1725년 2월, 표트르 대제는 후계자를 지명하지 못한 채 53세의 나이로 사망하였다.

11. 예카테리나 1세(1725~1727)

1722년, 표트르 대제는 왕위 계승을 둘러싼 혼란과 음모를 막기 위해 새로운 왕위 계승법을 제정하여 군주가 후계자를 지명하도록 하였지만, 자신은 후계자를 지명하지 못한 채 사망했다.

이에 알렉산더 멘시코프를 포함한 표트르의 측근들은 구 귀족세력이 대두하는 것을 두려워한 나머지 근위대와 결탁하여 표트르의 두 번째 황후인 예카테리나 1세를 여황제로 옹립하였다.

표트르 1세가 죽은 1725년부터 알렉산드르 1세(1801~1825)가 즉위한 1801년까지 76년 동안, 제위의 계승은 극도의 난맥상을 보여 권력의 소재는 열 차례나 옮겨졌다. 그 가운데 일곱 차례는 아버지와 아들, 남편과 아내 사이의 살해와 쿠데타 등 비정상적인 방법이었다. 엘리자베타 여제(1741~1762)와 예카테리나 2세(1762~1796)를 제외하면 모두 10년 미만이라는 짧은 기간 제위에 있었을 뿐이다.

표트르 대제의 죽은 아들인 알렉세이의 어린 아들 표트르는 정통적 왕위 계승권에서 밀려났고, 러시아의 제위는 볼테르가 말한 대로 세습제도도 아니오, 선출제도 아닌 점령제가 되었다.

표트르 대제의 미망인인 예카테리나 1세는 비교적 평온하고 안정되게 잘 다스렸다.

12. 표트르 2세(1727~1730)

예카테리나 1세의 뒤를 이은 표트르 2세 때는 평온이 지속될 수 없었다. 그가 왕위에 오르게 된 배경은 멘시코프와 구 귀족들의 합의에 의한 것이었다. 그러나 점차 그들의 이해관계가 엇갈리자 대립 투쟁으로 일관되고 말았다.

1730년, 표트르 2세는 결혼식 전날 천연두로 죽었다.

13. 안나 이바노브나(1730~1740)

표트르 2세가 죽은 후, 이반 5세의 딸이며 쿠를란드 공국의 대공비인 안나 이바노브나가 여황제로 추대되었다.

귀족들은 여황제의 권한을 제한하는 조건으로 그녀를 제위에 옹립하였다. 그러나 여황제는 그들의 생각처럼 만만한 상대가 아니었다.

그녀는 신흥귀족과 추밀원의 중심세력인 구 귀족 간의 불화를 이용하여 자신이 서명한 조건들을 무효화시키며 독재 군주로서의 권한을 재확립하였다.

그녀가 가장 아끼는 신하는 독일 출신의 비론이었는데, 비론은 무식하고 횡포가 심하였고 독일인을 요직에 임명해 러시아인들은 그에게 반발하고 있었다. 뿐만 아니라 안나 이바노브나는 자신의 후계자로 조카딸의 아들인 이반을 내정하고 비론을 섭정으로 지명했다.

1740년, 안나 이바노브나가 죽었다.

14. 이반 4세(1740~1741)

안나 이바노브나가 사망한 후에 생후 2개월인 이반 4세가 즉위하였다. 비론의 뒤를 이어 이반 4세의 어머니 안나 레오폴도브가 섭정을 하였다.

외국인들의 득세에 불만을 품고 있던 근위대는 1741년 쿠데타를 일으켜 이반과 섭정 세력인 독일인들을 축출하고, 표트르 대제의 딸 엘리자베타를 제위에 옹립하였다.

15. 엘리자베타(1741~1761)

엘리자베타는 근위대 장교복장을 입고 병영에 나타나 근위대의 지지와 지원을 요청하여 제위에 오르는 데 성공했다. 엘리자베타는 국민들에게 표트르의 민족 옹호 정책을 계승할 것이라고 약속했고, 그녀의 치세 중에 문화적 개혁정책은 가장 뛰어난 업적으로 꼽히고 있다.

이 시기인 1755년, 러시아 최초의 대학인 모스크바 대학이 설립되었다. 볼로냐(1088), 오를레앙(1220), 하이델베르크(1386), 옥스퍼드(1100 말), 소르본(1257), 하버드(1636)보다 뒤늦긴 했으나 그나마 다행이었다.

엘리자베타는 제위 계승자로 자신의 조카인 홀슈타인 고토르프 공국의 표트르 3세를 지명했다. 표트르 3세는 루터교회의 신도로 프로이센식 교육을 받아 러시아 관습에 익숙하지 못

엘리자베타 여제

했다. 그래서 표트르 3세를 러시아로 초대하여 러시아 정교신앙 및 관습에 익숙해질 수 있는 기간을 주었다.

표트르 3세는 14세가 되던 해부터 러시아 궁정에 살며 독일 안할트 제르프스트 공국의 공주이며 후에 예카테리나 2세로 불린 소피아도로테와 결혼했다.

그러나 표트르 3세는 유년기 교육의 영향으로부터 벗어나지 못했다. 철저한 독일인으로서 러시아의 모든 생활을 독일식으로 바꾸고자 하여 러시아인들의 불만을 샀다. 프리드리히 2세를 열광적으로 숭배했던 그는 러시아의 국익보다 프로이센의 안위를 더 염두에 두었다.

1757년, 프로이센에 의해 시작된 7년 전쟁이 장기전 양상을 띤 상황에서 1761년 12월, 엘리자베타가 사망하자 독일파 표트르 3세가 제위에 오르게 되었다.

16. 표트르 3세(1762)

표트르는 제위에 오르자마자 동맹국이었던 오스트리아와 전쟁을 벌였고, 프로이센의 프리드리히 2세와는 강화조약과 동맹을 맺었다.

당시, 러시아는 프랑스, 오스트리아와 연합하여 프로이센 및 영국을 상대로 전쟁 중이었다. 이런 상황에서 전세가 러시아에 유리하게 전개되어 1760년, 러시아군 선봉부대가 베를린에 입성하여, 프리드리히 대왕은 거의 자살 지경에 이르렀다. 1761년 엘리자베타가 죽던 날 표트르 3세는 프로이센에 대항하는 군사 활동을 중지시키고, 동맹국이었던 오스트리아와 싸우도록 명령하였다. 위기에 빠진 프로이센이 회복할 기회를 주었던 것이다.

여러 행동으로 표트르 3세가 러시아인의 반감을 사고 있었던 것에 반해 황비는 신중하고 현명하게 처신하여 환심을 얻었다. 그녀는 15세에 러시아 황실에 들어와 러시아 정교에 입교하여 예카테리나라는 세례명을 받고, 표트르 3세로 즉위한 황태자와 결혼했다가 남편을 죽이면서까지 제위에 올랐다.

그녀의 즉위과정에는 귀족과 황궁 수비대의 역할이 컸다. 그녀는 장교복장을 입고 근위대 병영에 도착하여 쿠데타를 선도했다. 표트르 3세는 폐위되었다가 예카테리나 2세의 오른팔이었던 그리고리 오를로프 백작의 동생 알렉세이에 의해 살해되었다.

17. 예카테리나 2세(1761~1796)

예카테리나 2세는 자기를 제위에 올린 근위대장교들을 정부 고위직에 등용하고 귀족들에게는 수십만 명의 농노를 분배하였다.

또한 칙령을 선포하여 그들에게 특권을 부여하여 귀족들은 방대한 영지를 소유하게 되었으며, 병역의 의무와 국가 봉직의 의무까지도 면제받았다. 그들은 농민을 가혹하게 착취하였다.

모스크바의 여지주 살뜨이꼬바는 농민들을 매질하고 끓는 물을 끼얹고 발가벗긴 채 혹한 속으로 내몰았으며 75명을 죽을 지경까지 고문하기도 하였다.

지주들은 농민들을 노예처럼 매매하고 사냥개

예카테리나 2세

예카테리나 2세

와 교환하며 노름판 판돈으로 걸기도 하였다.

농민들 사이에는 표트르 3세가 농민들에게 자유를 주려고 했다가 축출되었다는 유언비어가 나도는 등 구세주(메시아니즘)에 대한 기대가 높았다.

예카테리나 2세의 치세 34년 동안, 약 60회의 농민 반란이 있었다. 후에 파벨 1세의 치세 5년간 78회의 농민 소요가 있었으며, 대부분 군대의 출동 없이 진압될 수 없는 과격한 소요였다. 대표적인 것이 1772년부터 1774년까지 계속된 '푸카초프의 반란'이었다.

예카테리나 2세는 뛰어난 사상가인 볼테르나 요세프 황제 등의 계몽군주들과 교류하여 사상의 폭을 넓혔으나 러시아의 전제 군주주의 원칙 수호에서는 단 한걸음도 양보하지 않았다. 스스로 누리는 통치권을 제한할 만한 개혁의지가 없었던 것이다. 자신의 제위 전에는 농노제가 실시되지 않았던 지역에도 농민들의 이동을 금지하였다.

1789년, 프랑스 혁명이 일어나고 1793년 프랑스의 루이 16세가 처형당했다는 소문이 전해지자 예카테리나 2세는 앓아누웠다.

러시아엔 수천 명의 프랑스 귀족들이 러시아를 피난처로 이용하고 있었다. 1776년 11월 17일, 예카테리나 2세가 사망하고 그녀의 아들 파벨 페트로비치가 제위에 올랐다.

18. 파벨 1세(1796~1801)

1796년 11월, 예카테리나 2세의 아들 파벨 1세가 제위에 올랐다. 그러나 그는 자신의 어머니 때문에 부왕이 살해되었고 그로 인해 표트르 3세를 계승할 권리를 그녀가 침해했다는 피해의식 때문에 정신적으로 불안한 생활을 해왔다.

그는 왕자였다기보다 정적(政敵)으로서 항상 어머니의 감시에 시달려왔다. 그래서 어머니와 관련되었던 모든 것을 혐오하게 되었다. 어머니가 총애하던 신하와 측근들을 미워하여 국내 정치와 대외 정치의 정책전반을 거부했다.

1797년, 파벨 1세는 제위계승법을 장자 상속의 원칙으로 확립했다. 프랑스 혁명 사상을 거부하여 국내로 들어오는 모든 사상서적을 금지시키고 프랑스풍 의복도 입을 수 없게 하였다.

그는 음울하고 변덕이 심한 성격의 소유자로 그가 시행한 여러 정책 간에 일관된 노선이 없었다. 농노들의 노동부역 일수를 주 3일로 줄였으나, 12만 명의 왕령지 농민을 지주 귀족에게 양도하여 농노의 수를 늘려놓는 식이었다. 그러면서도 귀족들의 특권 일부를 폐지하여 귀족들의 불만을 샀다.

1799년, 나폴레옹이 다시 프랑스를 장악하자 그는 영국과의 관계를 단절하고 프랑스와 동맹을 맺었다.

1801년, 버닝젠 백작의 음모로 파벨 1세는 살해되었다.

1800년, 러시아의 인구는 3,600만 명이었는데, 그 가운데 농노의 수가 2,000만여 명이었다. 농노들은 사람보다는 짐승에 가까운 생활을 하고 있었다.

19. 니콜라이 1세(1825~1855)

파벨 1세가 살해된 후, 알렉산더 1세가 23세의 나이로 황제가 되었다. 그는 어려서부터 아버지 파벨 1세와 할머니 예카테리나 2세와의 궁중암투를 겪으면서 주로 할머니 손에 길러졌다.

불안정한 내적 심리상태로 인해 그는 러시아 황제 가운데 가장 복잡하고 이해하기 힘든 인물로 평가되고 있다.

그의 통치기간(1801~1825) 중에 나폴레옹과 전쟁을 치르게 되었다. 러시아의 젊은 장교들은 전쟁을 통해 자유롭고 풍요로운 서구를 경험하게 되고, 농노를 비롯한 러시아 일반 대중의 비참한 삶을 깨닫게 되었다.

1816년, 상트페테르부르크에서 24세의 청년 장교 이바노비치 페스텔이 중심이 되어 음모조직을 결성하였다. 1821년, 페스텔은 27세의 나이로 대령으로 진급하여 연대장이 되었다. 그는 차르의 제거와 공화정부 수립을 주장하는 급진파였다.

알렉산더 1세

1825년 12월, 요양지인 타칸로그에서 알렉산더 1세가 갑자기 사망하자 알렉산더 1세가 아들이나 손자도 없이 죽어 제위계승권을 두고 많은 논란이 벌어지게 되었다.

알렉산더 1세의 바로 아래 동생으로 후계자로 여겨졌던 콘스탄틴 황태자는 황실가문이 아닌 폴란드 귀족의 딸과 결혼하면서 비밀리에 계승권을 포기하였다. 그는 제위를 끝내 거절하였고, 폴란드 총독으로 바르샤바에 머물고 있던 콘스탄틴과 페테르부르크의 동생 니콜라이 사이에 이러한 교신이 오가는 동안 2주일이라는 시간이 흘렀다. 이 기간 동안 제위는 공석으로 남아 있었다.

청년 장교의 모임인 비밀결사단의 음모에 관한 첩보가 정부의 손에 들어갈 기미가 보이자 이들은 정통 후계자인 콘스탄틴을 지지한다는 명분으로 반란을 일으키기로 하였다.

1825년 12월 14일, 니콜라이 1세가 황제로 즉위하기로 된 날 거사가 있었다. 약 3,000명이 원로원 광장에 대열을 이루었다.

니콜라이 1세는 항복을 권유했으나 설득에 실패했다. 겨울 오후, 황혼이 내리기 시작하자 대포가 불을 뿜었다. 단 몇 발로 반란은 진압되었으나 그로 인해 50~60명이 사망했고, 페스텔 대령과 시인 릴

원로원 광장에 모여든 반란군

리예프를 포함한 5명의 주동자가 처형되었으며, 300명에 달하는 동조자들도 형벌을 받았다.

이 사건이 12월에 일어났다 하여 12월 당원의 반란 즉 '데카브리스트 난'이라고 불렀으며 기성체제를 겨냥한 최초의 진정한 정치운동이었다. 차르의 전제정치를 겨냥한 것이었고, 공화국이 안 된다면 최소 입헌군주제로의 대체를 목표로 했다는 점에서 러시아 최초의 민주주의적 혁명운동이었다고 볼 수 있다.

귀족 출신의 혁명가들은 그 수가 매우 적었다. 그들은 병사나 인민을 동원할 경우, 사태가 어디까지 얼마나 과격해질 것인가를 가늠할 수 없어 그들만으로 혁명을 완수하다가 파멸하였다.

니콜라이 1세의 재위 30년간은 즉위식 날의 반란에 자극받아 러시아 혁명에 대한 두려움을 늘 가지고 있었다.

니콜라이 1세 통치를 상징하게 된 황제원의 3부인 정치경찰은 정부전복과 혁명 방지를 위해 신하들의 행동 통제는 물론 국민들의 사생활까지 감시하는 주요기관이 되었고 니콜라이 1세의 신임을 가장 많이 받았다.

니콜라이 1세

비밀 정치경찰의 횡포와 함께 러시아 사회구조의 기본이 되는 농노제가 언제 터질지 모르는 시한폭탄으로 남아 있었기 때문이었다.

니콜라이는 자신의 통치기간 중 발생할지도 모르는 혁명을 두려워했다. 하나는 정부가 농노들을 해방할 경우, 귀족계급이 헌법을 요구한다는 두려움이었고, 다른 하나는 농노제를 그대로 밀고 나가면 기존 질서를 전면 부정하는 큰 인민봉기에 봉착하리라는 위험이었다.

1848년, 유럽 혁명이 절대군주를 반대하는 것이어서 러시아는 해외여행을 금지하고 의과대학을 제외한 모든 대학의 학생 정원을 각각 300명으로 축소하고 군사교육을 강화시켰다. 헌법과 철학은 교과과목에서 제외하고 논리학과 심리학은 신학교수들에 의한 강의만 허용되었다.

1853년 10월, 크리미아 전쟁이 발발하였다. 러시아 병사들은 120m 사정의 총구장전식, 무강선 화승총인데, 영국・프랑스군은 800m 사정의 유강선 소총이었기 때문에 결국 러시아군이 패배하였다.

1855년 2월, 니콜라이 1세는 자신의 대내외 정책 실패를 비관하여 자살하였다. 37세의 알렉산더 2세가 제위를 계승하였다.

20. 알렉산더 2세(1855~1881)

알렉산더 2세는 37세의 나이로 러시아 왕위에 올랐다. 부패한 정부에 가장 위험한 시기는 '개혁을 시작할 때'인데 알렉산더 2세 시대가 바로 그 시기에 해당된다.

1861년 2월 19일, 알렉산더 2세는 농노제도를 폐지하고 4,000만의 농노를 자유로운 몸으로 변화시켜 인류 역사상 가장 위대한 법적 조치를 취하였다.

알렉산더 2세

러시아에서는 '집단 농장'의 전신인 '마을 공동체'가 있었는데, 1861년에 분배된 토지는 마을 공동체에 할당되고, 세금과 토지상환금도 마을 공동체에 배정되어 농업부분의 자본주의 발달에 방해가 되었다.

3만 명의 지주가 소유한 경작지를 1,500만 명의 농가에 분배하는 것인데 매수금의 20%는 직접 지주에게 주고, 80%는 국가가 지주에게 주되(5억 5,000만 루블), 농노는 49년간 연리 6%로 국가에 상환하는 방식이었다.

이 매수금과 상환금 때문에 농민들은 더욱 매이는 몸이 되었다. 정부는 부유한 자작농층을 형성하고자 노력하였으나 지주들의 토지확장을 막지 못하여 개혁이 도리어 농민들을 파멸시켰다. 현실적으로 무지하고 문맹이며 가진 것이 없는 농노가 법률 하나 바꾸었다고 자작농이 될 수는 없었다.

1906년~1916년, 10년간에 농가의 24%가 마을 공동체를 벗어났으며, 그 중 1/2 이상이 자신의 분배지를 팔았다.

결과적으로 지주들의 땅을 농민들에게 넘겨주는 것은 전제정부와 귀족의 정치지배가 폐지된 뒤라야 해결될 수 있는 문제가 되었으며 이를 위해서는 혁명이 불가피하였다.

1861년 한 해 동안, 러시아에는 1,176건의 농민소요가 발생하였다. 러시아에서의 농민 해방은 지주들의 이익을 위한 것이 되고 말았다.

1878년 4월, 솔로비요프가 황제를 저격하였으나 황제는 죽음을 모면하였다. 1879년 8월, 인민이 지지하는 의지당은 알렉산더 2세에게 사형을 선고하고 11월 19일 열차를 폭발시켰다.

1881년 3월 13일, 알렉산더 2세가 로리스-멜리코프의 안에 서명하던 바로 그날, 그는 소피아 페로프스카야가 이끄는 혁명 폭도들에 의해 살해되고 말았다. 로리스－멜리코프가 마련한 안은 헌법은 아니었으나 헌법이 제정될 수 있는 길을 터놓을 수 있을 것이었다.

분명히 어느 시대보다 알렉산더 2세 치하에서는 개혁의 움직임이 뚜렷하였다. 그럼에도 불구하고 암살, 폭탄테러 등이 난무했던 이유는 무엇이었을까?

이 당시 러시아 사회주의자들 대부분이 공통으로 가졌던 특징 중의 하나는 의회민주주의에 대한 전적인 불신이었다. 장기간에 걸친 점진적인 접근을 참을 수 없었던 것이다. 그들이 원했던 것은 즉각적인 혁명이었다.

21. 니콜라이 2세(1894~1917)

1894년 말, 알렉산더 3세가 49세의 젊은 나이에 신장장애로 급서하고 니콜라이 2세가 26세의 나이로 황제의 자리에 올랐다.

표트르 대제가 사망한 1725년부터 니콜라이 1세가 사망한 1855년까지의 130년은 반동정책의 시대였으며 니콜라이 1세를 계승한 알렉산더 2세는 누적된 국민의 불만이 한계에 도달했음을 느끼고 4,000만의 농노를 해방하는 '농노제도 폐지'를 단행하는 등의 개혁을 시도하였다.

헌법 제정의 길을 터놓을 수 있는 로리스－멜리코프안에 서명하던 날 혁명 폭도들에 의해 황제가 살해되어 부패한 정부에 가장 위험한 시기가 개혁을 시작할 때임을 알게 되었다.

개혁을 시도하다 폭도들에 의해 부친 알렉산더 2세가 살해되는 것을 경험한 알렉산더 3세는 소년기부터 모스크바 대학의 민법 교수 콘스탄틴 파베도노스체프를 가정교사로 하여 러시아 정교, 황제에 의한 전제정치, 국가주의가 러시아를 구하는 길이라고 깊이 세뇌되었다.

알렉산더 3세의 반동정책은 형편없는 시대착오적 졸작이었다. 알렉산더 3세가 신장장애로 49세의 젊은 나이로 사망하자 장남인 니콜라이 2세가 제위에 오른 것이다.

니콜라이 2세는 수줍어하고 사색적인 성격으로 외모나 의지가 모두 평범한 한 가정의 가장이 갖추어야 할 미덕을 구비한 사람이었으나, 황제로서는 미약했다.

그의 부친 알렉산더 3세에 대한 암살시도가 있었다. 암살시도는 미수에 그쳤지만 의학서 속에 수제 폭탄을 숨겼던 5명의 대학생이 처형되었다. 그 5명 가운데 한 사람인 알렉산더 우리아노프는 레닌의 형이었다. 이것이 레닌 가문과 니콜라이 2세 가문을 숙명적인 것으로 만든 단초였다. 총살당할 때, 레닌의 형은 21살이었다.

니콜라이 2세의 불길한 징조의 하나는 1896년 5월 모스크바에서 니콜라이 2세의 대관식에 참석한 50만 명 중 2,000명이 사망하는 사고가 발생하였다. 이를 '호딘카 들판의 비극'이라 부른다.

1884년, 러시아에 막시스트 조직이 몇 개 출현하였고, 1891년과 1892년 큰 가뭄으로 흉년이 들자 니콜라이 2세에게 '위로부터의 개혁'을

니콜라이 2세의 대관식
1896년 5월 14일. 화려한 즉위식과는 달리 그의 말년은 매우 비참했다.

기대할 수 없게 된 국민은 '아래로부터의 혁명'을 꾀하게 되었다.

1898년에 창당한 러시아 사회민주 노동당은 후진 농업국에서 직접 사회주의로 도약해야 한다는 볼셰비키와 부르주아 단계를 거쳐야 한다는 멘셰비키로 분열되었다.

1895년 25세의 레닌은 페테르부르크에서 '노동계급 해방을 위한 투쟁 동맹'을 결성하였다가 1900년 2월까지 5년간 구속되어 페테르부르크의 피터 앤폴 요새에 14개월간 수감된 바 있었다.

이 수감 기간에 독서와 집필에 치중하였는데, 레닌의 학문적 열의에 감탄한 검사가 형무소 내 도서관 사용과 외부의 도서반입과 구매를 허용하였다. 레닌의 시베리아 유형기간은 3년이었다.

니콜라이 2세

니콜라이 2세는 영국 빅토리아 여왕의 손녀이며 독일 헤센 공국의 공주인 알렉산드라를 아내로 맞이하였다. 1904년 황태자 알렉세이가 출생하였으나 혈우병 환자였다. 황태자를 살리고자 하는 황후의 집념이 로마노프 왕조 멸망에 결정적 요인이 된 1904년을 제정 러시아의 종말이 시작된 해로 보고 있다.

러시아 내부에 혁명의 분위기가 무르익자 플레브 내상(內相)은 일본과의 전쟁으로 국민의 관심을 외적에 대한 적개심으로 돌려 혁명 상황의 진전을 막아보려 하였다.

청일전쟁(1894~1895) 후, 3국(러시아, 독일, 프랑스) 간섭으로 뜻을 이루지 못한 일본은 1902년 영국과 동맹을 맺고 10년간의 준비 끝에 1904년 1월 27~28일, 기습적으로 여순 항의 러시아 함대를 공격하여 전쟁이 발발하였다. 일본은 11만 명의 사상자를 내며 여순 항을 점령하고, 1905년 2월에는 봉천회전에서 승리, 5월에는 동해 해전에서 로제스트벤스키의 발틱 함대를 격파하여 러시아를 꺾고 열강으로 부상하였다.

1905년 8월, 미국의 포츠머스에서 루스벨트 대통령의 중재로 일본과 러시아 간 평화협정이 조인되었으나, 러시아 국민들의 황실에 대한 실망은 다시 반체제 운동으로 퍼져 나갔다.

니콜라이 2세 일가

1905년 1월 9일(피의 일요일), 일본과 전쟁 중인 러시아가 벌인 그해 12월까지의 무장봉기를 '제1차 러시아 혁명'이라고 일컫는다. 그 내용을 요약하면 다음과 같다.

20세기 초, 전 세계에 몰아닥친 생산과잉 현상이 러시아에도 일어났다. 경영주들은 생산을 줄이고 고용 인력을 해고하였다. 근로자들의 불만이 커지자 어용색깔이 짙은 '러시아 노동자 협의회'를 만들고 그 지도자로 경찰에 관계하고 있던 신부 가폰을 내세웠다.

1904년 12월 말, 근로자 4명을 해고하자 15만 근로자가 파업하였다.

1905년 1월 7일, 협의회는 황제에게 탄원서를 내기로 결정하고 가폰은 차르에게 그 경위를 비밀편지로 제출하였다.

그러나 조부 알렉산더 2세가 암살되고, 선친 알렉산더 3세가 강경 반동정치를 하던 분위기에서 자란 니콜라이 2세는 뿌리 깊은 국민에 대한 불신에 사로잡혀 있었다. 그는 시위대를 진압하도록 명령한 후 교외로 빠져나갔다.

20만 명의 시위 군중에 대해 기병들이 총을 난사하여 1,000명 이상이 죽고, 4,000명 이상이 부상을 당했다. 이 소식을 듣고 다시 온 군중에게 또 발포하여 사상자를 내었으며, 부상자를 보살펴준 남학생 14명, 여학생 12명을 사살하는 등 1,000명 이상의 인명 손실이 있었고, 가폰 신부는 런던으로 도주하였다.

1905년 한 해 동안 농민소요가 3,500건 이상이었다. 이러한 소요가 모두 백성들에 의해 자연발생적으로 일어났다.

1905년 10월 14일, 페테르부르크에서는 25만 명을 대표하는 550명의 위원을 선출하여 노동자 대표 소비에트를 구성하였다. 소비에트(Soviet)란 협의회, 회의, 평의회, 의회란 뜻의 러시아어이다.

1905년 10월 17일, 러시아 정부는 사태를 무마하고자, 전국적 제헌의회의 창설을 약속하였다.

1905년 10월 근로자 수는 200만 명이었는데 파업에 참가한 수는 280만 명에 달했다. 이는 사무직 근로자, 의사, 선생, 변호사, 배우들까지 합세한 결과였다. 이때 예기치 못한 사태가 발생했다. 군인들의 발포거부 사태가 일어난 것이었다.

1905년 12월, 모스크바의 노동자들은 9일간의 시가전 끝에 근위연대에 의해 진압되었다. 페테르부르크 소비에트 역시 와해되고 말았는데 초대 소비에트 의장이던 트로츠키는 이때 체포되어 시베리아로 유배되었으나 곧 해외로 탈출하였다.

혁명으로 치닫는 원인들은 그대로 둔 채, 차르 정부는 가혹한 처벌과 무력진압으로 일관하였다.

1906년 8월, 전시군법회의를 설치하여 6개월 동안에 1,000명 이상에게 사형을 선고하였다.

최초의 러시아 혁명은 실패로 끝났으나 차르 정부는: 국회를 만들고, 노동조합과 민주당의 존재를 허락하고, 토지 상환금을 폐지하는 등 노동자들의 작업환경 개선에 관한 일련의 법안을 제정하지 않을 수 없었다.

도시의 광장과 철도역에는 교수대를 설치하여 1907~1909년 동안, 야전군법회의에서 2만 6,000여 명을 유죄판결하고 5,000명을 사형에 처했으며 17만여 명을 투옥하였다.

1907년 12월, 레닌은 제네바로 떠나 그곳에서 러시아 사회주의 운동의 창시자인 플레하노프를 만나게 되었다. 레닌이 생각하는 당은 엄격하게 훈련된 직업혁명가들의 소수정예당이며, 소수혁명가들의 혁명적 정당으로 혁명 성취의 열쇠는 음모와 기밀에 있고 민주적 중앙집권주의여야 한다는 것이었다. 국민의 80%가 농민이고, 농민의 대부분이 농노였던 나라에서 정예화된 소수가 의사결정을 하고 무지하고 헐벗은 국민은 거기에 따르는 것이 러시아의 실정에 맞는 민주주의라는 뜻으로 해석된다.

당시 러시아 국민 1인당 공업생산 수준은 영국 및 미국의 1/14 수준이었다.

1911년 말, 러시아 국민 가운데 기아선상에 놓인 수가 2,500만 명에 달했다. 1912년 2월 말 안드레예프스키 채광장의 가게에서 노동자들에게 회수권을 받고 썩은 말고기를 팔았다. 이에 노동자들이 동맹파업을 한 것이 '레나 강 사건'이다.

군대가 비무장 군중에게 경고 없이 발포하여 270명이 사망하고 250명이 부상하였다. 군은 레나 강 금광회사로부터 2,400루블을 받고, 이에 대해 경찰국은 감사의 뜻을 표하였다. 사망자의 미망인에겐 10루블씩 지불하였다.

1913년은 로마노프 왕조 건국 300주년 기념의 해였다.

국내가 어수선한 가운데 러일전쟁에 참전하여 대패한 쓰라린 경험에서 교훈을 찾지 못한 니콜라이 2세는 1914년 7월 18일 제1차 세계대전에 참전하였다.

총동원이 내려지자 1,500만의 장정이 응소하였고, 당장 1,000만 정의 소총을 전선에 보내야 했으나 생산량은 절반수준이었다. 탄환과 포탄 역시 충분치 못했고, 대포는 독일군의 1/10 수준이었다.

1914년 8월 27일~29일간에 치러진 동 프러시아에서의 탄넨베르크 전투에서, 힌덴부르크와 루덴도르프가 독일군 8군 사령관과 참모장으로서 러시아군 질린스키 집단군 사령관 예하 제2군을 섬멸하면서 러시아군 12만 5,000명을 포획하고 500문의 야포를 노획하였다. 러시아 2군 사령관 삼소노브는 "황제는 나를 사랑하였다"는 유언을 남기고 자살하였다.

밀고 밀리는 장기전 속에서 경제는 혼란에 빠졌고 철도는 연료부족으로 수송량을 감당하지 못했다. 농촌에서는 장정들이 출정하여 농작물을 수확할 수가 없었다. 노동자들의 파업은 1914년 34만 752건에서 1916년 한 해에만 108만 6,354건으로 급증했다.

1915년, 독일군의 공격으로 수백만 명의 피난 인파가 러시아 내륙으로 줄을 이었으며, 전사자는 15만 1,000명, 부상자는 68만 3,000명, 포로 89만 5,000명이 발생하였다.

참전이 러시아를 혁명으로 이끈 촉매역할을 하는 데 결정적인 역할을 한 것은 시베리아 출신의 방탕한 괴승 라스푸틴이었다. 라스푸틴을 처음 모스크바로 데려온 사람은 부유한 과부인 바쉬마코마였는데 황궁 안으로 끌어들인 것은 황후의 친구인 안나 브이르보바였다.

그는 교회나 수도원을 들락거리며 경건한 척했으나 실은 문란한 호색한이었다. 모계에서 이어받아 혈우병으로 태어난 황태자인 알렉세이는 러시아 황실이 최고급 의료진을 동원해도 치료할 수 없었다. 그러던 것을 황비는 라스푸틴이 치료했다고 믿게 되었고, 그에게 1905~1906년경부터 조정을 농락할 충분한 권력을 주었고 고관현직의 교체를 좌우하게 하였다.

1915년경부터 라스푸틴의 궁정지배가 확실해지자 그의 호색행각과 귀족사회를 어지럽히는 문란한 생활을 감히 저지하는 사람이 없었다. 그를 제거하려던 니콜라이 대공, 유능하게 전쟁을 수행한 플리바노프 대공도 그에 의해 해임되었다.

1916년 9월, 차르는 총사령관의 지위로 직접 전장에 나서는 또 한 번의 어리석음을 저질렀다. 그가 출전한 동안 내정은 모두 황후와 라스푸틴에게 돌아갔기 때문이다. 황후는 전장에 있는 차르에게 라스푸틴의 작전지시를 그대로 전하고 황제는 황후의 편지대로 충실히 이행했다. 결국 전쟁도 라스푸틴의 손에서 수행된 꼴이었다.

1916년 12월 29일, 그를 처치하기 위하여 독이든 술과 과자를 먹이고 2시간을 보냈으나 죽지 않자 유스포프가 등에 권총을 쏘았다. 그는 도리어 유스포프의 멱살을 잡고 목을 졸랐으며 이때 푸리시케비치가 3발의 총을 쏘자 쓰러졌지만 죽지 않았다. 그러자 라스푸틴을 밧줄로 묶어 네바 강의 얼음을 깨고 강물 속으로 집어던졌다. 후에 떠오른 시체를 검시하니 독살도 총살도 아닌 익사로 판명되었다.

1917년, 러시아군은 전선에서 계속 패배하였고, 국내에선 노동자들의 시위와 파업이 연이어 일어나, 1~2월에만 1,330건의 파업이 발생하였다. 이러한 극도의 혼란 속에서 사회적 모순들이 여지없이 드러나고 정부는 더 이상 나라를 다스릴 능력을 잃었으며, 시민들도 이렇게 비참하게 살기를 원하지 않았다.

2월 중순, 식량배급제에 따라 섭씨 영하 22도의 추위 속에서 몇 시간 기다린 시민들에게

황제와 황비를 농락하는 라스푸틴을 풍자한 만화

'더 이상 배급할 식량이 없다'고 하자, 주민들은 빵과 식료품 가게를 습격하여 약탈하였다. 이윽고 20만 명의 페테르부르크 시민들이 '라 마르세이유'를 부르며 시위에 참여하고 3일째에는 진압군이 시위대에 합류하는 사태로 발전하였다.

정부는 영국, 프랑스 모르게 독일과 강화하여 독일의 군사력으로 혁명세력을 말살하고 군주제를 유지하기 위해 러시아 군부, 영국, 프랑스 대사가 궁정혁명을 일으켜 니콜라이 2세를 몰아내고 12살의 황태자를 옹립, 미하일 대공이 섭정하면서 연합군으로서 계속 전쟁을 수행하려 기도하였다.

그러나 시위는 자연스럽게 전국적으로 퍼져 나갔다. 정부에서는 페테르부르크에 수만 명의 군병력을 동원해 놓았으나 노동자와 병사는 그 근본이 같았다.

군부의 향배에 따라 대세가 결정되리라는 판단에서 볼셰비키, 비밀경찰, 헌병대가 사태를 예의주시하고 있을 때, 파블로프스키 연대의 제4중대에서부터 발포거부가 시작되어 전 연대로 퍼지고 인접 연대들이 동조하여 경찰을 향해 사격하는 사태로 진전되었다.

1917년 2월 27일, 이들 부대들은 동궁으로 달려가 황제의 기를 내리고 붉은 기를 올렸다. 볼셰비키뿐만 아니라 모든 반체제 정당들도 '2월 혁명'에 아무 역할도 하지 못했고 이 혁명이 성공할 것이라고 예측하지 못한 자연발생적인 혁명이었다.

이에 두마(의회)의 웅변가인 36세의 케렌스키가 시위 군중이 정부기관을 접수토록 지시하고 두마의 의장 로드지앙코에게 정권 인수를 권유하였다. 그리하여 로드지앙코는 입헌 민주주의자 12명으로 임시 집행위원회를 구성하였다.

드디어 러시아에는 두마의 임시정부와 소비에트의 2중 권력기구가
등장하게 되었다.

> 임시정부는 전쟁을 계속하고, 농민에게 지주의 토지를 넘겨주지 않
> 으며 소수민족에게 자결권 부여를 거부하였다.
> 볼셰비키는 토지, 빵, 평화를 슬로건으로 선동을 시작했다.
> 소비에트는 식량배급위원회, 공장에는 노동자 부대, 모든 군부대에
> 병사들의 대표로 선거위원회를 구성하고, 병사들에 대한 난폭한 대
> 우금지(군대 혁명화) 등의 조치를 취했다. 그리고 "임시정부에는 어
> 떠한 지원도 하지 말라. 모든 권력은 소비에트로"라는 슬로건을 내
> 걸었다.

두마의 임시정부가 혁명보다는 안정적인 방향인 개혁, 개선에 무
게를 둔 것에 비해, 소비에트는 전반적인 사회혁명을 원하는 노동자,
농민, 병사의 요구에 맞추어 권력 쟁취에 치중하였다.

1917년 3월 2일, 니콜라이 2세는 퇴위하였으며 혈우병인 12세의 알

유폐 중인 황제 일가
니콜라이 2세와 그 가족은 2월 혁명으로 제위를 박탈당하고 유폐되었다. 사진은 유폐 중 일광욕하는 황제 일가

렉세이 대신 동생인 미하일에게 양위하였으나 미하일은 제위에 오르지 않고 퇴위하였다. 이로써 로마노프 왕조는 304년 만에 막을 내렸다.

1917년 7월 17일 새벽 2시, 황제일가와 시종장, 시의가 함께 시베리아의 한 도시인 우랄산 부근의 에카체린부르크 변두리 지하실에서 우로프스키와 그가 거느린 9명의 병사에 의해 무참히 살해되었다.

살해명령은 우랄지역 볼셰비키가 아닌 모스크바의 중앙당에서 직접 내려진 것이 분명하다. 직접 명령자가 레닌인지 트로츠키인지는 분명치 않으나 레닌이 중앙당에 살해의 암시를 주고, 자신이 직접 명령은 회피했을 것이라고 추정하고 있다.

22. 레닌

블라디미르 일리치 레닌은 1870년 4월 22일, 볼가 강변에 위치한 울리야놉스크(구명: 심비르스크)에서 태어났다. 그가 태어난 곳은 17세기 농민운동가 스텐카 라진의 활동무대였기도 하다. 레닌의 아버지

레닌
는 인민학교 교장, 어머니는 상당한 수준의 인텔리였다. 레닌은 작은 키에 머리는 20대에 대머리가 되었으며 피부색은 회색이었다. 아버지는 터키계의 칼미크족이었는데 칼미크족은 본래 서몽고족이었다. 어머니는 유태, 독일, 스웨덴의 피가 섞인 계통이어서 레닌은 아시아와 유럽의 혼혈이었다.

제1차 세계대전이 개전되자, 그는 오스트리아 경찰에 체포되었다가 간신히 스위스로 도망쳤다. 레닌이 러시아의 2월 혁명을 안 것은 취리히에서였다. 임시정부는 그의 귀국을 막고 있었고, 독일이 동서 양면 전쟁을 하도록 강요하기 위해서는 러시아가 계속 전쟁을 지속해야 하므로 영국과 프랑스는 전쟁을 반대하는 러시아 정치 망명객들의 통과를 저지하고 있었다.

레닌이 귀국을 못하고 3월이 지나는 사이, 마르토프는 적국인 독일 통관안을 제시하고 독일과 협조하여 도움을 얻게 되었다. 완전 폐쇄된 밀봉 열차에 볼셰비키 17명을 포함한 32명이 독일 땅을 통과하고 기선으로 스웨덴에 도착한 뒤 다시 기차로 러시아의 상트페테르부르크에 있는 핀란드 역에 1917년 4월 3일 도착하였다(러시아에서는 상트페테르부르크에서 핀란드로 가는 역을 핀란드역이라 부른다). 군악대가 울리고 소비에트 병사들이 받들어총을 하였다.

도착 다음날인 4월 4일, '4월 테제'를 발표하였으나 반응은 싸늘하였다. 4월 테제의 내용은 "부르주아 민주주의 혁명을 사회주의 혁명으로 전환시키는 구체적 계획"이었다.

레닌은 3주간의 노력 끝에 드디어 4월 테제를 볼셰비키의 공식 입장으로 만들어 권력 장악의 기회를 볼셰비키 쪽으로 한걸음 당겼다.

1917년 5월 5일, 새 정부가 수립되었으며 토지 문제는 농민으로 구성된 군대로 접수할 준비를 갖추었다.

1917년 6월 1일, 상트페테르부르크에서 제1차 전 러시아 노동자·병사 대표자 소비에트 대회가 열렸으며 대회는 임시정부를 계속 지지하기로 결정하였다.

이때 1,000여 명 대의원 가운데 볼셰비키 105명, 멘셰비키 248명,

사회혁명당 258명으로 소비에트 중앙집행위원회는 멘셰비키와 사회혁명당원들로 대부분 구성되었으나, 볼셰비키는 무서운 단결력을 가지고 있었다.

1917년 7월 4일, 멘셰비키와 사회혁명당 지도자들은 반란을 일으킨 후방의 노동자와 병사 대표자들과의 담판을 짓지 못하고 시간만 보냈다. 케렌스키는 이번 시위를 무력으로 진압할 것을 정부 당국과 미리 약속하고 북부전선의 친 정부적 군대를 끌어들여 400여 명의 사상자를 내고 수습하였다. 이로써 2중 권력은 종말을 고하고 임시정부가 모든 권력을 장악하였고, 멘셰비키가 주류를 이룬 소비에트는 정부 부속물이 되었다.

케렌스키는 적국인 독일의 자금을 받아 볼셰비키가 당 자금으로 사용하고 있다고 폭로하며 레닌을 공격하였다. 7월, 전쟁상이던 케렌스키는 수상이 되었으며 레닌 체포 특수부대를 조직하고 체포 즉시 사살하도록 지시하였다.

가을이 되자 레닌은 이바노프라는 노동자로 변장하여 핀란드로 피하였다. 1917년 8월 3일, 공장주, 상인, 은행가들은 '강력한 정부확립'을 요구하였다. 반동 그룹 내에서는 러시아에 '군부독재 수립' 생각이 일어나고 있었다.

코르닐로프 장군

1917년 8월 26일, 당시 육군 참모총장이던 코사크 출신 코르닐로프가 케렌스키 수상의 사임을 제의하였고, 8월 27일에는 볼셰비키가 폭동을 기도하고 있다는 소문을 퍼뜨리고 페테르부르크로 병력을 진격시키며 쿠데타 음모를 꾀하였다. 케렌스키는 코르닐로프를 참모총장직에서 해임하면서 볼셰비키에게 도움을 청하였다. 볼셰비키가 합법적으로 무장할 수 있는 기회가 온 것이었다.

적위군을 창설하면서 6만여 명이 무장하고 철도 소비에트가 페테르부르크로 오는 철도를 파괴하여 코르닐로프의 군용열차 이동을 저지하였다. 쿠데타는 실패하고 볼셰비키만이 비약적으로 강화되었다.

지방에서도 농민의 폭동으로 지주를 살해하고 지주의 재산을 강탈하는 등 파국적 현상을 보였지만, 케렌스키 정권은 여전히 토지 문제를 도외시하고 국내 개혁을 제헌의회에 위임하고 방치하였다. 게다가 이 회의를 볼셰비키가 다수를 차지하여 상승세를 타고 있는 당시의 상황에서 열려서는 안 된다는 생각으로 자꾸 지연시켜 개혁의 중요한 시기를 놓쳤다.

코르닐로프의 군대와 싸우던 도중 노동자, 병사, 수병 사이에 볼셰비키의 영향력이 커져갔다. 이러한 혁명적 상황에서 농촌에 지지기반을 두고 있던 사회혁명당은 현실적인 정책 제시를 하지 못하여 농민들은 토지, 빵, 자유(평화)를 부르짖는 볼셰비키에게 기울기 시작했다.

장교와 병사 간의 갈등도 심화되어 코르닐로프 반란은 레닌이 의도했던 폭력혁명의 조건을 훨씬 빠르게 성숙시켰다.

1917년 8월 31일, 페테르부르크 소비에트가 개최되자 볼셰비키가 279 대 115로 다수를 확보하였고, 트로츠키가 소비에트 의장이 되었다. 케렌스키는 우익 쿠데타 이후 자신의 정부를 지지해줄 사회주의자의 협력을 얻기 위한 제스처로 트로츠키를 석방했으나 그는 볼셰비키를 이끌며 레닌과 손을 잡았다.

9월 5일 모스크바 소비에트에서도 볼셰비키가 다수를 차지하였다.

10월 9일 페테르부르크 소비에트는 군사혁명 위원회를 조직하고 적위대를 관장하였으며 수도경비사도 볼셰비키 편이 되었고, 병사 소비에트의 90%가 볼셰비키를 지지하였다. 이제 소비에트는 볼셰비키의 손에 완전 장악되었다. 이때 레닌은 핀란드에 그대로 머무르고 있었다.

실제로 레닌이 중앙위원회의 동료들을 설득하여 거사를 의제에 포함시킬 수 있었던 것도 군사혁명위원회가 창설된 다음 날인 10월 10일이었다.

볼셰비키 당의 최고 참모격인 지노비예프와 카메네프 등이 거사에 회의를 나타내며 권력 장악을 봉기에 연결시키는 것과 폭력적 방식으로 정권장악을 기도하는 데 대해 위험하게 생각하였다.

10월 10일, 레닌은 가발을 쓰고, 수염을 깎고 핀란드에서 귀국하여 당중앙위원회에 참석하였다. 지노비예프와 카메네프는 거사에 반대하였으나 중앙위원회 12명 가운데 10명이 찬성하였다. 반대한 두 사람은 10월 18일, 로드지앙코와 케렌스키에게 거사에 대해 누설하고 계획을 폭로하였으나 이들 두 사람과 레닌 사이를 스탈린이 중재하였다.

레닌의 후계자들
좌부터 스탈린, 리코프, 카메네프, 지노비예프

볼셰비키 거사 병력은 적위군의 핵심 2만 3,000명의 무장노동자와 15만의 수비대 병사, 8만 명의 발트 함대 수병 그리고 전국의 적위군 20만 명이었다.

10월 25일, 거사 일자에 트로츠키는 모든 부대에 군 정치위원을 임명하여 사실상 군대의 지휘권을 장악하였다.

임시정부는 동궁에 머무르고 있었는데 사관생도 카자크 부대 여군 결사대를 합쳐 1,800명, 4대의 장갑차, 6문의 대포, 약간의 기관총이 전부였다. 오로라호가 네바 강에서 동궁을 포위하였으며 다음 날인 10월 26일 임시정부는 항복하였다. 이것이 '볼셰비키 10월 혁명'의 전말이다.

10월 혁명으로 정권을 잡은 정권의 최고기관은 인민위원회의가 되었으며, 의장은 레닌, 외무는 트로츠키, 교육은 루나 차르스키, 농업은 밀류친, 소수민족에 스탈린이 임명되었다.

농민들에게 지주의 토지를 나누어주고, 공장 운영의 실권을 노동자 위원회에 넘겨주고, 관리들의 비밀 계좌를 몰수하여 은행을 국유화하였다. 교회의 재산을 몰수하고 학교 수업에서 종교시간을 삭제하였다. 비밀경찰 '체카'를 조직하여 우두머리는 제르진스키로 하였는데, 그는 하루 저녁에 1,500명을 사살한 적도 있다.

1918년 1월 헌법 제정의회에서 유효투표의 25%, 707의석 중 175석을 확보하게 되자 무력으로 의회를 해산하였다. 1918년 2월 토지를 국유화하였으며 1918년 3월 브레스트리토프스크에서 독일과 단독으로 휴전하였다. 이 휴전협정으로 러시아는 농토의 1/3, 인구의 1/3, 탄광의 90%, 중공업의 50%를 점유하던 광대한 서부영토를 잃었다.

냉혹한 외교흥정에서 레닌은 일당 통치를 확립하기는 했지만, 사회주의 혁명당원 좌파와 공산주의 좌파세력은 이 조약을 매국행위라고 격분하며 정부의 직책을 떠났다.

1918년 1월 1일, 테러리스트가 레닌이 탄 차에 사격하였으며, 1918년 3월, 정부를 모스크바로 천도하였다. 1918년 6월 20일, 출판, 선전, 선동위원 블로다르스키가 피살되었다.

1918년 여름, 레닌은 재산 압류에 항거한 러시아 부농들을 처단하라는 지령에서 "부농, 졸부, 음주꾼 중 잘 알려진 가문에서 최소한 100명을 뽑아 목을 매달 것. 그들이 공포를 느끼도록 인근 100개 이상의 장소에서 이를 행할 것"이라고 지시하였다.

1918~1919년간 부르주아 계급에는 급식표를 주지 않아 수천 명이 굶어 죽기도 했다. 레닌이 만든 이 체제는 증오와 불용을 혁명의 핵심 덕목으로 간주했다.

1918년 8월 30일, 페테르부르크 비상위원회 의장 우리츠키가 피살되었고, 같은 날 모스크바에서는 레닌이 여자 사회혁명당원 가블란의 저격을 받았다. 그 총탄은 독이 있어 심한 상처를 입었다.

1918년 여름에 백군, 적군 사이에 내전이 일어나 1920년에야 적군의 승리로 끝났다.

1921년 2월까지 폴란드, 에스토니아, 라트비아, 리투아니아인 등이 독립을 요구하여 에스토니아, 타트비아가 독립하였다.

이 과정에서 식량문제를 비롯한 경제상황이 악화되어 공산당과 볼셰비키에 대한 불만이 커지자 제한된 자본주의로의 전략적 후퇴를 한 기간이 1928년까지의 신경제정책(NEP) 시행기간이다.

1921~22년 기간에만 900만 명이 굶어 죽었다. 레닌 치하에서 집단수용소에서 죽은 사람, 반 소비에트주의자로 몰려 처형된 사람들이 100만 명에 이를 것으로 보고 있다.

레닌을 실제로 저격했던 프로토포포프는 비밀리에 즉각 처형되었다. 실제 범인이 카플란이 아닌 것을 체카도 알고 있었다. 카플란이 사회주의혁명당(SR)의 지도자 중 한 사람과 연인 사이였기 때문에 레닌은 카플란을 암살 기도범으로 몰고, 정적인 SR파를 배후로 조작, 숙청하였던 것이다.

1921년 3월, 볼셰비키는 전 당원의 25%를 숙청하였다.

1922년 3월 말, 지노비예프 일파는 스탈린을 서기장으로 추천하여 4월 2일 서기장으로 임명되었다.

1922년 5월 26일, 레닌이 뇌졸중으로 쓰러졌다.

1922년 12월 30일 '소비에트 사회주의공화국(USSR)'이 선포되었다.

1924년 1월 21일 레닌이 사망하였다.

2011년을 기준해서 보면, 레닌 사망 후 87년이 지났다. 레닌에 대해 러시아 국민이나 그의 고향 사람들은 어떻게 생각하고 있을까? 동아일보 홍찬식 수석 논설위원과 중국 전문기자 지해범 씨는 2011년 8월 한 칼럼에서 '레닌은 고향에서도 잊혀졌다'라고 레닌의 고향 울리야놉스크(구명 심비르스크)를 방문했던 소감에서 밝히고 있다.

인구 130만의 이 도시에는 레닌이 태어난 생가, 17세까지 부모 형제와 살았던 텃밭 딸린 저택이 보존돼 있다. 냉전시대에는 '사회주의 성지'로 불리며 전 세계에서 매일 수만 명씩 몰려들던 곳이지만, 지금은 하루 100명 정도만 찾는다고 한다. 볼가·드네프르 그룹의 슬라바 샤크호프 판매담당 이사는 "내가 초등학교를 다니던 소련 시절과 지금은 완전히 다른 세상"이라며 "요즘 젊은이들은 레닌에 전혀 관심이 없다"고 말했다.

23. 스탈린

스탈린은 1879년 12월 21일, 코카서스 산맥 지역 조지아의 고리에서 출생했다. 조지아는 터키와 페르시아 사이에서 수난을 겪다가 러시아에 편입된 지역으로 스탈린은 반(反)러시아적 소수민족 출신이다.

아버지는 구두 수선공이고 술주정뱅이였으며 술집에서 죽었고, 어머니는 파출부였다. 스탈린의 이름은 소소였고 아버지를 여읠 때 12세였다.

스탈린의 키는 160cm 정도였고 마마자국이 있었으며, 10살 때 마차에 치여 왼쪽 팔꿈치가 만성적 마비상태였다. 그는 울지 않았다. 교회학교에 입학하여 학급수석, 특별우수상을 받고 1894년 7월에 졸업하였다. 신분상승을 위해 신부가 되고자 신학교에 입학하였고, 이름을 유격대원의 이름을 따서 코바로 바꾸었지만 20세 때 중퇴하였다.

1900년 직업혁명가로서의 길을 걷기 시작하여 1902년 4월 체포되어 1년 이상 수감생활을 한 뒤 3년간 시베리아 유형지에서 보냈다.

1902년에서 1913년 사이 그는 8번 체포되고, 7번 유배지로 보내졌으며 6번 유배지에서 탈출했다. 스탈린이란 강철(steel)의 러시아어이다. 1905~1907년간은 볼셰비키로 자리 잡는 기간이었으며, 레닌의 입장을 지지하였다.

좌부터 스탈린, 레닌, 트로츠키

1922년 5월 26일, 레닌이 뇌졸중으로 쓰러지자 4월 4일, 서기장으로 임명된 스탈린이 병간호 차 매일 드나들게 되었다. 지노비예프와 트로츠키는 후계자 싸움을 시작하였으며 레닌은 스탈린을 통해 모든 명령을 하달하였다.

스탈린은 레닌이 다시 일어나지 못할 것을 알고 당의 실권을 장악하기 시작하였다. 그는 레닌에게 인정받지 못하여 불평하고 있던 제르진스키, 모로토프, 미하일로프, 구이비셰프 등을 포섭하는 등 추종세력 확보에 진력하였다. 레닌의 투병생활은 1년 8개월 정도였다. 만약 레닌이 건강을 회복했더라면 제일 먼저 스탈린을 제거했을지도 모른다.

레닌의 유언장에는 "내가 동지들에게 제의하는 바는 스탈린을 당의 서기장 지위에서 물러나게 하여 다른 사람을 임명해주기 바란다. 다른 사람이라면 더욱 성실하고 주의 깊게 동지들에게 동정심을 베풀 수 있을 것이다"고 되어 있었다.

그러나 교활하면서도 빈틈없던 스탈린은 레닌의 타자수 겸 비서인 여직원을 매수해 놓았다. 이 유언장이 원본 그대로 배포되는 것을 막을 수 있었고, 오히려 자신에게 유리하게 변조한 뒤 회람시켰다.

1924년 1월 21일 레닌이 사망하자, 스탈린 일파는 트로이카 체제를 구축하였다. 지도자는 지노비예프, 대리에 카메네프 그다음이 스탈린이었다. 그러나 지노비예프, 카메네프, 트로츠키가 싸우게 되어 스탈린은 어부지리를 얻게 되었다. 스탈린이 트로츠키를 공격하자 지노비예프와 카메네프는 더욱 스탈린에게 의존하게 되었다.

1925년 1월, 트로츠키를 국방인민위원에서 해임하고 후론제를 군의 최고사령관직에 앉혔다. 군에서의 그의 신망이 트로츠키를 능가하고 군의 지휘관 위에 당의 감시기관인 게페우를 두는 것을 못마땅하게 생각하여 폐지하려고 하며 스탈린의 편에 서지 않자 그를 제거하기에 이르렀다.

후룬제는 한때 위궤양을 앓다가 거의 다 회복된 상태였는데, 스탈린의 앞잡이 의사가 스탈린의 지령으로 수술이 필요하다는 진단을 냈다. 정치국에서도 이 결정을 확인하여 수술 명령이 내려졌다. 후룬제는 마취된 채 수술 도중에 죽고 말았으며, 격분한 그의 부인은 자살하였다.

1927년 12월, 스탈린은 트로츠키 파의 지도그룹 75명을 당에서 제명하였다. 1929년 트로츠키는 국외로 추방되어 1940년 멕시코의 망명지에서 스탈린이 보낸 암살자에 의해 도끼에 맞아 죽었다.

1928년, 스탈린은 신경제정책(NEP)을 중단하고, 1928년 10월 1일~1932년 12월 31일을 기간으로 한 제1차 5개년 계획을 인류 역사상 최초로 추진하였다. 이 계획은 농업과 공업을 병행한 균형정책이 아닌 공업화에 우선을 둔 불균형 정책이었다. 그는 산업화에 의한 근대화를 주장하였다.

1929년, 스탈린은 농업의 집단화를 선포하고 부농을 공격하였다. 부농이 자신의 토지와 가축을 집단농장에 넘기는 것을 거부하자 가난한 농민들이 부농을 공격하여 200만 세대 1,000만 명의 부농이 살해되거나 시베리아와 중앙아시아의 강제 노동 수용소로 추방되었다.

1929년 10월, 농민의 4.1%가 집단농장화되었으나, 스탈린의 강제로 1940년에는 96.9%가 집단농장화되었다. 1931년부터 국내여권제로 주민의 이동을 통제하였다. 1941년에는 25만 개의 집단농장이 생기고 1,900만 세대가 그곳에서 생활하였다.

집단농장의 기본 형태를 '콜 호즈'라 불렀고, 이곳에서 거주하던 유대인이 이스라엘로 귀국하여 '키부츠'를 만들었다. 농민을 집단농장에 수용하여 국영농업제를 채택함으로써 농민은 월급을 받는 노동자가 되고 국가에 대한 농민의 영향력은 거의 없게 되었다. 농민들은 생산고에 따라 보수를 받았다. 농업의 집단화와 기계화로 농업생산물에 대한 정부 통제가 가능해졌고, 농촌에서 노동력이 남게 되어 공장 노동자로 전환이 가능하였다.

1926~1939년간 농촌에서 도시로 이동한 인구는 약 2,000만 명이었다. 1928~1937년간 국민총생산(GNP)이 매년 6.5~7%씩 증가하여 1940년에는 독일의 총생산과 비슷하게 되었다. 그러나 그 대가는 끔찍한 것이었다. 1920년대 말에서 1930년대 말까지 강제노역에 의해 희생된 인원은 350만에서 1,250만 명이었다.

러시아인들은 유럽의 국가들이 75년 동안에 이룩한 것을 12년 만에 이루었다고 자랑스럽게 생각하였으며, 1920년대 말, 서방 자본주의 세계는 대공황을 맞이하여 현실과 미래를 불안과 두려움으로 바라보고 있었다. 소련의 국민들은 스탈린이 그려낸 장밋빛 미래는 다가오지 않았지만 실업이 없고 미래에 어느 정도 희망을 가질 수 있었던 경제발전의 단계적 성공에 만족감을 느꼈다.

모든 정책이 국가의 계획과 통제에 의해 움직여 직업선택의 자유가 사라지고, 공장은 집단농장과 계약을 체결하여 필요한 노동력을 강제로 징발했으며 집단화에 반대하는 농민은 강제수용소로 끌려갔다.

특권적인 귀족 계급이 사라진 대신 새로운 계급이 생겨났다. 관료, 기술자, 공장경영자, 집단 농장 책임자, 작가, 예술인들에게는 일반노동자, 농민보다 엄청나게 많은 보수를 주었다.

1934년 12월 1일, 당지부 사무소로 들어가려던 레닌그라드(페테르부르크)의 당서기 키로프가 암살되자 이를 시작으로 1938년까지

2,100만 명에서 2,300만 명이 숙청되었다. 후일 흐루시초프는 소련 공산당 제20차 전당대회에서 키로프 암살 음모에는 스탈린이 직접 관계했다고 밝혔다.

1937~1938년 사이에 숙청된 군간부만 보더라도 적군(赤軍) 최고 군사회의 멤버의 75%, 원수 5명 중 3명, 군사령관 15명 중 13명, 군단장급 85명 중 62명, 사단장급 195명 중 110명, 여단장급 406명 중 220명이었다. 대령 이상 고급장교의 65%, 하급관료 10%에 해당하는 2만여 명이 체포되었다. 체포된 고급장교 6,000명 가운데 1,500명이 처형되고, 나머지는 감옥 또는 시베리아로 유배되었다.

1938년 12월, 내무 인민위원 예조프가 해임되고 베리야가 임명되었다. 1939년 히틀러와 독소불가침 조약을 체결하고 히틀러의 침공을 대비하는데 소홀하였다. 더욱이 고급 군간부의 반 이상을 숙청하였다. 그 결과 1941년 6월 22일 새벽 3시, 독일군은 162개 사단으로 소련 국경선을 넘을 수 있었다. 러시아는 제2차 세계대전에서 3,000만 명이 목숨을 잃었다. 전쟁기간에 미국은 130억 달러 이상을 소련에 지원하였다.

스탈린이 수령의 지위에 오른 1929년부터 죽음을 맞이한 1953년까지 24년 남짓한 기간은 74년에 걸친 소련 역사의 1/3에 해당된다. 세계 냉전사의 뿌리는 스탈린의 특이한 성격과 그것이 빚어낸 스탈린 체제에 있다는 것이 국제 학계의 공통된 인식이다.

스탈린의 편집광적인 권력욕. 그 권력욕을 충족시키기 위해 무자비한 정적 제거와 국민탄압, 그로 인한 폭력의 공포정치 그리고 공포정치 밑에 깔린 거짓과 속임수의 정치조작, 이것이 소련을 팽창주의적 제국주의 국가로 만들었으며 이에 대한 서방세계의 강력한 대응이 냉전을 낳은 것으로 본다.

스탈린은 1930년대의 농업집단화 과정에서 1,400만 명을 죽였거나 죽게 만들었다. 숙청이란 이름 아래 350만 명을 죽였거나 죽게 만들었다. 도합 약 1,750만 명의 목숨을 뺏은 것인데 최근의 새 자료에 따르면 약 2,200만 명까지 증가된다.

독·소 전쟁에서 약 2,600만 명이 생명을 잃었는데, 이를 모두 합하면 스탈린 치하에서 4,300~4,800만 명이 생명을 잃은 셈이 된다.

1950년대의 경우, 소련 전체 토지의 1~2%를 개인적 경작지로 주었는데 그곳에서 소련 전체 채소의 약 1/2, 육류, 우유, 감자의 약 1/3, 달걀의 약 9/10가 생산되었다. 명령경제로 지탱할 수 없는 너무나 명백한 자료가 아닌가.

1949년 9월, 소련이 원폭실험에 성공하였고, 10월 중국이 공산화되었다. 스탈린의 지원과 승인하에 김일성은 6·25전쟁을 유발하였으며, 1953년 3월 스탈린의 죽음으로 휴전이 가능하게 되었으니 우리나라와 우리 국민의 운명에 아직도 그의 어두운 그림자가 드리워져 있다고 보겠다.

그의 죽음에 대해 살펴보자. 스탈린이 70세를 넘어선 1951년 무렵부터 그의 고질적인 뇌동맥 경화증이 악화되었다.

1953년 2월 28일 저녁, 스탈린은 크렘린에서 소련 공산당 정치국 정위원들인 베리야, 말렌코프, 흐루시초프, 불가닌과 함께 영화

스탈린과 부인
스탈린은 첫 번째 부인 에카제리나
와 사별하고 나제즈다와 결혼했다.

를 본 뒤 그들 모두를 데리고 크렘린 부근의 쿤트세보에 있는 별장에 가서 늘 하던 대로 늦은 만찬을 가졌다. 3월 1일, 아침에 늦은 만찬이 끝나고 스탈린은 잠자기 시작했다.

어느 시점에 별장의 경호원들은 스탈린에게 뭔가 문제가 생겼음을 느꼈다. 스탈린은 뇌출혈로 인해 혼수상태에 빠져 있었는데 때로 눈을 뜨기도 했다. 경호원들은 전날 저녁에 참석했던 요인들에게 연락을 취했다. 요인들은 현장에 도착했으나 어떻게 해야 좋을지 결정할 수 없었다.

스탈린이 살아났지만 반신불수가 될 경우, 불신병이 갈수록 심해진 스탈린이 자신들을 '의학적으로 적절히 처리하지 못했다'는 혐의로 처형할 수 있었기 때문이었다. 설령 스탈린이 다시 깨어나 정상으로 돌아와도 자신이 혼수상태에 빠진 것에 대해 어떤 음모가 있었다고 의심하여 자신들을 처형할 수 있다는 두려움이 있었다. 그래서 요인들은 스탈린이 그냥 죽게 내버려두는 것이 좋겠다는 암묵적인 합의에 도달했다. 그래서 의사를 부르지 않았다.

스탈린의 말년에 '베리야 제거'에 혈안이었던 만큼 베리야가 가장 적극적이었을 가능성이 있다. 별장에서 일하는 하녀들과 경호원들이 의사를 부르는 것이 좋겠다고 건의했다. 그러나 그들은 특히 베리야는 스탈린이 자고 있으니 너무 걱정하지 말라고 대답할 뿐이었다.

몇 시간이 지나 요인들은 뇌출혈의 스탈린을 옆방의 침대 위로 옮겨 뉘어 놓으라고 지시했다. 스탈린은 그 침대 위에서 죽었다. 그 직후 베리야는 별장 자체를 폐쇄했다.

그 뒤에 나온 공식발표는 스탈린이 모스크바의 아파트에서 3월 5일 죽은 것으로 되어 있었다.

24. 흐루시초프

흐루시초프는 1894년 우크라이나 탄광의 광부의 아들로 태어나 광부가 되었다. 1918년, 공산당원이 되어 25세 무렵 러시아어를 해독하게 되었다. 모스크바 지하철 공사 책임자로 독일군이 모스크바로 진격할 때 독일군 지하에서 공사하였고, 스탈린그라드 전선에는 중장으로 참전하였다.

1953년 3월 5일, 스탈린이 사망하자 말렌코프, 베리야와 후계경쟁을 하였으며 6월 말 베리야가 체포되어 12월에 처형되었다. 흐루시초프는 당을, 말렌코프는 정부를 책임졌으나 말렌코프가 소비재 공업에 역점을 두고자 시도하다가 실패하여 1955년 2월 수상직을 사임하면서 흐루시초프 통치시대가 열렸다.

1956년 2월 스탈린 격하운동을 벌였는데 스탈린 사후 3년 만의 일이었다. 10월에는 인류 최초의 인공위성 '스푸트니크 1호'를 지구궤도에 진입시켰다.

1958년 3월 수상이 되었으며, ICBM(대륙 간 탄도미사일) 개발에 성공하였다. 1959년에는 미국을 방문하여 오하이오 주의 옥수수밭을 시찰하였다.

1960년에는 UN총회 석상에서 자신의 신발을 벗어 탁자를 치며 "우리는 당신네들을 매장하겠다"고 큰소리를 쳤다.

1961년 8월, 동서 베를린 경계에 장벽을 설치하였고, 1962년 쿠바에 중거리 미사일을 설치하려다 J.F. 케네디 대통령

흐루시초프

의 단호한 대응으로 실패하면서 대내 입지가 취약하게 되었다.

그 후, 평화공존을 주장하게 되었으며 1963년에는 모스크바-워싱턴 D.C. 간에 비상통신망이 가설되었다. 1963년, 미국에서 곡물을 수입하게 되면서 흐루시초프 10년의 정책이 실패로 낙인찍혔다. 1964년 10월 14일, 흑해의 소치에서 휴양 중 실각하였다. 브레즈네프 궁정혁명의 결과였다.

1971년 흐루시초프가 사망하였다. 그가 몰래 쓴 자서전 원고가 미국의 보스턴에 있는 리틀 브라운 출판사에 의해 출판되었다. 소련 내부적 문제의 심각성을 깊이 인식한 결과였다.

수상을 지낸 사람이 자기 나라에서 회고록을 출판할 수 없는 사실에서 1991년 소련 와해의 징후가 보인다고 하겠다.

25. 브레즈네프

흐루시초프의 실각은 브레즈네프를 중심으로 한 당간부와 KGB(국가보안위원회)의장 등이 모의한 장기간 권력투쟁이 아닌 한순간에 이루어진 정권교체로 주목할 만하다.

이 쿠데타가 성공한 뒤, 1966년 3월 제23차 당 대회 때 일대 개편이 있었다. 그 결과 소련은 브레즈네프를 중심으로 하는 트로이카 체제가 형성되었다. 당 제1서기에는 브레즈네프, 수상은 코시긴, 최고회의 간부회 의장에는 포드고르니가 임명되어 집단 지도 체제가 형성되었다.

1965년에 시작한 코시긴의 경제개혁이 실패하자, 흐루시초프의 실각 주원인이 경제정책, 그 가운데서도 농업정책의 실패에서 온 것임을 아는 브레즈네프는 극적인 정책변화를 피하며 지도적 당간부(노멘클라투라)들의 지위 안정화를 도모하였다.

1970년 이후 실질적인 1인 지배체제로 소련을 통치한 끝에 정치국 정회원의 평균 연령이 70세에 이르게 되었다. 1982년 11월 브레즈네프 사망 이후, 그를 계승한 안드로포프는 15개월 만에 사망하였다. 마지막 176일 동안, 안드로포프는 병환으로 모습을 드러내지 못했다. 그의 뒤를 이은 체르넨코 역시 13개월 만에 사망했다.

국정이 침체되고 경제가 어려워지자 1970년 세계적 발레리나 마카로바가 영국으로 망명하였으며, 1974년 세계적 발레리나 바라슈니코프가 캐나다로 망명하였다. 1976년 빅타 벨렌코가 Mig 25기와 함께 미국으로 망명하였다.

중·소 분쟁이 야기되자 중국은 미국과 협력하여 소련을 견제코자 하게 되어 키신저가 중국을 비밀리에 방문한 뒤 1972년 닉슨 미 대통령이 중국을 공식 방문하였다.

이러한 가운데 1979년 소련은 아프가니스탄을 침공하게 되며, 소련의 경제지표가 1967년을 정점으로 하강하게 되어 1981년에는 소련 국민 전체 소비량의 20%에 해당하는 4,600만 톤의 밀을 미국에 70억 달러를 주고 수입하게 되었다.

1985년 3월 53세의 미하일 고르바초프가 당서기장에 선출되었다.

26. 고르바초프

1985년 3월 당서기장에 선출된 고르바초프는 1986년 전당대회에서 경제개혁을 크게 강조하여 개방(Glasnost), 개혁(Perestroika)을 내세웠다.

소련은 1917년 11월~1982년 11월까지 64년 동안에 레닌, 스탈린, 흐루시초프, 브레즈네프 4명의 최고 집권자가 통치한 데 비해 1982년 11월~1985년 3월의 52개월 사이에 안드로포프, 체르넨코, 고르바초프로 이어지는 3명의 최고 집권자가 승계되는 불안정한 시대를 맞게 되었다.

고르바초프는 1931년 3월 2일 출생하여 볼셰비키 혁명경험도 없고 제2차 세계대전 참전경험도 없으며 역대 소련 지도자 가운데 유일하게 대학교육(모스크바 대학교 법대)을 받았으며, 부인 라이사도 같은 대학 동창이다.

1986년 4월, 체르노빌 원전사고를 겪으면서 그는 관료체제를 개혁하고자 노력했다. 1985년 3월~1987년 3월간 부총리, 장관 등 고위관료 102명 가운데 64명을 교체하였다.

1987년에는 복수후보, 비밀투표를 보장하면서 비당원들의 진출을 가능하게 하여 러시아 연방 공화국 대의원의 57%가 비당원으로 충원되었다.

고르바초프

1989년 3월 제1차 인민대표회의 선거에서 모스크바의 한 선거구에 출마한 옐친이 90% 이상의 득표로 당선되었다.

1991년 8월 18~21일, 고르바초프의 개혁·개방에 반기를 든 공산당 보수파가 쿠데타를 일으켜, 고르바초프 체포에 혈안이 되어 있었다. 일요일이던 8월 18일 밤, 국가보안위원회 (KGB)와 국방·내무부의 공산당 보수 강경파들은 국가비상사태 위원회를 구성하고 흑해 크림반도에서 휴가 중이던 고르바초프를 찾아가 사임을 요구했으며, 이를 거절한 고르바초프를 별장에 감금했다. 그리고 탱크부대를 모스크바에 진입시켰다. 쿠데타세력은 고르바초프로부터 핵미사일 발사 장치까지 빼앗았다.

27. 옐친

1991년 8월 18일, 쿠데타가 일어났다는 소식을 들은 옐친은 쿠데타에 대항하자는 내용의 대국민 성명을 작성했다. 그는 모스크바 인근 별장에 있었다. 8월 19일 역사적인 탱크 포탑 연설이 이루어졌다.

옐친은 쿠데타 군이 모스크바를 장악할 경우, 임시정부를 만들어 대항할 계획까지 세워놓았다. 쿠데타 군이 모스크바 시내로 밀고 들어온다는 소식이 알려지자, 수천 명의 옐친 지지자들이 의사당 주변으로 몰려들어 바리케이드를 설치했다.

8월 20일, 청년 3명이 쿠데타 군의 총에 맞아 숨지자 더 많은 시민이 모여 항의했고, 국제적 비난도 거세졌다. 그러자 쿠데타에 참가한 군부대는 갈팡질팡하다가 21일 탱크를 철수시켰다. 쿠데타 주모자 대부분은 곧바로 체포되었다.

공산체제로의 복귀를 꾀했던 쿠데타는 72

보리스 옐친과 대통령 유세를 지지하는 국민들

시간 만에 진압되었다. 옐친은 쿠데타 진압을 계기로 공산당의 활동을 금지시키는 등 고르바초프 대통령의 손발을 묶었다.

정치적 치명상을 입은 고르바초프는 1991년 말 사임하고 옐친이 신러시아 독립국가 연합(CIS)을 이끄는 최고 권력자가 되었다.

보리스 옐친이 의사당 앞에서 탱크 포탑에 올라가 러시아 국민에게 "쿠데타 세력에 당당히 맞서자"고 촉구했을 때, 그의 용기 있는 리더십은 공산주의 세력을 무너뜨리고 러시아의 운명을 바꾸어 놓았다. 이 역사적인 장면이 신러시아의 시작이다.

민주국가로 재탄생한 러시아의 초대 대통령이었던 옐친은 급속한 시장경제 도입에 따른 혼란을 겪었다. 1997년부터 G7에 가입하여 G8로 활동하였다. 1991년부터 1999년 말까지 대통령으로 근무한 옐친은 1999년 말, KGB 출신의 블라디미르 푸틴 총리를 대통령 대행으로 임명한 뒤 물러났다.

옐친이 의사당 앞에 배치돼 있던 진압군 탱크 포탑 위에 올라가 국민에게 쿠데타에 맞설 것을 촉구하고 있다.

28. 블라디미르 푸틴

푸틴은 '안정'과 '대국 재건'을 기치로 내걸고 강국 러시아 복원 정책을 강하게 밀어붙이고 있어 '21세기 표트르 대제'를 꿈꾼다는 말을 듣는다. 그는 국력 강화에 자원을 최대한 활용했다.

러시아는 현재 석유와 가스를 비롯한 에너지와 광물을 앞세운 자원외교로 국제사회의 강자로 자리 잡고 있다.

소련 붕괴 뒤 8위까지 떨어졌던 석유 생산량을, 푸틴 집권 뒤 1위로, 천연가스 생산량·매장량 1위(2010년 기준)로 다시 올라섰다. 러시아의 에너지 수출은 2,573억 달러로 수출 총액의 2/3에 이른다.

푸틴은 전 세계 천연가스 생산량의 20%를 차지하고 있는 민영기업 가스프롬을 2004년에 국유화했다. 그가 에너지 차르로 불리는 이유이다.

푸틴 집권 후, 경제성장률은 2009년을 제외하고 매년 4% 이상을 기록하였다. 러시아는 2014년 소치 동계올림픽과 2018년 FIFA 월드컵까지 유치하였다.

러시아는 21세기 들어 국력과 함께 과거의 자신감까지 회복했다. 그러나 푸틴의 강한 리더십 이면의 그늘에 대한 우려도 있다. 언론 탄압과 빈부 격차 때문이다.

2008년 이후 메드베데프 대통령 아래 총리로 근무하고 있는 푸틴은 2012년 3월로 다가온 대선에서 메드베데프 대통령을 이어 대통령직을 이어 가게 되었다. 2012년부터 대통령직을 수행하게 된다면 12년을 집권하게 되어 러

블라디미르 푸틴

시아의 스탈린 다음가는 장기집권자가 된다. 이러한 푸틴의 장기집권 야욕에 대해 우려하는 목소리가 높다.

29. 드미트리 메드베데프

2008년 70% 이상의 득표로 당선된 드미트리 메드베데프는 '서구식 근대화가 필요하다'는 지식인과 청년층의 지지를 받고 있다. 그는 "러시아의 미래는 새로운 기술에 있다"고 주장하며 근대화가 러시아의 최우선 과제임을 강조한다.

러시아 명목 GDP는 1조 4,650달러(2010년 국제통화기금 자료)로 세계 11위이다. 그 뒤를 스페인, 호주, 멕시코, 한국(1조 70억 달러)이 뒤따르고 있다. 1인당 명목 GDP는 1만 440달러로 세계 40위이다.

메드베데프는 2011년 9월 24일, 2012년 대선에서 푸틴을 대통령으로 자신은 총리로 자리를 맞바꾸는 차기 권력 구도에 합의하였다. 이에 반기를 든 쿠드린 재무장관을 9월 26일, 경질하면서 경질이유에 대해 "장관이 일에 싫증이 나서 그만두었다"고 밝혀 논란이 되었다.

메드베데프

1990년에 이어 몇 년 전 러시아를 방문했을 때, 러시아의 가장 큰 고민이 출생하는 인구보다 사망하는 주민이 많아 매년 인구가 감소하는 것이라는 말을 들었다.(연간 약 50만 명)

국가가 모든 것을 결정하고 명령·지시만 따르며 살다가 돌연 스스로 판단하고 결정하며,

그 결과에 대해 본인이 책임지게 된다는 것이 감당하기 어려운 스트레스가 되어 수명이 줄어든다는 설명이었다. 러시아는 대한민국보다도 자유민주주의나 시장경제에 대한 경험이 부족한 나라이다.

제6부

독일의 황제와 지도자

독일의 황제와 지도자

1050년경의 독일은 유럽에서 권력 집중이 가장 잘 이루어지고 통치 또한 가장 잘 된 지역이었다. 그러나 1300년경에 이르러 독일은 적대적인 작은 국가들의 군집으로 전락하고 말았다.

독일은 19세기에 이르러서야 다른 유럽 국가들을 따라잡을 수 있었고 뒤늦게 유럽의 정치 체계에서 온당한 지위를 얻고자 노력하는 와중에 여러 어려운 문제들을 야기했고, 이러한 난제들은 현대에 이르러서야 비로소 해결되었다.

10세기 중반의 오토대제 치세에서 11세기 후반에 이르기까지 독일이 강대국일 수 있었던 요인은 강력한 지배자들로의 계승, 정치적 분열의 방지 그리고 국왕과 교회와의 긴밀한 결합 등이었다. 헝가리인을 물리치는 쾌거를 이룩하고 황제 칭호를 획득한(962) 오토는 독일을 더 이상 침략의 희생물이 되지 않도록 했고 왕국의 위신을 크게 드높였다. 그 후 100년이 넘는 동안 오토만큼이나 유능하고 강력한 지배자들이 끊임없이 뒤를 이었다.

황제들은 스위스, 동프랑스, 저지대 지방의 대부분 그리고 북부 이탈리아를 포함한 광대한 영토를 통치하기 위해 교회와의 제휴에 크게 의존했다. 황제의 중요한 행정관은 대주교 및 주교들로서 황제는 그들을 교황의 간섭 없이도 임명했고, 그들은 황제 가문 출신인 경우가 빈번했다. 독일 황제들은 곧장 이탈리아로 남하하여 자신이 원하는 교황을 임명할 수 있을 정도였다. 11세기를 경과하는 동안 황제들은 일시적으로 자신들의 세속 행정권을 발전시키기 시작했다.

그러나 바로 그때 오토 대제와 그의 후계자들이 구축한 모든 체계는 교회 내에서 일어난 혁명으로 말미암아 극적인 도전을 받게 되었다.

1. 하인리히 4세(1056~1106)

독일정부에 대한 도전은 하인리히 4세 치세에 행해졌으며 그것을 주도한 인물은 교황 그레고리우스 7세(1073~1085)였다.

그레고리우스 7세는 세속 권력으로부터 교회를 자유롭게 하고자 했다. 그는 독일에 인접한 정치적 경쟁자인 공(公, dukes)들과 다른 독일 제후들과의 동맹을 구축하여 하인리히 4세가 수세에 몰리도록 했다. 때마침 황제의 지배권에 반항할 구실만을 찾고 있던 공들과 제후들은 하인리히 4세의 교황에 대한 불복종을 이유로 황제의 폐위를 협박하기에 이르고 막강했던 황제는 그레고리우스 7세의 사면을 구해야 할 지경에 놓이게 되었다. 중세 최고의 극적인 장면 가운데 하나였다.

1077년 한겨울에 하인리히 4세는 허겁지겁 알프스를 넘어 북이탈리아의 카노사성에서 교황 앞에 엎드렸다. 그레고리우스 7세는 제후들에게 보낸 서신에서 그 광경을 이렇게 묘사하였다.
"사흘 동안 내내 성문 앞에 서서 국왕의 기장들을 모두 옆에 둔 채로 맨발에 허름한 옷을 입고 하인리히 4세는 교황의 도움과 위로를 간청하면서 눈물을 그치지 않았다."

'카노사의 사건'은 하인리히 4세가 자신의 폐위를 막아내기 위해 선수를 친 사건이긴 했지만 그럼에도 불구하고 그 사건은 황제의 위신을 크게 손상시켰다. 그의 아들인 하인리히 5세(1106~1125) 시대까지 계속된 교황과의 투쟁이 끝났을 무렵, 제후들은 황제로부터 과거 어느 때보다 더 많은 독립을 누리게 되었다.

그리고 급기야 1125년에 그들은 종종 가장 약한 계승자를 선택하거나 온 나라를 내란에 휩쓸리게 하곤 했다. 한편 황제는 교회에 대한 통제권을 대부분 잃고 말았으며, 이로 인해 사실상 황제는 행정 보좌역을 상실하는 결과를 맞게 되었다. 중세에 가장 많은 교육을 받은 사람이 성직자였고 로마 제국 멸망 후 교회가 행정을 감당해왔기 때문이었다.

프랑스와 잉글랜드가 점차 중앙 집권적인 통치기구를 공고히 하고 있는 동안에 독일은 오히려 그것을 잃고 있었던 것이다.

2. 프리드리히 1세(1152~1190)

독일 군주국가에 밀어닥친 조류를 막아내려 한 대표 인물은 12세기의 호엔슈타우펜가 출신의 프리드리히 1세(1152~1190)였다. '바르바로사(Barbarossa)'라고도 불리는 프리드리히는 자신의 영역을 '신성로마제국(Holy Roman Empire)'이라 부르고 황제의 위엄을 되찾고자 했다.

그러나 불운하게도 프리드리히는 척박한 그의 고향 슈바벤과 더불어 북이탈리아를 자신의 세력 근거지로 삼고자 하는 최악의 결정을 내려 알프스 산맥의 커다란 장애물에 부딪히게 되었다.

독일 황제군이 레그나노(Legnano)에서 북이탈리아 도시 연합군에 의해 참패를 당하게 되었고 프리드리히는 그 지역의 실질적인 독립을 인정하지 않을 수 없게 되었다.

그동안에 독일 제후들은 계속해서 힘을 모아 특히 엘베 강 동쪽의 비옥한 농경지를 식민지화하였는데 이 지역이야말로 프리드리히가 다른 어느 곳보다도 힘을 쏟아야만 했던 곳이었다. 그의 치세는 사실상 독일제국이 중세에는 다시금 흥기하지 못할 것임을 확실히 보여준 것이었다.

3. 프리드리히 2세(1212~1250)

프리드리히의 손자인 프리드리히 2세는 프리드리히 못지않게 유명하지만 그의 치세는 사실상 독일의 운세가 다했음을 보여준 시기에 불과했다.

아무런 방해를 받지 않고 이탈리아 정책을 추진하기 위해 프리드리히 2세는 제후들에게 광범한 주권을 허용하여 독일을 공식적으로 그들에게 넘겨버린 결과가 되었다.

그 후 유명무실한 황제들이 계속 선출되었지만 독일의 실질적인 지배자는 제후들이었다. 그들은 서로 끊임없이 전쟁을 벌여 평화는 좀처럼 오지 않았다. 그리고 그들은 영토를 재분할하여 상속시킴으로써 급기야 독일의 지도는 조각그림 맞추기 퍼즐처럼 보이기 시작했다. 후일 프랑스의 계몽사상가 볼테르가 말했듯이 독일의 신성로마제국은 신성하지도, 로마답지도, 제국 같지도 않은 것이 되고 말았다.

4. 프리드리히 빌헬름 1세(1713~1740)

절대주의를 성공시키기 위해서는 역동적인 힘을 유지할 필요가 있었는데 18세기의 프로이센이 그러하였다. 대선제후 프리드리히 빌헬름의 뒤를 이은 프리드리히 1세(1688~1713)는 베를린의 외관과 문화생활을 향상시켰다.

프리드리히 빌헬름 1세(1713~1740)의 주요 관심사는 오로지 일급 군대의 양성이었다. 그가 왕위에 올랐을 당시 무장병력은 3만 명에 불과했지만 27년 후 그가 사망할 때는 8만 3,000명에 달했다. 그는 프랑스, 러시아, 오스트리아에 이어 유럽에서 네 번째임을 자랑하는 군대의 총사령관이었다.

그는 국가정책의 시행과정을 자신이 직접 감독했으며 궁정 생활의 낭비를 피하였다. 그에게서 절대주의의 무대는 궁정이 아니라 사무실이었으며 이로써 그는 국가와 군대의 방향타를 직접 잡게 되었다.

5. 프리드리히 대왕(1740~1786)

프리드리히 빌헬름 1세도 그의 아들만은 자신의 뜻대로 되지 않았다. 아들은 전쟁보다는 플루트에 더 열심이었으며 프랑스 문화를 경멸했던 부친과는 반대로 프랑스 문화를 찬양했다.

나이 18세가 되던 1730년에 그는 한 친구와 함께 궁정을 뛰쳐나와 도망을 쳤다. 두 사람은 곧 체포되어 왕 앞에 끌려 왔는데 왕은 프리드리히가 보는 앞에서 그의 친구를 처형하였다. 두 사람을 높은 성루로 데리고 올라가 그의 친구를 밀어 떨어뜨림으로써 즉사케 하였던 것이다. 프리드리히는 무서운 교훈을 배웠다.

그 후 그는 왕으로서 자신의 의무에 충실했다. 그는 '국가의 첫 번째 공복'이라는 자신의 이미지에 맞추어 생활했으며 결국에는 프리드리히 대왕이라는 역사적 칭호를 얻게 되었다.

부친의 업적을 밑바탕으로 하여 프리드리히 대왕은 프로이센을 주요 열강의 지위로 격상시켰다. 1740년에 왕위에 오르자마자 부친이 결코 전투에 투입한 적이 없었던 군대를 가동하여 방어가 취약했던 오스트리아의 슐레지엔 지방을 점령하였다. 그의 남은 향후 45년간의 통치기간은 이 최초의 대담한 성과를 계속 강화시키는 데 바쳐졌다.

군대의 힘을 최대한 유지하기 위해 프리드리히 대왕은 군대의 장교단을 젊은 귀족들로 충원하였다. 관료제를 확대하는 데도 귀족들에게 의존하였다. 그는 유럽 전체에서 가장 전문적이고 효율적인 관료제를 만들었다.

군대와 관료를 귀족 계급으로 충원한 것은 프로이센의 외적에 맞서 공동전선을 확보하기 위한 것이었고 국가의 가장 특권적인 집단으로부터 불요불굴의 지지를 얻어내고자 하는 그의 결의에 기인한 것이었다.

귀족들을 자극할 우려가 없는 한 그는 자신의 합리적 성향대로 추진해 나갔다. 그는 기소된 범죄자에 대한 고문을 금지하는가 하면 재판관의 매수를 금지시켰으며 초등학교 제도를 수립하였다. 그는 종교적 관용도 장려하였다.

그는 자신의 왕령지에서 모범적인 계몽군주였고, 사형제도도 폐지하였다. 농민들에 대한 강제 부역을 억제하고 그들에게 경작지의 장기 임차를 허용하였다. 그는 또한 과학적 임업과 새로운 곡물 경작을 장려하였다. 그는 슐레지엔에서 새로운 땅을 개간했으며 이 땅을 경작하기 위해 수천 명을 이주시켰다.

전쟁으로 그들의 농경지가 폐허로 변하면 그는 농민들에게 새로운 가축과 농기구를 공급해주었다. 그러나 그는 이러한 개혁을 결코 융커 엘리트들의 영지에는 확대시키지 않았다. 프리드리히 대왕이 가장 크게 의존하고 있던 사회·경제적 집단을 소외시킬 우려가 있었기 때문이었다.

유럽에서 1756년부터 1763년까지 계속된 7년 전쟁은 프랑스·오스트리아·러시아 동맹에 의해 자신의 영토가 해체되는 것을 막으려 한 프리드리히 대왕의 시도였다. 프로이센 군대의 탁월함과 프리드리히 대왕 자신의 군사적 천재성으로 말미암아 적국의 공격은 빈번히 좌절되었다.

이 가공할 강적에 맞서 프로이센이 살아남을 수 있었던 것은 러시아 표트르 대제의 딸인 여황제 엘리자베스(1741~1761)의 죽음 때문이었다. 1760년 러시아군 선봉대가 베를린에 입성하여 프리드리히 대왕은 거의 자살해야 할 지경까지 이르기도 하였다.

그러나 14세 때까지 독일 궁정에서 성장하여 프리드리히 대왕에 대한 존경심이 강했던 표트르 3세가 여황제를 계승하고, 프러시아에 대한 군사활동 중지명령을 내리고 동맹국인 오스트리아를 공격하도록 명령하여 '브란덴부르크 가문의 기적'을 이루어냈던 것이다. 표트르 3세는 정복지역인 동프로이센과 포메라니아를 프로이센에 돌려주고 전쟁에서 물러났다. 뒤이어 평화가 찾아오고 프리드리히 대왕은 작센을 포기하게 되었으나 슐레지엔을 계속 보유할 권리를 인정받았다.

6. 18세기 이후의 독일(프로이센)

18세기 중엽 이후 영국에서는 산업혁명이 진행되는 동안 유럽대륙에서 산업혁명이 지체된 이유는 수송 및 원료의 부족을 첫째로 들 수 있다. 중부 유럽은 자체의 통행료 및 관세 징수권을 갖는 작은 공국들로 나뉘어져 있어서 원료나 공산품의 원거리 수송이 대단히 어려웠다.

두 번째 이유는 사업가 정신의 결여였다. 대륙에서는 사회·경제적 계급 간의 거리와 구별이 영국에서보다 한층 더 심했다. 독일에서는 영국과는 달리 돈이 사회적 해결책이 아니었다. 대륙의 귀족들은 자신의 사회적 지위가 손상당할 수도 있다는 염려에서 사업에 투자하기를 꺼렸다.

혁명기의 헌정적 변화는 하층 중간계급의 재산 취득을 장려함으로

써 오히려 자본을 수많은 소규모 사업가들의 수중에 분산시켜 산업의 성장을 저해했다.

기업가적 정신은 1815년 이후 수년간 프랑스와 독일에서는 발달하지 못하였다. 프랑스 혁명과 뒤이은 전쟁은 가능했을지도 모를 성장을 방해했다. 프랑스, 독일, 이탈리아 영토에서 치러진 전투는 공장과 기계를 파괴하였다.

나폴레옹의 대륙 봉쇄령으로 상업 역시 큰 타격을 받았다. 전반적으로 볼 때 프랑스 혁명과 나폴레옹 전쟁은 대륙의 산업발전을 저해했으며 같은 기간 영국에서는 산업발전이 더욱 확대되었다.

기원 원년에 3억이던 세계인구가 2배인 6억이 되는 데는 1650년이 필요하였다. 그러나 위생혁명과 산업혁명의 영향으로 대부분의 유럽 국가 인구는 1800년에서 1850년의 50년 사이에 두 배로 증가하여 많은 수의 생산자와 소비자로 채워지게 되었다.

프로이센의 경우, 사적 자본의 결여로 그 나라 대다수의 광산을 국가가 운영해야 했다. 또한 유럽인들은 교육 체계 확립에 국가가 나서 줄 것을 바랐다.

영국이 거의 우연히 해낸 것을 유럽인들은 계획적으로 재창출하기 시작했다. 유럽 출신 기술자 및 전문가, 사업가들의 전반적인 부족 현상은 프랑스와 독일 및 기타 지역의 급속한 산업팽창을 저해하였음이 분명하다.

1870년 영국이 전 세계 선철의 절반을 생산하고 있을 때 독일의 선철 생산량은 10.2%였다. 수공업자의 생산에 대한 길드 및 주식회사의 통제는 독일 대다수의 지역에서 1860년대 중반에 폐지되었다. 강제적으로 고리대금업을 금하는 법률이 공식적으로 폐지된 것도 이때였다.

1850년에서 1869년 사이에 독일의 석탄 생산은 420만 톤에서 2,370만 톤으로 증가했다. 1830년까지 프로이센 인구의 70% 이상이 농촌에 살고 있었으며, 남부 및 서부 독일의 일부 군소국가에서는 30세 이전의 혼인이 금지되어 있었고 결혼하려면 가족부양 능력을 입증하는 것이 필요했다. 프로이센은 영국과 함께 농업 자본주의가 가장 앞서 발전한 곳이었다.

1807년 독일에서는 개혁지향적인 정부에 의해 해방된 농노들이 자유의 대가로 자신들 농토의 1/3에서 1/2 정도를 몰수당해야 했다. 토지를 소유했던 대부분의 사람들이 대지주에게 땅을 팔도록 압력을 받았다. 프로이센의 지주(융커) 중에는 시장에 대해서뿐만 아니라 자신들의 소작농에 대해서도 책임을 인식하고 있는 경건주의자들이 있었다.

1844년 슐레지엔의 한 극빈지역에서는 주민 4만 명 가운데 3만 명이 구호 대상이었다. 독일의 프랑크푸르트에서는 사생아 비율이 1700년대 초에는 2%에 불과했는데 1850년에는 25%에 이르렀다. 대부분의 대도시에서 노동자들은 시골에 남겨둔 가족들과 떨어져 하숙했다. 이전에 한 가구가 살던 단독주택이 가구당 방 하나씩 돌아가는 아파트로 개조되었다. 급수는 보통 집 밖의 수도꼭지를 통해 이루어졌는데 그것도 여러 가구가 공동으로 사용했으며 게다가 옥외 변소 근처에 있었다.

유럽의 그 어느 도시보다 나은 급수시설을 갖추었다는 파리만 하더라도 1인당 연간 목욕 횟수는 두 번에 미치지 못할 정도였다. 런던은 25만이나 되는 가정용 화장실의 분뇨가 수거되지 못하고 있었다. 매춘이 허가된 직종이었던 파리엔 5만 명, 런던에는 8만 명에 이르는 매춘부가 있었다.

독일에서의 사생아 출산은 빈민의 결혼을 금지하는 법의 결과였을지도 모른다. 산업혁명의 여파는 가족 유대의 약화, 부모들의 감시 감소, 무절제한 생활기회 확대 등으로 나타나 익명성이 보장되는 공장 주거환경 속에서는 통제가 거의 되지 않았다. 대부분의 노동자들은 시계를 볼 줄 몰랐을뿐더러 시계를 가지고 있는 사람도 매우 드물었다.

이러한 산업혁명 와중에서 독일인 프리드리히 엥겔스(1820~1895)와 그의 독일인 동료 카를 마르크스(1818~1883)가 출현하게 되었다.

프로이센이 나폴레옹에 의해 굴욕적으로 정복당하자 프로이센의 지식인들과 정치 개혁가들은 유럽 열강 속에서 자국이 누렸던 지위를 다시 찾기 위한 움직임을 일으켰다. 그들의 움직임은 피히테의 『독일민족에 고함』에서 예시된 점증하는 민족 운명에 대한 인식과 무관하지 않았다.

1806년 프로이센의 참패는 프리드리히 대왕의 호전적인 위업 이후 반세기 동안 만연한 무기력함의 당연한 귀결이었다. 그러나 라인 연방 속에서 프랑스와 직접적으로 동맹을 맺은 여타의 독일 군소국과는 달리 프로이센은 자국 군대의 재건에 나섰다.

그 목표를 위해서 게르하르트 폰 샤른호르스트와 아우구스트 그나이제나우 두 장군은 프랑스 혁명으로부터 민족통합에 필요한 중대한 교훈을 본받아 변혁에 착수했다. 결국 국민개병제에 근거하여 재편된 국민군은 그 방위 업무에서 나라 전체를 포괄하며 사기 면에서 전례 없이 가장 '프로이센적'인 군대로 성장했다. 장교들은 비록 그 대다수가 융커라는 귀족계급에서 계속 배출되었지만 출생보다는 능력에 근거하여 모집되고 승진되었다. 베를린 소재 왕립 사관학교의 훈련도 근대화되었다.

학교가 국민적 의무에 관한 교의를 전파하는 이상적 대행 기관임을 깨달은 프로이센 개혁가들은 초등 및 중등 교육기관을 증대시켰다. 1810년에 설립된 베를린 대학은 프랑스에 대한 프로이센의 궁극적인 승리에 기여했던 새로운 정신의 제도적 구현체였다.

1815년에서 1830년 동안 프로이센은 1806년 이래 독일을 구성했던 39개 나라 중에서 가장 주도적인 위치로 떠오른 독립적인 민족 세력이었으며 오스트리아의 지배에 대항해 지속적인 투쟁을 벌인 유일한 경쟁 상대였다. 1830년대 초 영국과 프랑스의 자유주의적 개혁이라는 변화에 상응할 만한 지속적인 움직임이 독일에는 없었다.

7. 프리드리히 빌헬름 4세(1840~1861)

1840년에 프로이센 왕위를 계승한 프리드리히 빌헬름 4세는 모종의 로맨틱한 민족주의자이자 권위주의자였다. 그는 입헌주의에도 반대한다고 선언했다.

1847년 중간계급에 속하는 프로이센 자유주의자들이 하원회의에서 입법과 예산 문제에 대한 통제권을 요구했을 때 국왕은 그들의 요구를 거부하는 조치를 취했다. 그 후 프리드리히 빌헬름은 프로이센이 연방 안에서 보다 큰 지위를 장악하기 위한 계획에 착수했다.

독일연방은 독일이 오스트리아와 함께 1815년 비인회의에서 결성된 것이었다. 대부분의 사람들은 하나의 국민국가로 통일되기를 갈망하였다. 1848년의 혁명은 보다 자유로운 정부와 민족적 통일을 바라는 이중적 성격을 가지고 있었다.

1848년 5월 자유주의자들과 민족주의자들(독일 연방 대표자들)은 독일헌법을 만들기 위하여 프랑크푸르트 국민회의를 열었다. 국민의회는 권리법안을 채택하는 데 성공하였지만 다른 헌법 문제들에 대해서는 의견이 맞섰다.

즉, 새 독일이 제한된 왕국이어야 하는지 아닌지에 대하여 의견이 대립하였으며 통일 독일에 오스트리아가 포함되어야 하는지 그리고 누가 왕이 되어야 하는가에 대해 의견이 엇갈렸다.

가장 큰 문제는 프러시아 주도 아래 오스트리아를 제외한 연방을 만들자고 하는 소독일주의와 오스트리아를 주도국가로 하여 통일을 이루자고 하는 대독일주의의 대립이었다.

결국 소독일주의와 군주제가 승리를 거두었다. 그러나 프리드리히 4세는 이를 받아들이려 하지 않았다. 이러는 동안 융커를 중심으로 하는 보수 반동주의자들과 프롤레타리아의 준동을 두려워하는 시민들이 합세하여 혁명운동은 좌절되고 국민의회는 해산되었다. 독일의 통일은 비스마르크를 기다리지 않으면 안 되었다.

8. 비스마르크(Otto von Bismarck, 1815~1898)

독일제국의 성립이 선포되자 비스마르크는 몇 년 안에 프로이센 주도하에 제국이 통합되기를 강렬히 희망했다. 당시의 독일제국은 모든 권력이 중앙정부에 있지 않고 주(州)에 분산되어 있었다.

제국을 구성하는 각 주는 자체의 정부를 가지고 공공교육, 도로, 경찰과 기타 지방관직을 관리했다. 심지어 법의 집행까지 주로 주정부의 수중에 있었다. 그러나 독립된 자치권에도 불구하고 각 주는 사실 독일제국과 제국의 황제, 프로이센의 빌헬름 1세에 종속되어 있었다. 독일제국은 한때 "1마리의 사자, 6마리의 여우, 20마리의 생쥐로 이루어져 있다"고 표현될 정도였다.

사자라 할 수 있는 프로이센은 황제와 그의 재상을 통해 권한을 행세했다. 독일 제국의 재상과 각료는 오로지 황제에 대해서만 책임을 졌다. 빌헬름 1세는 육군과 해군, 대외정책, 제국 법의 전반적인 제정과 집행에 대한 막대한 권한을 행사했다. 그는 제국이 공격을 받을 경우, 전쟁을 선포할 권한을 가졌다. 그는 보수적인 제국 의회의 상원, 즉 연방의회 의석의 1/3에 달하는 프로이센의 지분을 지배했다. 연방 행정의 관리와 감독을 맡았던 연방의회 의장 또한 프로이센의 왕이 임명하는 프로이센의 수상이었다.

제국의 재정을 위한 자금 마련은 하원 즉, 제국의회의 의결을 거쳐야 했다. 이 의회는 황제와 각료들의 제안에 대해 거부권을 행사할 수 있었지만 자체적으로 입법을 할 수는 없었다. 비스마르크의 목적은 프로이센의 지배하에 통일 독일을 이룩하는 것이었다. 프랑스 대사로 있던 비스마르크가 프러시아의 수상으로 임명된 것은 1862년이며, 참모총장에는 몰트케(1815~1891), 육군대장은 로온(1803~1879)이 임명되었다.

비스마르크는 의회에서 군제개혁을 통한 철혈정책을 역설하였다. 슐레스비히와 홀스타인 두 주(州)는 독일인이 주로 거주하고 있었으나 덴마크 왕의 개인적인 지배 아래 놓여 있으면서도 1815년 이래 홀스타인 주는 독일연방에 포함되어 있는 논쟁의 지역이기도 했다. 1864년 비스마르크는 덴마크와의 일전에서 이 2개 주를 합병했다. 1866년 오스트리아와의 전쟁에서 7주 만에 승리를 쟁취하였다. 그는 즉시 프러시아를 중심으로 북부독일연방을 결성하는 한편, 남부 독일 여러 나라들과도 비밀리에 동맹을 맺었다.

프러시아의 왕은 통일 헌법에 의해 연방의 세습적 대통령이 되었으며 의회는 몇 개 나라들을 대표하는 상원과 남자 보통선거에 의해 선출되는 하원을 가지게 되었다.

1870년 7월 19일, 프랑스가 프러시아에 선전포고를 하고 전 독일 국민들도 프러시아를 지지하고 나서면서 보불전쟁이 시작되었다. 비스마르크는 이전에 먼저 군대에 프랑스와의 전쟁을 알린 바 있었다. 메츠에 포위된 프랑스군을 구출하러 나온 프랑스의 나폴레옹 3세가 세당에서 포로가 되면서 1870년 9월 1일 프랑스는 항복하였다. 개전 후 2개월도 되지 않은 기간이었다.

1871년 1월 18일, 프러시아의 빌헬름 1세(1797~1888, 재위 1861~1888)는 베르사유 궁전에서 독일의 전 군주들이 헌납하는 제관을 받고 독일 제국의 황제로 즉위하였다.

비스마르크는 남부 독일 국가들을 북독일연방으로 흡수하였다. 1871년 1월 18일, 전 독일을 하나의 호엔촐레른 제국으로 통일한다는 협정안이 루이 14세의 베르사유 궁전에서 확인되었다. 신생 독일제국은 프러시아를 중심으로 형성된 북독일연방에 남부 독일 국가들이 들어가서 이루어진 25개 지방 국가들의 연방 국가였다.

부왕 빌헬름 3세(1888)의 1년도 안 된 통치의 뒤를 이은 빌헬름 2세 (1888~1918)는 1890년 비스마르크를 해임하였다. 빌헬름 2세의 오만은 황족 숭배의식으로 더욱 부추겨졌다.

빌헬름 1세의 손자인 젊은 황제와 노재상인 비스마르크 사이의 다툼은 성격 차이뿐 아니라 정책과도 관련된 본질적인 것이었다. 비스마르크는 독일 통일 후 약 20년 동안 평화정책에 의한 보장정책을 고수하였다.

9. 20세기 이후의 독일

19세기 말에서 20세기 초 사이에 영국과 독일은 산업경쟁에 몰두했다. 1914년경에 이르러 미국과 독일이 일련의 산업분야에서 영국을 능가했다. 영국은 해군력의 우위를 놓고 독일과의 경쟁에 빠져들어갔다. 1870년에서 1913년 사이에 제조업 생산량이 독일은 6배 증가한 것에 비해 영국은 2배 증가하였다.

1870년 이후 독일은 세계 각지에 수출을 개시하여 오스트레일리아, 남아메리카, 중국 그리고 영국 본토에까지 시장을 확대해 나갔으며 유기화학 제품과 전기 설비의 제조와 같은 분야에서 전 세계적으로 영국보다 더 많은 판매고를 올렸다.

후발국인 독일의 공장들은 거대했고 그 공장들은 막대한 자본 투자가 이루어졌기 때문에 전력투구했고, 합리적으로 설계하였으며 부품을 표준화하였다.

제1차 산업혁명의 위업이 다분히 우연의 산물이라면, 1870년 후의 산업혁명의 업적은 순수과학과 과학기술의 긴밀하고도 생산적인 결합의 산물이었다.

독일에서는 의무교육제도가 18세기부터 시작되었고 곧바로 중등교육제로 이어져 능력개발을 촉진시키는 교육으로 발전했다. 독일은 1871년 이후에 프로이센을 모델로 국가교육제도를 제정했으며 1900년경에는 독일인구의 약 85%가 글을 읽을 수 있었다. 1914년경 독일에는 개인회사에 약 200만 명 이상의 화이트칼라 피고용자가 있었고 또 약 200만 명의 중하위직 공무원이 있었다.

1907년경 유럽은 두 개의 적대세력 즉 독일, 이탈리아, 오스트리아·헝가리의 3국 동맹과 영국, 프랑스, 러시아의 3국 협상으로 나뉘어졌다. 독일의 석탄과 강철산업, 조선과 해운업의 성장은 그들의 팽창의 도를 나타내는 것으로 보였다. 독일의 자본가들은 베를린에서 바그다드에 이르는 철도 건설에 자금을 지원하면서 동방정책의 일환을 노정하였다.

해군의 규모 증강을 위한 대대적인 운동은 배경이 귀족적인 육군에 들어갈 수 없던 자식들을 해군의 장교단에 복무하게 하여 산업자본가들을 각별히 배려해 주려던 계획이었다. 해군 장관인 알프레드 폰 티르피츠 제독이 지휘했던 이 해군력 증강계획은 괄목할 결과를 가져왔다.

3국 동맹에 위협이 되었던 세르비아와 루마니아는 각각 40만 이상의 군대를 보유하였고, 1913년 러시아는 150만의 군대에 50만을 증강하는 계획을 추진했다. 유럽의 모든 주요국가에서 좌파와 우파의 정치 세력 간 충돌이 국내의 안정을 위협했다.

10. 제1차 세계대전

20세기에 접어들면서 세르비아는 인종적·문화적으로 자신들과 비슷하다고 추정되는 모든 사람들에 대한 관할권을 확대하는 쪽으로 나아갔다. 터키 영토 내의 두 지방이었던 보스니아와 헤르체고비나에 이러한 사람들의 일부가 살고 있었다. 오스트리아·헝가리 남부 지방의 크로아티아인과 슬로베니아인도 그러하였다.

1908년 이후, 오스트리아가 갑자기 보스니아와 헤르체코비나를 병합하자 세르비아인들은 합스부르크 제국에 강력히 대항했다. 세르비아 민족주의자들은 그들 활동의 많은 측면에서 러시아 범 슬라브주의자들로부터 지원과 독려를 받았다.

1912년 세르비아, 불가리아, 몬테네그로, 그리스 4개국이 러시아의 동의하에 터키령 마케도니아 지방을 정복하기 위한 발칸동맹을 맺었다. 전쟁은 1912년 10월에 시작되었고 2개월도 못 되어 터키의 저항은 분쇄되었다. 세르비아는 마케도니아의 상당 부분을 차지하게 되었고, 알바니아까지 약속받았으나 오스트리아의 간섭으로 알바니아가 독립국이 되었다.

1914년 6월 28일, 한 세르비아 지지자에 의한 오스트리아의 대공 프란츠 페르디난트의 암살로 제1차 세계대전이 발발하였다. 제1차 세계대전 기간이나 그 후에 나타난 수많은 변화는 전쟁 자체의 결과가 아니라 전쟁 이전의 기간에 작용했던 압력과 힘이 빚어낸 결과였다. 이때 유럽의 세력은 그 절정에 이르렀지만 거꾸로 그 세력이 만들어 낸 힘으로부터 도전받고 있었고 결국 그 힘들은 통제할 수 없다는 것이 입증되었다.

　군주 프란츠 요제프는 84세의 고령으로 그를 계승할 프란츠 페르디난트의 암살은 제국에 대한 공격으로 간주될 수밖에 없었다. 암살자는 보스니아 출신의 학생이면서 세르비아 민족주의자의 앞잡이였던 가브릴로 프린치프였다. 암살은 보스니아의 수도인 사라예보에서 일어났지만 암살 음모는 세르비아의 수도인 베오그라드에서 계획된 것이었다.

　오스트리아가 처리방법을 결정하는 데 무능력했고, 추수기 이후에 군대를 동원하기 위해 3주 이상 지체하다가 1914년 7월 23일, 세르비아에 최후통첩을 급송했다. 회답을 보내기 3시간 전에 세르비아도 이미 군대에 동원령을 내린 상태였다.

　독일의 빌헬름 2세와 재상은 세르비아에 지체 없이 단호한 처벌이 가해져야 한다는 입장을 택했다. 러시아의 총동원령에 관한 차르의 칙서가 실행에 옮겨진 것을 알게 된 빌헬름 2세의 정부는 12시간 내에 동원령을 중지하라는 최후통첩을 상트페테르부르크에 보냈다.

　아마도 영국이 보다 일찍 프랑스와 러시아 편에 서서 전쟁에 대응할 준비가 되어 있다고 선언했다면 독일과 오스트리아로 하여금 물러서도록 만들었을지도 몰랐다. 그러나 독일이 중립국인 영국의 도버 해협 맞은편에 있는 벨기에를 침공하자 영국은 참전에 대한 의회와 대중의 지지를 이끌어내게 되었다.

8월 7일, 몬테네그로도 세르비아 편에 서서 전쟁에 가담했다. 2주일 후 일본이 독일에 선전포고를 했다. 부분적으로 영일동맹 때문이었지만 극동에서 독일의 속령을 차지하기 위해서였다.

8월 1일, 터키는 독일과 동맹을 맺었고 10월에는 흑해의 러시아 항구들에 대한 포격을 개시했다.

이탈리아는 1915년 5월까지 중립을 지키다가 3국 협상 편에 참전했다. 헤밍웨이의 작품인 『무기여 잘 있거라(Farewell to Arms)』는 이탈리아와 오스트리아 간의 전투가 그 배경이다.

사라예보의 암살에 뒤이은 5주간의 외교적 책략을 가장 잘 특징짓는 말은 아마도 '오판이 빚어낸 비극'일 것이다.

독일은 동·서 양면에 러시아와 프랑스·영국 3국 협상국을 상대해야 했기 때문에 1905년 당시 참모총장이었던 알프레드 폰 슐리펜 원수는 '1905년 슐리펜 계획'을 완성했는데 그 요지는 서부전선에 7개 야전군 40개 군단을 집결시키되 벨기에를 통해 파리의 서남방을 우회하는 우익에 5개 야전군 35개 군단을 배치하고 좌익에는 2개 야전군 5개 군단을 배치하여 견제토록 한다는 것이었다. 7 대 1의 비율이었다.

슐리펜의 유언도 "우익을 강화하라"는 것이었는데 빌헬름 2세와 슐리펜을 계승한 개전 시의 참모총장 몰트케(1848~1916)는 우익 대 좌익의 병력 비율을 7 대 1로 하라는 슐리펜의 원계획과 유언을 무시하고 3 대 1로 수정하였다. 더욱이 러시아의 집단군 예하 2개 군 공격에 독일 8군 단독으로 방어하는 데 대한 불안으로 서부전선 우익에서 2개 군단 반을 뽑아 동부로 이동시켜 우익을 더욱 약화시켰다.

결과적으로 서부진격은 파리를 불과 48km 남긴 채 마르느 강에서 저지되고, 동부전선은 힌덴부르크가 예비역에서 현역으로 복귀하여 퇴각을 건의하다 해임된 8군 사령관의 후임으로 와서 루덴도르프를 참모장으로 팀을 구성, 대승리를 거두었다.

타넨베르크 전투에서 포로만 12만 5,000명이고 500문의 포를 노획하였으며, 러시아군 전사자 수는 확인할 수 없었고 독일군 손실은 1만~1만 5,000명이었다. 서부 전선에서 차출한 2개 군단 반의 병력은 이동 중이어서 서부·동부 어느 전선에도 참전하지 못하였다.

덴마크와의 전쟁, 오스트리아와의 전쟁, 보불전쟁을 지휘했던 몰트케(Helmuth Karl Moltke, 1800~1891)는 참모총장 재임기간인 1858~1888년, 30년 동안 프러시아군을 육성하였다. 제1차 세계대전 시 참모총장이었던 몰트케(Helmuth Johannes Count von Moltke, 1848~1916)의 총장 재임기간은 1906~1914년이었으며, 몰트케(1800~1891)의 조카이다. 이들은 대 몰트케, 소 몰트케로 불린다.

서부전선은 참호전으로 바뀌어 교착되고 소모전이 계속되었으며 철조망과 기관총이 처음으로 유럽의 전쟁에서 주요 무기로 등장하였고 비행기는 전적으로 정찰에만 사용되었다.

1917년, 프랑스 병사들 사이에서 돌격 명령을 받고 양떼처럼 음매~소리를 내며 전진하는 사건이 일어났다. 도살장에 끌려가는 양처럼 끊임없이 그들을 죽음으로 몰아넣는 지휘관들에 대한 저항의 한 방식이었다.

1916년 봄, 베르됭 요새 전투에서만 60만 명 이상의 사상자가 발생하였고, 1916년 7월~10월 사이 솜므 강에 연한 전투에서 독일군 50만, 영국군 40만, 프랑스군 20만의 사상자를 내고도 연합군은 11km를 전진했을 뿐이었다.

각국의 지도부는 더욱 강성으로 바뀌어 영국 수상은 로이드 조지, 프랑스 수상은 조르주 클레망소, 독일에서는 파울 폰 힌덴부르크와 에리히 루덴도르프 장군의 수중으로 통제권이 연이어 넘어갔다.

1917년 4월, 미국의 참전으로 전쟁의 균형이 깨어졌다. 1917년의 전황이 연합국 측에게 반드시 유리하다고만은 볼 수 없었다. 러시아는 볼셰비키 혁명으로 전쟁에서 이탈하여 독일과 단독 강화조약을 맺게 되었고, 영국은 선박이 부족하여 간신히 6주일분의 보급물자를 보유하고 있을 뿐이었다.

독일군 잠수함전으로 인한 선박의 상실이 절박한 위기였다. 손실은 월 약 100만 톤에 이르러 그대로 장기간 계속된다면 연합국 측의 파멸은 틀림없는 사실이 될 것이었다. 독일이 잠수함 작전을 제한하지 않고 오히려 미국의 참전을 각오하면서까지 강행한 이유가 여기에 있었다.

연합국 측은 미국에 선박, 잠수함 격파를 위한 공동작전, 식량, 병력지원을 기대하였고, 미국은 이 기대에 부응하였다. 선전포고와 동시에 미국 항구에 정박 중이던 독일 선박을 모두 억류하고 전시 조선회사가 1,200만 톤의 상선을 건조하였다. 200만 이상의 미국군이 100만은 영국선으로, 92만 7,000은 미국선, 나머지는 프랑스와 이탈리아의 선박으로 프랑스에 수송되었다.

전쟁의 와중, 러시아에서는 혁명이 발발하여 1917년 3월 15일 러시아의 차르 니콜라이 2세는 퇴위하였고, 스위스에 망명 중이던 레닌 일당이 독일의 협력으로 밀봉열차를 타고 적국인 독일을 스위스로부터 관통하여 스웨덴을 거쳐, 4월 3일 페트로그라드(상트페테르부르크)로 입국한 뒤 10월 혁명을 이끌었다.

러시아는 전쟁에서 물러났고, 1918년 3월 브레스트리토프스크 조약으로 폴란드, 핀란드, 우크라이나가 독일로 넘어갔다.

1918년 늦은 봄, 독일은 연합국의 계속되는 강력한 봉쇄와 전쟁 목적에 대한 국내의 갈등이 심화되어 심각한 고통을 겪고 있었다. 1918년 가을 무렵, 독일은 거의 내전상태에 다다르게 되었다. 9월 말이 되자 독일 측은 희망이 없어 보였다. 10월 초, 독일의 새 재상 바덴공 막스는 윌슨 대통령에게 14개 조항에 입각한 평화협상을 호소했다.

불가리아, 터키, 합스부르크 제국의 분열, 오스트리아 등이 모두 전쟁에서 물러남으로써 독일은 이제 홀로 남게 되었다.

11월 8일 바이에른에서 공화국이 선포되었다. 다음 날 거의 모든 독일 지역이 혁명의 산고를 앓게 되었다. 빌헬름 2세의 폐위를 알리는 칙서가 베를린에서 인쇄되었고, 다음 날 아침 일찍 황제는 국경을 넘어 네덜란드로 피신했다.

그 사이 제국의회에서 사회주의자의 지도자였던 프리드리히 에베르트가 주도하는 임시평의회가 권력을 장악했다.

1918년 11월 11일 새벽 5시 패전 독일의 두 명의 대표자가 콩피에뉴 숲에서 연합군 사령관 포슈원수를 만나 공식적으로 종전 문서에 서명했다. 6시간 후에 전군에 '전투 중지' 명령이 하달되었다.

14개 조항 중 3개 조항을 수정한 선에서 연합국 측과 화해가 이루어졌다. 그 밖에 수정내용은 연합군이 라인 계곡 지역의 도시들을 점령할 것이고 무력 봉쇄는 계속될 것이며 독일은 상태가 좋은 5,000대의 기관차, 15만 대의 객·화차, 5,000대의 트럭을 양도해야 한다는 것이었다. 독일은 이러한 내용들을 받아들일 수밖에 없었다.

1차 세계대전의 교전국가 수는 28개국으로 참전 병력은 총 6,500만 명이었고, 그중 연합군이 4,200만, 동맹군이 2,280만 명이었다. 전사자는 연합군이 500만, 동맹군이 330만 명으로 모두 850만 명이었다. 부상자는 2,000만 명 이상이었다. 전쟁에 들어간 비용은 1,860억 달러로 거의가 국채와 외국채로 충당되었다. 독일은 600만의 인명을 상실하였다.

제1차 세계대전이 가져온 세계의 커다란 변화는 다섯 가지로 요약될 수 있다.

첫째, 중앙 집중적 계획과 조종의 효율성에 대한 믿음을 강화시켜주었다.

둘째, 세계 무역의 판도를 바꾸어 놓은 것으로 유럽으로부터의 공산품 수출이 줄자 일본, 인도, 남아메리카의 자본가들이 자국의 산업을 발전시킬 기회를 가지게 되었다. 유럽은 미국의 채무국으로 전락했다.

셋째, 전 세계적 인플레이션이 초래되어 화폐투자의 수입으로 살아가던 중간 계급에게 큰 타격을 주었다.

넷째, 공장과 농장에서 더 많은 노동력을 필요로 했던 정부에 의해 여성들이 해방되었다. 전쟁 수행에 대한 여성의 기여가 1918년 영국, 1920년 미국에서 여성참정권을 부여하게 된 계기가 되었다.

다섯째, 전후의 환멸, 특히 중간계급을 지배한 환멸의 분위기였다. 전쟁을 통해 거의 한 세대의 남성이 뚜렷한 목적도 없이 희생되어 그

야말로 잃어버린 세대가 되었다.

11. 전체주의시대

전후 1920년대 1930년대는 환멸과 좌절의 시대였다. 이 시대의 특
징은 민주주의의 쇠퇴와 전체주의 국가의 대두이다. 스탈린의 공산주
의, 무솔리니의 파시즘, 히틀러의 국가사회주의(나치즘)가 다르기는
하지만 모두 전체주의라고 정의할 수 있다.

이들 체제는 유일 정당이 이끄는 국가의 더욱 큰 선을 위해 개인과
계급들의 총체적 복종을 요구했다. 이러한 목적을 위해 폭력, 협박,
선전을 동원해 사람들의 개인적 이익 추구를 막고 시민으로서 누려
야 할 개인적 자유를 부정하고 국가의 유익한 목적들을 위해 노동하
도록 강요했다. 교회, 노동조합, 심지어 의회제 정부조차 전복되거나
철저하게 탄압받았다. 국가는 정당을 통해 사회생활 구석구석까지 국
가의 의지를 강요했다. 이탈리아나 독일의 경우 19세기적 민족주의와
사회주의의 특이한 혼합형태였다.

전체주의 이데올로기는 기존의 체제로부터 박탈감을 느껴 비상한
조처만이 정의로운 사회를 이룰 수 있다고 믿는 사람들에게 호소력
을 발휘했다.

제1차 세계대전 직후 독일에서 일어난 사건들은 이 나라가 좌경화
로 나아가는 듯 보이게 하였다. 전후 정부의 대다수 주도적 정치가들
은 사민당 당적을 지닌 사회주의자들이었다. 1919년 스스로를 스파르
타쿠스파라고 부르는 일단의 사회주의자들이 로자 룩셈부르크와 카

를 리프크네히트의 주도하에 프롤레타리아 혁명을 도모하는 봉기를 일으켰다. 그러나 봉기는 분쇄되었으며 리프크네히트와 룩셈부르크는 감옥으로 이송되는 도중 군인들에 의해 살해되었다.

이 스파르타쿠스파의 난을 진압하는 과정에서 독일 정부는 예비역 장교들이 이끄는 사설 자경단(自警團)의 힘을 빌려야 했고 곧이어 이들은 그들이 도와주었던 정부에 대해서도 불만을 표출하게 되었다.

뒤이어 1919년 사회주의자, 가톨릭 중앙당원, 자유 민주파 연합의 지도자들은 새로운 독일공화국의 헌법을 기초했다. 그 헌법은 남성뿐 아니라 여성의 보통선거권, 내각제, 시민적 제 권리뿐 아니라 취업, 교육의 권리 및 산업 재해로부터 보호받을 권리 등을 보장하는 권리 장전을 마련했다.

그러나 보수 반동적 무리와 극단주의자들 모두가 이 공화국을 전복시키려는 전복음모를 꾸몄다. 독일 국민은 민주적 정부를 경험해본 적이 없었다. 바이마르 공화국은 독일 국민 대다수의 바람에서 출범한 것이 아니라 패전으로 인해 독일에 강요된 변화의 산물이었다.

독일이 전체주의로 치닫게 된 요인을 패전과 경제적 측면에서 살펴보면, 1871년에서 1914년 사이에 독일이 이룩한 정치적·문화적 명성이 패전으로 무참하게 된 점을 들 수 있다. 연이은 군사적 승리와 독일통일, 대학, 과학, 철학, 음악 등에서 전 세계적으로 잘 알려진 평판이 승전국의 처분만 기다리는 처지로 전락한 수치심과 좌절감은 큰 충격이었다.

독일에 필요한 것은 세계인의 존경을 다시 회복시켜주고 그 운동을 주도할 권위주의적인 지도력이라고 여기게 되었다. 독일인의 수치심을 증폭시킨 것은 베르사유 조약에서 독일에 부과된 조항 중 두 가지로 군대를 10만 명으로 감축하라는 것과 총 330억 달러의 배상금 지불이었다.

1920년 초 연합국 측과 배상금 문제로 타협을 시도하던 바이마르 공화국의 외무장관 발터 라테나우는 1922년 배상 반대파 장교들의 비밀 조직에 의해 암살당하고, 1923년 초 프랑스가 루르계곡을 점령하였다.

독일 재상 구스타프 슈트레제만이 미국의 주선으로 배상금 재협상에 관해 국제적 동의를 얻어내어 위기는 진정되었으나 독일 국민이 받은 심리적 상처는 치유되지 않았다.

전체주의가 독일에서 호소력을 가진 두 번째 요인은 1920년대에 독일을 강타한 인플레이션이었다. 심각한 실업문제에 직면한 정부는 지폐의 공급을 남발하게 되었다. 1조 대 1의 인플레이션 현상이 생기자 모든 봉급자들이 저축을 포기하게 되었다. 부동산 가격만 치솟아 부동산 소유자만 더욱 부유하게 되었다. 중산층에 "바이마르 정부 아닌 것은 무엇이든 좋다"는 메시아니즘(Messianism, 구세주대망)이 팽배하게 되었다. 이 경향은 1929년 대공황의 도래로 더욱 강력해졌다. 600만 명의 실업자가 발생했고 중간계급은 그동안 저축한 돈이 사라지는 것을 보았다.

산업가들은 매우 보수적인 사람들이어서 바이마르 공화국보다 더 권위주의적인 정부 형태의 회복을 바라고 있었다. 그들은 보수적인 지주들과 제휴하고 군부와 공무원들과도 합세했다.

좌파의 공산당과 우파의 독일인민당(군주주의)은 그 세력이 증대되어간 반면에 중도파 정당들은 지지를 상실하고 있었다. 1932년 총선에서 전쟁영웅 파울 폰 힌덴부르크가 대통령직을 계속 수행하는 것으로 나타났다. 이 총선에서 공산주의자들이 약 500만 표 이상을 획득했고 급진적 우파의 후보인 아돌프 히틀러가 총 투표자의 1/3 이상인 1,100만 표 이상을 얻으면서 정당의 양극화 현상이 뚜렷해졌다.

12. 아돌프 히틀러

히틀러의 집권은 그가 독일 국가 사회주의 노동당을 결성하기 위해 6명의 다른 사람들을 만났을 때인 1919년부터 유래했다.

히틀러는 1889년 오스트리아의 하급 공무원인 한 세관원의 아들로 출생했다. 그의 어린 시절은 불행했고 환경에 잘 적응하지 못했다. 유년 시절부터 반항적이었고 교육을 제대로 받지 못했다.

1909년, 화가가 되기 위해 미술학교에 입학할 희망으로 빈으로 찾아갔으나 입학시험에 낙방했다. 그 후 4년간 허드렛일과 수채화가로 근근이 비참한 생활을 꾸려나갔다. 그는 극단적인 정치적 편견을 갖게 되었다. 제1차 세계대전이 발발했을 때, 히틀러는 뮌헨에 살고 있었고 오스트리아 시민권을 가지고 있었지만 곧바로 독일군에 입대했다.

1923년, 히틀러는 뮌헨에서 갈색 셔츠단이라는 나치의 사병을 동원하여 정부 전복을 시도했으나 실패하여 형을 받고 감옥에 수감되어 자신의 신념을 선언한 『나의 투쟁』을 집필했다.

히틀러의 메시지는 농촌사람들과 여성들의 마음을 사로잡아 나치는 1928년 선거에서 제국의회의 12석을 확보했다. 1930년 선거에서 107석, 득표수는 650만 표로 증가했다.

1932년 여름을 지나면서 의회체제가 붕괴되었다. 나치는 히틀러가 수상이 되지 않는 어떤 내각에 대한 지원도 거절했고, 이에 따라 어떤 수상도 제국 의회에서 과반수를 확보할 수 없었기 때문이었다.

1933년 1월, 산업가, 은행가, 융커들은 자기들이 히틀러를 조종할 수 있으리라는 잘못된 판단으로 힌덴부르크 대통령에게 히틀러를 수상에 임명할 것을 설득했다. 이 계획의 후원자들은 나치 운동의 엄청난 대중성을 파악하지 못했다.

히틀러는 자신에게 다가온 기회를 놓치지 않고 힌덴부르크에게 제국의회를 해산하고 3월 5일, 새로운 선거를 실시하게 종용했다. 새로운 제국의회가 소집되자 의회는 히틀러에게 무한한 권력을 부여하기로 결정했다. 곧이어 바이마르 공화국의 깃발은 내려졌으며 그 자리에 십자 갈고리 깃발이 올라갔다. 제3제국이 선포되었다.

몇 달 사이에 비스마르크 시대의 연방국가에서 중앙집권화된 전체주의 정권으로 개조되었다. 히틀러는 수상이자 나치당의 지도자로 다른 모든 정당은 불법화되었다. 대중에게 질서를 부과하기 위해 준군사 조직인 나치의 돌격대(SA)를 이용했다. 그러나 돌격대의 지도부가 정규군의 기존 서열을 어지럽혀 군부의 지지를 위협받게 되자 1,000명 이상의 돌격 고위 장교들을 즉석에서 처형하는 피의 숙청을 단행했다.

히틀러는 노동계급 단체들의 세력을 강탈하여 계급 갈등을 폐지하는 쪽으로 나아갔다. 노동자와 고용주들을 국민노동 전선으로 조직하고 노동자들을 위한 복지혜택을 확대하고 대규모 건설계획과 군수산업 시행으로 실업문제를 해결했다.

산업가들은 공장에 일거리가 생겨서, 융커들은 공산주의의 체제 전복에 대한 방패로 히틀러를 지지했다. 농민층에도 각별한 관심을 기울여 지지를 얻었다. 국민들 중에서 가장 높은 출산율을 보이고 있어 군사적 고려에서 나온 판단임이 분명했다.

나치는 자신들의 국가적 문제를 해결하기 위한 속죄양으로 유대인을 박해했다. 1935년에 유대인이나 유대계 혈통을 지닌 사람들의 독일 시민권을 박탈하고 유대인과 여타 독일인과의 결혼을 금지시켰다.

제2차 세계대전의 원인은 1919~1920년 사이에 체결된 평화조약들의 결렬과 관련이 있었다. 그 평화는 단지 휴전에 지나지 않았다는 것이 입증되었다. 그것은 문제를 해결한 만큼 또한 많은 문제들을 발생시켰다.

전승국들은 영토 합병야욕과 위성국가 창설요구를 숨기려 하지 않았다. 겉으로는 민족자결의 원리를 선포하면서도 소수민족들을 새로운 국경선으로 갈라놓음으로써 기대를 불러일으키면서 좌절시켰다. 또한 조약 작성자들이 독일에 가혹한 조건을 부과하여 부당하다는 평가를 갖게 하였다.

국제연맹은 낡은 세력 균형을 한층 더 변덕스러운 세력 균형으로 대체했을 뿐이었다. 패전국인 독일을 고립시키기 위해 프랑스·벨기에 동맹, 프랑스·폴란드 동맹, 오스트리아 제국의 부활을 방지하기 위해 체코슬로바키아, 유고슬라비아, 루마니아로 이루어진 '소 3국 협상', 소련에 대항하는 완충지대로 설정된 발트 해 국가들과 폴란드, 루마니아로 이어지는 중립지대가 그것이다.

이를 저지하기 위해 1922년에 독일과 소련이 라팔로 조약을 체결하여 양국 사이의 정치·군사적 협조의 길을 열었다. 양차 세계대전 사이의 상당 기간 동안 독일과 소련은 국제연맹에서 제외되어 있었다.

독일에 부과된 막대한 배상금과 프랑스가 독일산업 중심부의 상당 부분을 점령하면서 독일의 경제회복이 지체되고 1930년대의 대공황은 경제적 민족주의를 격화시켜 국내시장을 보호하기 위한 고율의 관세 정책과 실업을 줄이기 위한 무기 생산을 증가시키는 결과로 나타났다. 독일의 대규모 군비확장은 1935년에 최초로 이루어졌다. 각국은 자국의 경제문제를 해결하기 위한 수단으로 이웃 나라의 영토를 정복하는 방향으로 나갔다.

체코슬로바키아라는 신생국가에 편입되게 된 수데텐란트에는 독일인이 있었다. 그러나 실제로 독일인만큼 체코인, 슬로바키아인, 폴란드인, 루테니아인, 헝가리인 등이 있어, 다수민족이라고 내세울 만한 민족이 없었다. 그러나 민족주의가 이 나라를 불안정하게 만들었다.

제1차 세계대전 시의 대량 살육에 대한 기억이 생생한 서구의 많은 사람들은 평화주의를 옹호하고 '유화정책'을 추구하였다. 또 많은 영국인과 미국인들이 베르사유 조약으로 독일이 가혹한 대우를 받았고 이의를 제기하는 것이 당연하다고 주장하였다. 또 대부분 완고한 반공주의자인 유화정책 추구자들은 독일과 일본이 강화되면서 소련의 서진과 동진을 막는 장벽 구실을 한다고 믿었다.

히틀러는 전반적으로 관용적인 이 분위기를 이용하여 1933년 국제연맹에서 탈퇴하고, 1935년에는 징집의 부활과 군사 훈련의 복귀를 선언하면서 베르사유 조약의 군비축소 조항을 무력화시켰다.

1936년에는 라인란트를 침공했다.

1936년에 스페인에서 내전이 발발하자 히틀러는 군대와 무기를 보내 파시스트 반란군의 지도자 프란체스코 프랑코의 군대를 지원했다.

내전은 3년간 계속되었으며 히틀러는 더 큰 전쟁을 위한 연습으로 이용했다. 이 전쟁을 통해 히틀러는 영국, 프랑스, 소련이 서로 정책을 조율하기가 어려울 것임을 확신하게 되었다.

1938년 3월, 히틀러는 오스트리아를 합병하였다. 이에 대해 서구 열강의 공식적 대응이 없자, 체코슬로바키아의 수데텐란트를 점령하고자 하였다. 1938년 9월 28일, 이 문제로 뮌헨에서 영국의 체임벌린, 프랑스의 에두아르 달라디에 수상, 무솔리니와 히틀러가 회담을 가지고 이 지역을 독일에 떼어주기로 결정하였다.

1939년 3월, 히틀러는 체코슬로바키아 전국을 점령하였으며, 1939년 8월 스탈린과 독·소 불가침 조약을 체결하였다. 1939년 9월 1일, 독일군은 폴란드 국경을 넘어 공격하였으며 3주 만에 폴란드의 군대는 완패했다.

1939년 9월 3일, 영국과 프랑스는 독일에 대해 선전포고를 했다. 2개 집단군 산하 5개 야전군 13개 군단으로 단기간에 폴란드를 점령한 히틀러는 스스로를 군사적 천재라고 확신하게 되었다.

1940년 봄, 독일은 노르웨이, 덴마크, 벨기에, 네덜란드, 프랑스를 단숨에 점령함으로써 영국군과 프랑스군을 북해 쪽으로 밀어붙였다. 영·프 양국군은 벨기에의 덩커크에서 338,000명이 영국으로 철수하였다.

1940년 5월 10일, 프랑스에 대한 공격이 개시되었으며, 3개 집단군 예하 10개 야전군이 참전하여 마지노선 후방의 60만 프랑스군을 무력화시키고 5주 후인 6월 17일 항복을 받았다.

1940년 8월 8일부터 독일은 영국에 대대적인 공습을 감행하였다. 1941년 6월까지 계속된 공습으로 영국시민 178,000명이 사상되었다. 영국은 레이더와 OR기법을 적용하여 독일 공군의 공습을 격퇴하였다.

히틀러가 영국 상륙작전을 시도하지 못한 것은 영국의 해안 방어 태세가 너무나 철저하였기 때문이었다. 유럽대륙 북부인 프랑스, 벨기에, 네덜란드에서 상륙을 시도할 만한 영국 해안에는 송유관을 묻어두고, 상륙용 함정이 접근 시 해상을 기름으로 덮은 뒤 불을 지르는 계획이었다. 히틀러의 정보책임자였던 카나리스 제독이 상륙작전의 예상 상황을 필름으로 보여주자 히틀러는 영국에 대한 상륙작전을 포기하였던 것이다.

1941년 발칸반도를 점령하여 측후방의 위협을 제거한 후 1941년 6월 22일 소련을 공격하였다. 이 당시 독일군은 독·소 국경에 4개 집단군 162개 사단, 스칸디나비아에 1개 야전군, 프랑스에 1개 집단군, 북아프리카에 1개 군단(롬멜)이 배치되어 있었다.

마침내 히틀러는 누구의 조언이나 어떤 참모들과의 토의도 없이 제1차 세계대전에서 독일이 패배한 것과 똑같은 부대배치를 만들어 놓고 말았다. 동서양면작전이 그것이다. 1941년 12월 7일, 진주만 기습공격을 받은 미국이 서부전선을 형성하게 되면(노르망디 상륙작전으로), 제1차 세계대전과 같은 형태가 반복될 것이었다.

소련 공격의 초기 성과는 히틀러를 흥분하게 할 만하였다. 1941년 6월, 민스크 포위전에서 29만 명을 포로로 하고 2,500대의 전차와 1,400문의 야포를 노획하는가 하면, 7월 하순 스몰렌스크에서는 10만 명의 포로, 2,000대의 전차, 1,900문의 야포를 노획하였다. 9월 26일, 키예프 포위전에서는 66만 5,000명의 포로를 획득하였다.

카나리스 제독이 소련과의 전쟁이 임박할 때 확인되지 않았던 소련군 100개 사단이 모스크바 일대에 출현했음을 보고하자 히틀러는 "그런 병력이 나타나면 안 돼!" 하고 미친 듯 소리치고는 카나리스 제독을 물러가게 하였다. 다음 날, 카나리스 제독이 총통을 만나러 오자, 집무실 문 앞 보초가 막고는 통과시키지 않는 장면이 영화 <조국을 누가 팔았는가?>에 나온다.

페르시아의 제왕이 패전을 보고하는 전령을 처형하는 것과 똑같은 절대권력자의 심리이다. 자기가 기대하는 것, 자기가 예상하는 것과 현실이 일치되고 있다고 믿고 자기 생각대로 추진하면서 이에 어긋나는 보고를 하는 사람을 죽이거나 만나지 않는 것이다.

1941년 8월 21일, 히틀러는 모스크바 점령이 중요하지 않다고 결심하고 부대를 자기 임의대로 이동시켰다. 작전 지휘를 일반 참모부와 야전 사령관에게 위임하지 않고 자기가 일일이 결심하고 통제하였다.

1941년 9월 8일, 독일 북부 집단군이 레닌그라드를 완전히 포위하고 사실상 다른 모든 지역과의 통로를 끊는 데 성공했다. 이때 독일군이 폭격을 계속했더라면 함락시킬 수 있었을 것이었다. 그러나 미술가를 자처한 히틀러는 결정적인 순간에 사치스런 결론을 내렸다. 제정 러시아의 300년 역사와 수많은 유산을 지닌 이 예술의 도시를 전쟁의 파괴 없이 그대로 보존시킨 상태로 차지하려 했던 것이다.

1942년 9월, 히틀러는 제6군으로 하여금 스탈린그라드를 공격하게 했다. 스탈린그라드의 격파가 스탈린의 격파를 가져올 것이라고 믿은 히틀러는 폰 파울루스 대장을 쉴 새 없이 독려했다.

11월 19일, 독일 6군의 측방부대가 돌파되고 보급이 되지 않은 상황에서 6군의 철수를 건의했다. 11월 22일, 히틀러는 6군이 스탈린그라드를 지탱하도록 명령함으로써 철수하여 새 전선을 형성할 기회를 잃었다. 12월 28일, 히틀러가 철수를 승인했을 때는 30만 병력 가운데 이미 20만 명을 잃었으며 1943년 1월 31일 파울루스 원수는 24명의 장군, 9만여 장병과 함께 항복하게 되었다.

　최근 발간된『세계사 최대의 전투』에 의하면, 1941년 9월 30일부터 1942년 4월 20일까지 203일간 모스크바 전투에는 약 700만 명의 장병이 동원됐고, 약 250만 명이 숨졌다. 러시아 역사가들은 약 2,700만 명의 소련 국민이 희생됐다고 추정한다.

　전사자 수로 보면 소련군 189만 6,500명, 독일군 61만 5,000명이다. 스탈린도 162개 사단의 병력이 소련 국경선에 배치될 때까지 히틀러의 공격이 임박했다는 숱한 보고와 징후를 믿지 않은 치명적인 실책을 저질렀다.

　미국의 역사가 바바라 터치먼은 독선적 통치의 원천을 자기기만과 어리석음에서 찾았다. 이런 지도자는 편견이 가득 찬 고정관념을 품은 채 상황을 파악하고 그에 반하는 징후는 무조건 무시하거나 거부하는 태도를 보인다. 본래의 생각에서 한 치도 벗어나지 못하고 새로운 사실이 나타나도 진로를 바꾸려 하지 않는다고 한다.

　히틀러는 무고한 유대인 600만을 학살한 사람이면서 달빛을 두려워하고 초조할 때는 새끼손가락을 빠는 등 이해할 수 없는 행태를 보였다. 여자와 관계를 맺으면서 방을 기어 다닌다는 이상한 첩보도 입수됐다.

　당시 미국 정보기관이던 전략사무국(OSS, CIA의 전신)은 히틀러의 심리를 파악하기 위해 정신분석의 권위자인 웰터 랑거 박사에게 그 임무를 의뢰했다. 랑거는 히틀러의 가계(家系)와 유년 시절의 방대한 자료를 수집하고 망원(網員)들을 면담한 뒤 그의 내면을 파헤친 극비 보고서를 작성했다.

보고서는 히틀러가 우울증, 신경증과 함께 총통이란 절대권력에 집착하는 증세를 보였다고 진단했다. 결론은 "히틀러는 정신분열증에 가까운 사이코패스"로 내려졌다. '히틀러의 심리적 프로파일'로 이름 지어진 보고서는 1968년 극비에서 해제됐다.

히틀러에게는 '메시아 콤플렉스'의 징후가 있었다. 그는 『나의 투쟁』에서 '엄청난 압제로부터 한 민족을 해방하기 위해 사람을 보내줄 것이다. 그 삶이 오랫동안 갈망해온 것을 성취할 것이다'고 적었다. 그 사람이 바로 자신이라고 믿었다. 그의 과대망상증은 총통이 된 이후인 1937년 11월 당 집회연설에서 잘 드러난다.

"여러분이 수백만 사람 중에서 나를 찾아냈다는 사실이 우리 시대의 기적이다. 그리고 나는 여러분을 찾아내었다. 이것이 독일의 운명이다."

그는 자신을 독일의 구세주로 여겼던 것이다. 히틀러의 병적 증상이 전쟁광기로 이어지고 결국 유럽 전역을 피바다로 만들어 나치와 자신을 파멸로 이끌었다.

1944년 말 소련 육군은 48개 야전군 500개 사단이 되었다. 1939년 15만 6,000이던 미 육군은 820만이 되고 1,400만의 군대를 보유하기에 이르렀다.

독일의 패퇴가 확실해지면서 히틀러는 주변 사람들이 보기에 눈에 띌 정도로 빨리 늙어가기 시작했다. 두통과 불면증에 시달리는 것은 예사였고 한쪽 발을 질질 끌기 시작했다. 왼손은 늘 떨고 있었고 등은 굽었으며 눈은 광채를 잃었다. 그의 주치의는 그가 파킨슨씨병의 초기증세를 나타내고 있다고 보았다. 이러한 신체적 변화는 히스테리 증세를 더욱 발전시켰으며 그것은 베를린의 유태인 학살로 나타났다.

베를린의 여러 공장들에서 일하던 유태인만큼은 살려두었는데 마침내 이들을 죽이기 시작하였고, 약 1만 명이 한꺼번에 학살되었다.

히틀러는 전 병력의 70%를 동부전선(소련)에 투입하였고 나머지 병력으로 서부전선, 북유럽과 지중해, 이탈리아, 북아프리카 지역에서 교전하였다. 독일군의 손실도 동부전선에서 600만 명, 기타 지역에서 100만 명 정도였다.

미국인은 제2차 세계대전에서 애국심이 강하고 질서의식과 능력이 우수하다는 것을 실증하였다. 평화산업을 경이적인 속도로 전시산업으로 전환하였다. 진주만 공격이 있은 다음 해인 1942년에 3만 2,000대의 탱크, 4만 9,000대의 항공기, 820만 톤의 함선이 건조되었다. 1943년의 생산량은 전년도의 생산량을 훨씬 상회하여 미국의 수요를 충당했을 뿐 아니라 영국, 중국, 소련에까지 보급하기에 이르렀다. 소련에 대한 군수물자 지원은 130억 달러를 상회하였다.

노르망디 상륙작전을 준비하여 두 개의 항구를 구축하고 영·프 해협에 해저 송유관을 부설하였다. 1944년 6월 6일, 아이젠하워 장군 지휘하에 287만 6,000명의 연합군이 5,000척의 함정으로 공격을 개시하였다.

잘 알려지지 않은 '대서양 전쟁'도 제1차 세계대전의 반복이었다. 그것은 독일군 잠수함과 연합군의 해군 및 공군 간의 전투였다. 1939년부터 시작된 이 전쟁은 독일 잠수함에 격침되는 연합군 함정 및 수송선의 톤수가 건조톤수를 능가한 것이 1943년까지 계속되었다. 독일 잠수함은 1,415만 4,838톤의 연합군 함선을 격침시키면서 781척의 잠수함을 상실하였다.

제1차 세계대전의 교훈에도 불구하고 독일 해군은 57척의 잠수함으로 전쟁에 돌입하였다. 독일 해군이 운용한 잠수함 총 수는 1,179척이었는데 종전 시 398척이 남아 있었다. 되니츠 독일 제독은 1,000척의 잠수함을 건조한 뒤 전쟁을 시작했더라면 하고 아쉬워했다.

1945년 5월 7일, 히틀러는 자살하고 독일은 항복하였다.

전쟁피해는 양 진영 모두 합해 전사자와 행방불명자가 약 2,000만 명, 부상자가 3천만 명으로 추산된다.

히틀러는 탁월한 선동가요 포퓰리스트(인기영합자)였다. 그가 군수산업을 일으키고 침략전쟁을 시작했을 때 '약탈경제' 외에는 그에게 다른 선택의 여지가 없었다. 스스로 국가와 유럽 그리고 세계를 파멸의 길로 이끌려던 그의 종말은 당연한 귀결이었다.

비스마르크와 대 몰트케가 외교와 군사력을 배합하여 독일 통일을 이루었으나, 빌헬름 2세와 소 몰트케는 제1차 세계대전으로 독일을 패전국으로 만들었고, 히틀러는 다시 한 번 독일을 패전국으로 만들어 미·영·프·소 4개국이 점령군으로 주둔하는 사태를 만들었다

제1차 세계대전 후 승전국의 압력으로 공화정이 된 뒤, 독일 역사상 최초로 국민의 투표에 의해 성립된 바이마르 공화국이 실패한 뒤, 제2차 세계대전을 일으켰다 다시 패전한 독일은 동서독으로 분할되었다. 그 후 유럽의 중심세력으로 통일독일을 이룩한 것은 세계 유일의 분단국인 우리가 타산지석으로 삼아야 할 많은 교훈이 있다고 믿는다.

1949년 나치 독일의 폐허 위에 서독을 세웠던 초대 서독 수상은 콘라드 아데나워(Konrad Adenauer, 1876~1967, 재직 1949.9.15~1963.10.16)이다. 아데나워는 74세에 수상직에 올라 88세까지 봉사하였다.

아데나워가 1959년 집권당 전당대회에서 "소련은 독일 분단이 자신들의 이득이 아니라는 걸 깨닫는 순간이 올 것이다. 그 순간 온 힘을 다해 통일의 기회를 낚아채야 한다"고 연설할 때 체구가 거대한 29세의 청년당원이 청중 속에 있었다.

그로부터 30년이 흐른 1989년 그때의 청년 헬무트 콜(Helmut Kohl, 1930~현재, 재직 1982.10.1~1998.10.27)은 서독 마지막 수상으로서 동서독 장벽이 무너지는 감격스러운 장면을 지켜보고 초대 통일 독일 수상에 취임했다.

독일 통일 후 여론조사에서 독일 국민의 33%가 독일 근현대사의 가장 돋보이는 위인으로 아데나워를 꼽았으며 비스마르크를 8%로 2위를 주었다.

독일 국민이 현대 독일의 최대 거인으로 아데나워를 꼽은 건, 그가 '서독을 자유진영에 튼튼한 밧줄로 묶고 그 위에 시장경제를 얹어 통일의 기틀을 다졌다'는 이유에서다.

2011년 12월 현재 독일 수상은 앙겔라 메르켈(Angela Merkel, 1954~현재, 재직 2005.11~현재)이다. 동독 출신의 물리학 박사이며 여성이다. 미국, 중국, 일본에 이은 세계 4위의 경제 대국이며 EU의 중심국가인 독일의 수상이며 아데나워 이후 8번째 수상이기도 하다.

제7부

아랍세계의 지도자

아랍세계의 지도자

세계 이슬람교도는 약 12억 명으로 52개 국가에 분포되어 있다. 그 중 어느 나라도 진정한 의미의 선진 공업국으로 볼 수 없다. 아랍세계의 중심이라 볼 수 있는 중동은 우리가 사용하는 원유의 91.6%, 천연가스의 73.4%를 들여오고 있는 지역이다.

아랍세계를 이해하기 위해서는 5개의 지도를 겹쳐서 포개놓고 보아야 한다고들 말한다. 그 5개의 지도란,

1. 일반 세계 지도
2. 석유 매장량이 표시된 지도
3. 종교의 종파에 따른 지도(수니파, 시아파 등)
4. 부족 분포와 규모 지도
5. 통치 형태에 따른 지도 등

아랍세계는 위의 5가지 요소가 국제·국내적으로 서로 얽히고 헝클어져 있는 가운데 여러 가지 문제가 발생하기 때문에 그 연관요소 모두를 종합적으로 감안하여 고찰해야 한다는 뜻으로 본다.

벤 알리 대통령

먼저 독재자를 무너뜨린 사실을 살펴본 뒤 그 원인과 앞으로의 전망을 알아보도록 하자.

2010년 튀니지에서 26세의 청년 모하메드 부아지지가 경찰의 노점상 단속에 항의하며 분신자살했다. 대학을 졸업하고도 직업을 구하지 못해 무허가 노점상으로 생계를 이어가다 일어난 사건이었다. 소규모 항의 시위는 시간이 흐르면서 대규모 반정부 시위로 번졌다. 결국 23년간 철권을 휘둘렀던 벤 알리 대통령은 2011년 1월 자리에서 물러나 사우디아라비아로 망명해 독재정권이 붕괴되었다. 튀니지의 국화인 재스민 꽃을 따라 이 사건을 '재스민 혁명'이라 부르게 되었다.

그러나 독재자를 권좌에서 끌어내렸다고 사회의 모순이 일거에 해결되는 것은 아니다. 무엇보다 여성의 권익 증진이 문제이다.

터키의 한 소녀는 남자친구를 사귄다는 이유로 부모와 할아버지에 의해 2m 깊이의 구덩이에 생매장당했다.

여성의 운전을 금지하는 사우디아라비아에서는 2011년 7월 여성운동가 세이마 자스타니아가 운전하다 적발돼 제다 시 법원에서 태형 10대를 선고받았다.

예멘에서는 남편의 허락 없이는 여성이 집을 떠날 수 없다는 것이 법률로 규정되어 있다. 또 남편이 '난 너와 이혼한다'고 세 번 말하면 이혼이 성립된다.

튀니지 임시 제헌의회는 2011년 12월 12일 인권운동가이자 야권지도자였던 몬세프 마르주키 공화의회당 대표를 임시대통령으로 선출하였다. 튀니지 제헌의회는 앞으로 1년 내에 새 헌법을 제정할 때까지만 활동하게 된다. 이후 대통령 선거와 총선을 새로 실시하게 된다.

1. 이집트의 대통령

호스니 무바라크 대통령이 2011년 2월 11일 사퇴하면서 이집트는 역대 4명의 대통령들이 모두 임기 도중 물러나거나 사망하는 불행한 역사를 안게 됐다.

1952년 군부 쿠데타로 성립된 이집트 공화국은 나기브를 초대 대통령으로 내세웠으나 나기브의 온건주의를 둘러싼 군부 내부 갈등으로 나기브는 가택연금을 당하고 나세르에게 권좌를 넘겨줬다. 나기브와 함께 혁명을 추진했던 나세르는 1956년 신헌법과 함께 이집트 공화국 제2대 대통령에 당선되었다. 같은 해 7월 나세르는 미국과 영국이 아스완 댐 건설을 위한 경제 원조를 철회하자, 수에즈 운하를 국유화하며 제3세계 대표 지도자로 떠올랐다. 나세르는 1970년 아랍정상회의 직후 각국 정상을 배웅하고 돌아오던 길에 심장발작으로 갑자기 사망했다.

나세르의 뒤를 이어 3대 대통령에 오른 사다트는 1977년 아랍권 국가 정상으로는 처음으로 이스라엘을 방문해 친서방 온건주의 정책을 펼쳤다. 1978년 노벨평화상을 수상하기도 했던 사다트는 1981년 군사 퍼레이드 도중 이슬람 근본주의자가 쏜 총탄에 맞아 암살되었다.

호스니 무바라크

제4대 호스니 무바라크 대통령은 1973년 10월 이스라엘과의 제4차 중동전쟁에서 승리함으로써 오랜 패배의 수모에서 이집트를 구한 영웅이었다. 당시 공군사령관이었으며 북한이 무기와 전술을 지원했다.

그러나 30년간 독재를 하며 최소 2억 달러에서 최대 700억 달러의 축재를 한 것으로 드러났으며, 그의 권력욕은 2인자를 두지 않고 도전세력을 가차 없이 제거하여 이집트 국민을 불행하게 만들고 있다.

이집트 국민의 40% 이상이 하루 2달러로 살고 문맹률은 30%에 달한다. 카이로 민심의 바탕에는 가난의 절망과 일자리의 갈망이 자리한다. 공식 실업률은 9%이나 실제 실업률은 30%정도라고 한다.

국민소득 2,000달러, 강한 군대, 초라한 경제, 파벌, 전통적 교리로 무장한 무슬림 형제단과 약간 서구화된 정치세력들이 민주전환의 방식을 놓고 협상 중인데, 이 권력 진공상태를 강경 군부가 독수리처럼 예의주시하고 있는 게 지금의 카이로다. 언제 권력을 채 갈지 모른다.

30년간 이집트의 독재자로 군림했던 무바라크 전 대통령은 2011년 2월, '재스민 혁명'으로 실각하였다. 이집트 시위대 수백만 명은 튀니지 혁명의 성공에 영향을 받아 궐기했고, 1981년 이후 권력을 놓지 않았던 무바라크를 축출하였다.

이집트는 이제 구 헌법은 중단됐으나 새 헌법이 없는 상태에 놓여 있다. 은행은 파업으로 마비상태이고, 국영방송사는 시위대에 둘러싸여 있으며 시위탄압 경찰 2,000여 명이 자신들의 임금인상 시위를 벌이고 있다. 서방 지도자들은 '질서 있는 권력 이양'을 촉구하고 있으나 그걸 할 수 있는 정치적 실력이 있다면 이미 선진국이다.

중앙일보의 박보균 편집인은 "이집트는 아랍의 중추다. 아랍권의 정치·문화·역사의 중심이다. 이집트의 변혁은 세계사적 의미를 지닌다. 21세기 역사는 결정적 기로에 서 있다"고 말한다.

2. 무아마르 카다피

1969년 육군 대위 무아마르 카다피(Muammar QA.D.dafi)는 나세르를 모방해 젊은 장교를 모아 '자유 장교단'을 구성했다. 그해 9월 국왕 이드리스 1세가 신병 치료를 위해 터키에 건너간 사이에 쿠데타를 일으켜 왕정을 폐지하고 혁명 평의회가 지배하는 리비아 아랍공화국을 세웠다. 혁명평의회 의장, 국가원수, 군 사령관 자리를 동시에 거머쥐었을 당시 그의 나이는 27세였다.

1977년 그는 사회주의와 이슬람주의, 범 아랍주의를 융합한 '인민권력 체제'를 선언했다. 독특한 형태의 인민 직접 민주주의를 구현하겠다며 의회제도와 헌법을 폐기하고 절대권력을 휘둘렀다.

평생을 반 서구주의와 이슬람 민족주의를 부르짖던 카다피는 서방세계의 공공의 적이었다. 각종 테러에 개입하고 반미 무장단체를 지원하는 등 국제사회에서 악명이 높았다.

1986년 서베를린 미군 나이트클럽 폭탄테러, 1988년 270명을 숨지게 한 팬암항공기 폭파사건(로커비 사건)을

무아마르 카다피

잇따라 일으켰다.

카다피의 이러한 거친 반응은 중동 사막 부족인 베두인 족의 습성에서 유래됐다고 본다. 카다피는 베두인 족의 전통인 천막생활을 고집해 국제사회에서 독불장군 지도자로 꼽혀왔다.

1980년 4월, 해외거주 반대파들에게 '귀국하지 않으면 암살하겠다'고 경고한 뒤 암살조를 해외에 보내 9명에게 피의 보복을 가했다.

1996년에는 트리폴리의 아부살림 교도소에 수감된 반정부 활동가들이 폭동을 일으키자 전투기를 동원한 무차별 폭격으로 1,200여 명을 학살했다.

1999년 4월, 로커비 사건 피의자인 리비아인 2명을 영국에 인도했고 유엔은 리비아에 대한 제재를 풀었다.

2003년 12월, 대량살상무기(WMD) 포기를 선언했고, 2004년 미국과 외교관계를 복원했다. 카다피는 해외 순방 중에는 여성 경호원들이 지키는 베두인식 텐트에 머무는 등 기행을 일삼아왔다.

1980년대 중반 이후 카다피는 자신의 뜻을 거스르는 쓴소리를 하는 정적들을 하나씩 제거해 나갔다. 혁명의 핵심 동지이자 총리인 압둘 잘루드마저 숙청한 후 전형적인 무소불위의 독재자의 길을 걸었다.

카다피는 수십 차례의 암살 위협에 시달리면서 누구도 믿을 수 없었다. 매일 잠자리를 옮겨가면서 하루살이 같은 목숨을 보전해간 일상에 정신이 온전할 리 없었다. 자신의 권력을 돈으로 산 아프리카 용병들에게 지키게 하고 자신의 생명을 금발의 미녀경호원에게 지키게 한 그의 삶을 무엇에 비유할 수 있을까?

2011년 2월, 반독재 시위가 시작되자 군대를 동원해 자국민 대량 살상으로 맞섰다. 그는 전투기를 동원하는가 하면, 8월 14일에는 함

정까지 동원해 함포사격까지
가했다.

2011년 3월, 유엔안전보장이
사회는 국민보호 의무를 근거로
북대서양조약기구(나토)의 무력
개입을 승인해 7개월간 9,600여 차례 공습을 감행, 카다피가 고향에서
최후를 맞게 하였다.

권력병에 걸린 독재자가 얼마나 추한 모습이 되는가를 보시라.

카다피가 자기 나라 국민을 수천 명 죽이고도 "국민은 나를 사랑한
다"라고 정신 나간 궤변을 늘어놓을 수 있었던 것은 자신이 악당 독
재자가 아니라 선한 통치자라고 믿었기 때문이었다.

카다피가 사망하자 그의 '절친'으로 자주 비교되던 김정일이 충격
을 받았다는 보도가 나오기도 했다. 카다피와 김정일은 1942년생 동
갑으로 나란히 40여 년 안팎의 독재체제를 유지했다.

1980년대 반미와 독재타도를 외쳤던 한국의 386세대들은 카다피의
장기독재에는 눈감고 반미 투쟁노선만을 학습하면서 그를 '제국주의
에 맞서 싸우는 투사'로 찬양했다. 어떤 좌파 불교단체는 몇 년 전
'민족과 민중을 위해 온몸으로 헌신한 지도자'라며 훗날 학살자가 될
그의 손에 불교인권상을 쥐어줬다가 이제 와서 시상을 철회하라는
요구를 받고 있다.

3. 기타 아랍국가 지도자

1978년부터 예멘을 통치해온 알리 압둘라 살레 전 대통령도 국내
외 사퇴 압박에 굴복해 33년간 독점했던 권좌에서 물러났다. 예멘에
서는 2011년 초 반정부 시위가 발생한 이래 정부군의 강경진압 등으
로 1,500여 명이 숨진 것으로 알려졌다.

시리아에서는 2011년 3월부터 하페즈 알아사드와 바샤르 알아사드
부자(父子) 대통령의 41년 장기독재에 저항하는 시위로 2,000명이 넘
는 시민이 희생되었다. 2011년 12월 25일, 미국과 러시아는 바샤르 알
아사드 대통령에게 러시아에서 망명처를 제공하고 부통령인 파룩 알
샤라가 임시 대통령직을 맡기로 양국이 합의했다고 보도되었다.

요르단의 압둘라 2세 국왕은 국민의 항의를 받아들여 정부를 전면
개편토록 전(前) 육군 장성에게 새 내각 구성을 요청하고 지방에 직장
을 만들고 건강보험을 실시하겠다고 발표하였다.

바레인 군주국은 항의하는 국민을 진압하기 위해 사우디와 아랍
에미리트에 진압군을 요청하여 효과적으로 진압하여 많은 항의자들
이 감금되어 있다.

사우디아라비아의 압둘라 빈 압둘 아지즈 알-사우드 왕은 불안을
막기 위해 1조 달러에 해당하는 사회 · 경제적 개혁을 공표하였다.

알제리아의 압델라지즈 부테플리카 대통령은 이른 항의데모가 있
은 후 불안을 해소하기 위해 많은 국가 고용인의 급여를 인상하고 식
료품 가격을 안정시켰다. 헌법과 선거법을 개정하겠다고 약속하였으
나 아직 실현되지는 않았다.

모로코의 모하메드 6세 왕은 항의에 대한 반응으로 헌법 개정을 약속하였으며 유권자들은 국민투표의 개정과 국회의원 선거를 승인하였다.

아랍세계의 이러한 변화를 가져온 원인은 무엇일까?

첫째로 정보기술의 세계화를 들 수 있겠다. 페이스북이나 트위터, 인터넷 등 최신 첨단기술을 반영한 통신수단들을 통해 이웃 나라, 이웃도시에서 벌어지는 시위 상황들이 신속하게 민중에게 전파되고 이들이 대규모로 길거리에 나서는 것이 가능해졌다.

그리고 그 바탕에는 식량가격 폭등이나 서민들의 경제난, 장기독재와 극심한 부패 등이 자리하고 있다. 억눌려 있던 변화의 압력이 한계점에 이르러 소셜 네트워크가 강력한 혁명의 도구가 되어 폭발한 것이다.

또한 인구 구조도 깊은 동인이 되었다고 본다. 불만으로 가득 찬 젊은이들은 변화를 두려워하지 않는다. 이집트와 리비아 인구의 절반이 25세 이하다. 튀니지의 25세 이하 인구 비중은 40%를 웃돈다. 이 비율이 50~60%에 이르는 아랍 국가들이 수두룩하다. 바로 이 젊은이들이 기존체제를 무너뜨리는 데 앞장섰다.

아랍권에는 종족과 가문통치가 대종을 이루고 정권 교체의 일반적 방식은 쿠데타였다. 1949년부터 1980년까지 55건의 쿠데타가 발생해서 가문을 갈아치웠다.

독재자의 타도가 그대로 자유민주주의로 이어지지 않는 것을 우리는 역사를 통해 잘 알고 있다.

1789년 프랑스 혁명 후 5공화국에 이르기까지 나폴레옹과 나폴레옹 3세의 등장, 빈번한 내각의 교체가 우리에게 일깨워주는 것이 무엇인가. 한 국가는 국민의 수준에 맞는 정부를 가진다고 하였고, 국민의 수준이 높아지는 데는 오랜 세월과 교육, 경제발전 등 많은 관련 요소가 있으니 이슬람이 통치자의 새로운 리더십을 통해 이슬람 문화에 대한 편견과 고정관념을 치유해주기를 인류의 미래를 위해 기원한다.

제8부

북한의 김씨 왕조

북한의 김씨 왕조

한반도는 아시아의 대륙세력(중국, 몽고, 러시아 등)과 태평양의 해양세력(미국, 일본 등) 가운데 놓인 지정학적 위치로 인해 그 양대 세력 간 균형이 무너질 때마다 국난을 겪어왔다.

지난 역사의 대부분 대륙세력이 우세하였으므로 우리는 대륙세력, 그 가운데서도 중국문화권에 속해 있었다.

우리의 문자, 성명도 한자이고, 과거제, 관혼상제, 왕조체제 등이 모두 중국의 모델을 딴 것이었고, 복장은 원나라 몽고족의 영향을 많이 받았다.

B.C. 108년, 한 무제가 위씨 조선의 옛 땅에 낙랑·진번·임둔·현도 등 한사군을 설치한 것을 비롯하여 수·당·원·명·청나라들이 우리나라를 침략하거나 우리나라에서 일본과 전쟁을 치렀고, 조공을 받기도 했다. 대륙과 육지로 연결되어 있어 특히 평안도와 황해도가 많은 영향을 받아왔다.

1. 제2차 세계대전 이후 북한의 상황

1945년 5월 히틀러의 자살로 유럽에서의 전쟁은 종식되었으나, 태평양에서의 전쟁은 미국 단독으로 일본군과 싸우고 있어, 일본의 항복을 받아내기 위해서는 일본 본토 상륙작전이 불가피해 보이는 상황이었다. 이에 미국은 규슈 상륙을 1945년 11월 1일로 예정한 '올림픽 작전'을 수립하여 13개 사단을 배정하였다. 또한 도쿄 일대에 대한 상륙을 1946년 3월 1일로 예정한 '코로넷 작전'을 수립하여 25개 사단을 배정하여 미8군과 10군을 주축으로 1군을 예비로 하는 계획을 수립하였다.

미 국방성은 일본군이 그때까지 싸워온 양상으로 미루어 미국이 이 상륙작전을 감행함에 따를 손실을 최소 100만 명으로 예상하였다. 당시 일본군 육군 규모는 191개 사단 230만 병력이었기 때문이다.

이에 미국은 1945년 7월 포츠담 회담에서 소련의 대일 참전을 요구하였는데 그 이유는 만주의 일본 관동군이 일본 본토 방어를 위해 전환되지 않게 견제 작전을 펼치게 하는 데 있었다.

포츠담 회담 중 미국의 원폭 실험이 성공하였으며, 미·소가 연합국이었던 만큼 스탈린도 이 사실을 그때 알게 되었다.

1944년 말, 소련의 지상군은 48개 야전군 500개 사단의 규모였다. 일본 항복의 날이 가까웠음을 직감한 스탈린은 13만 6,000개의 열차 객차로 150만 병력을 소·만 국경으로 이동시켰다.

1945년 8월 6일 히로시마에 원폭이 투하되자 2일 후인 8월 8일 일본에 선전포고를 하고 공격을 개시하였다. 소련군은 8월 10일 웅기에 상륙, 8월 16일 원산에 상륙하였다. 이때 한국에 제일 가까이 있었던 미군은 600마일 떨어진 오키나와에 있었으며, 8월 26일 38선에 도달한 소련군은 38선을 봉쇄하였다. 소련은 6일간의 대일전 참전으로 태평양 세력으로 등장할 수 있게 되었다.

1945년 9월 20일, 북한지역에 독자적인 정부를 구성할 것을 지시한 스탈린의 명령에 따라 한반도는 이미 1945년 9월부터 분단국가의 길로 들어서고 있었다.

미국은 건국 초부터 '고립주의 정책'을 채택해왔고 국제문제에 본격적으로 개입하기 시작한 것이 1941년 4월 무기대여법안(Lend Lease Act)이 제정되고서부터라고 볼 수 있다. 당시 일본의 식민지로 있던 한국에 대해 국무성, 국방성 어디에도 아는 사람이 없었다. 38선은 일본군 무장해제를 위해 일반 명령 1호로 1945년 8월 10일 미 합참이 기안, 트루먼 대통령에 의해 재가 되고 맥아더가 공포하였던 것이다.

9월 2일 동경 만에서 맥아더는 일본의 항복을 받았고, 9월 8일 오키나와의 미군이 인천에 상륙하였으며, 9월 9일 하지 장군이 38선 이남의 전 일본군 항복을 받았다.

이승만이 귀국한 것은 10월 16일이었다. 미 군정당국은 전쟁기간 동안의 미·소 연합군 관계를 계속 유지한다는 생각으로 철저한 반공주의자인 이승만의 귀국을 방해하여 왔었다.

2. 김일성의 등장

스탈린은 북한을 위성국화하는 데 적임자로 김일성을 선택하여 소련군 대위였던 김일성을 소령으로 승진시켜 1945년 9월 원산으로 입북시켰다.

김일성의 본명은 김성주로 1912년 4월 15일 평양 부근 만경대에서 출생하였으며 그가 출생하였을 때 부친의 나이는 17세였다. 김일성의 아버지 김형직은 김일성이 다섯 살 때인 1917년 평양을 떠나 중강진으로 이사 갔다가 압록강 건너 맞은편 중국 지린성 린장(臨江)에 정착했다.

김형직은 린장에 '순천의원'을 차리고 세브란스 의학 전문학교 졸업증서를 걸어놓았다. 김일성은 회고록 『세기와 더불어』에서 아버지가 가짜 졸업장을 걸어놓은 돌팔이 의사였음을 시인했다. 평양 숭실중학교를 중퇴한 김형직은 세브란스 의전을 다닌 적이 없었다. 허위학력의 원조였던 셈이다.

김일성은 1926년 중국 공산당 청년 연맹에 가입하였으며, 1931년 항일운동에 참여하였고, 1932년 봄 300명 이내 규모의 게릴라를 이끌었다. 1940년 10월경, 김일성, 김정숙 부부가 간단한 결혼식을 올리고 중국·소련 국경을 넘어갔다.

소련군 지휘하에 들어가서 스탈린그라드 전투에 참전하여 대위로서 2개의 한국인 부대 중 하나를 지휘하였다. 소련사관학교에서 수학하였다고도 하고 황포 군관학교에서 수학하였다고도 한다.

1942년 김일성은 소련군 88저격 여단 소속이 되었으며, 1945년 9월 소련군과 함께 원산으로 들어올 때는 소련군 소령이었고 33세였다.

그는 항일투사, 헌신적 공산주의자 그리고 소련의 도구라는 이 세 가지 모두가 상호 모순 없이 일체가 되는 인물이었다.

그는 살육과 전쟁으로 다져졌으며 문화적 배경이나 인권, 생명의 존엄성, 자유와 같은 개념은 배우거나 경험한 적이 없었다. 교육을 받은 것이 있다면 군사교육이 전부였다.

스탈린은 장차 수립할 북한 정부를 이끌 주요 공산당 간부들을 이미 양성해놓고 있었다. 이들은 모두 36명이었으며, 일부는 소련 태생이었고 일부는 한국에서 망명한 사람들이었다. 이들의 우두머리는 김일성 밑에서 항일 빨치산 운동을 전개한 김성주였다. 또 다른 간부 중 한 명은 소련 태생으로 고도의 교육을 받은 남일이었다. 그도 김성주와 같이 소련군에서 복무했다.

김일성이 북한의 통치 권력을 장악한 것은 점령군인 소련 군대의 무력이 그를 뒷받침했기 때문이다. 모택동의 말대로 권력은 '총구'에서 나오기 때문이었다.

남북한 분단 당시, 모든 면에서 북한이 남한보다 유리했다. 산업화에 필요한 대부분의 지하자원이 북한에 있었고, 전기(수풍댐), 비료(흥남 질소비료 공장), 적절한 인구(1,000만 명), 풍부한 삼림 등 북한 지도층이 국가경영을 잘하였더라면 굉장히 살기 좋은 나라로 만들 수 있었다.

그러나 김일성은 행복한 사회를 본 적도 들은 적도 없었다. 사람은 자기가 잘할 줄 아는 것을 하고 싶은 법이다. 그는 전쟁으로 남한을 정복하는 것을 필생의 목표로 삼았다. 그래서 일으킨 것이 6·25전쟁이고, 거의 달성했던 목표를 미국(UN)의 개입으로 실패하였다.

김일성은 최정예 부대를 낙동강 전선에서 상실하였고, 맥아더의 북진으로 압록강을 건너야 할 최악의 궁지에까지 몰렸다. 맥아더뿐 아니라 그를 이은 리지웨이, 클라크 등 모두가 핵투발을 언급하였다. 김일성은 하늘이 노랗게 변하는 것을 경험하였을 것이다. 그래서 그가 핵개발을 시작한 것은 1960년대였다.

　1949년 6월 철수하였던 미군을 다시 한반도에 불러들인 것은 김일성이 일으킨 전쟁이었다. 미 전 국무장관 키신저가 그의 저서 『디프로메시』에서 밝혔듯이 UN군이 원산과 청천강을 연하는 한반도의 동서가 가장 짧은 허리에서 전진을 멈추고 견고한 방어진지를 구축하였더라면 제공권과 제해권이 UN군에 있었던 만큼 동해와 황해 방면에 문제가 없고 방어선과 압록강 · 두만강 사이를 완충지대(buffet zone)로 설정하게 되니, 중공군의 개입이 없었을 것이라는 논리에 수긍이 간다.

　맥아더 사령부가 중국을 너무 얕잡아보고 중국에 대한 연구가 없었던 것이 재난을 가져왔다고 생각된다.

　중공군의 공세로 북위 37도선까지 후퇴했던 UN군이 현재의 휴전선까지 전진한 1951년 6월, 휴전회담이 제기되었다. 공산군은 휴전회담 기간 중에 총 길이 4,000km에 달하는 거대한 요새를 구축하였다. 휴전선 북쪽 비무장지대에 연해 있는 이 요새는 임진강 하구−강원도 고성을 관통한다. 제2차 세계대전 때의 마지노선이나 서부 방벽을 능가하는 규모이다.

　중공군은 1951년 8월부터 진지구축에 나섰다. 1951년 10월 중공군 사령부는 '거점은 반드시 갱도식(지하에 뚫어 놓은 길)으로 확보하되 깊이는 5m 이상으로 파라'고 지시하였다. 주요 거점은 2층으로 만들었다. 방공, 방호, 방독, 방수, 방습, 방한의 7방(防)이 공사의 원칙이었

다. 폭약은 유엔군의 불발탄으로 만들고 주위에 철공소까지 세워 삽
과 곡괭이를 제작했다.

중국 군사과학원 2005년 자료에 따르면 중공군과 북한군은 1952년
말까지 한반도를 횡으로 가로지르는 250km의 전선 곳곳에 지하갱도
즉, 땅굴을 거점으로 한 요새를 만들었다.

총 길이 287km에 이르는 9,519개의 통로와 총 길이 3,683km에 이르
는 78만 4,600개의 참호가 만들어졌다. 폭탄 대피소와 지휘소·관측
소·토치카는 10만 1,500개나 되었다. 서해~동해안까지 폭 20~30km
의 거대한 개미집이 만들어진 형상이었다.

『모택동 선집』 제15권은 '지하 만리장성'에 대해 "어떤 사단도 3개
월의 식량을 보관할 지하창고와 강당이 있어 생활이 대단히 편했다"
고 써 놓았다. 중공군의 땅굴작전은 곧 위력을 발휘했다.

1952년 10월부터 김화 오성산 인근에서 벌어진 저격능선 전투와
삼각고지 전투는 2만 명 이상의 전사자가 생겼다. 그런데도 유엔군은
저격능성 일각만 확보하는 것에 그쳤다. 지금도 휴전선 북쪽인 김화
오성산 일대에는 유사시에 6만 명의 병력이 숨을 수 있는 지하시설이
존재하고 있다고 한다(조선일보, 2009.10.10).

중국은 1840년 아편전쟁 이래 안정된 기간이 없었다. 태평천국의 난
(1851~1864), 제2차 아편전쟁(1856~1860), 청일전쟁(1894~1895), 의화단
의 난(1899~1901), 신해혁명(1911), 청조의 멸망(1912), 원세개의 등장
(1912~1916), 5.4운동(1919), 손문의 연소용공(聯蘇容共) 정책(1921~1925),
국민정부 창립(1925), 장개석의 북벌과 통일(1926~1931), 모택동 노선
의 출현(1927~1928), 장개석의 공산당 근거지 공격(1930~1936), 서안

사건과 2차 국공합작(1936), 중일전쟁(1937~1945) 등이 일어났다.

청일전쟁 이래 50년간의 일본 침략이 제2차 세계대전 종식과 함께 끝이 났다. 곧이어 국부군과 중공군이 내전에 들어가고 1949년 10월, 모택동의 승리로 끝났으나 지역에 따라 소규모 전투는 계속되고 있었다. 그리고 8개월 후에 일어난 6·25전쟁에 모택동은 모든 사람의 반대를 무릅쓰고 개입했다. 그 이유가 무엇이었을까?

나는 중국과 북한과의 관계를 순망치한(脣亡齒寒)으로 표현한 주은래의 말 속에 그들의 속내가 있다고 생각한다. 입술과 이는 하나이지 분리될 수 없다. 6·25전쟁 휴전회담기간, 주로 중공군을 동원해서 작업한 군사분계선 북방 갱도공사는 '국경선' 개념으로 작업하였던 것이라 생각한다.

한사군 등 역사는 '땅 소유 문서'이고, 동북공정은 그들에게 '땅문서 정리'인 것이다. 김정일 사망 이후 중국이 취하는 일련의 조치는 이러한 맥락이 아니고는 이해할 수 없는 것이다.

6·25전쟁 중 중공군은 북한군 인명 피해를 포함하여 200만 이상을 상실하였으며 북한 주민의 희생을 150만 명으로 보고 있다(조선일보, 2010.7.9).

모택동이 가장 아끼던 장남이 한국전쟁에서 사망했으며, 모택동은 그의 시신을 북한 땅에 그대로 매장하도록 지시했다. 모안영의 묘는 평양에서 100km 떨어진 평남 회창군에 위치하고 있다.

한반도의 허리에서 대륙세력과 해양세력이 균형을 이룬 것은 쌍방이 핵무기를 보유하게 된 데 그 원인이 있다. 전쟁을 일으켜 철수했던 미군을 불러들이고 중국군 사령관 팽덕회의 계선상 부하직위에서 근무하였던 김일성은 30대의 혈기만 믿고 전쟁을 도발한 것에 대해 반성을 하였을까?

　그는 계속하여 군비증강에 전 국력을 집중하여 4대 군사노선 등을 추진하였다. 70년대 통일, 80년대 통일하는 바람에 그 시절 영관 및 장관급 장교생활을 하던 나는 고달프고 힘든 군복무를 하였다.

　생각해보니 불쌍한 대상은 북한 주민과 북한 군대이다. 전술기, 탱크, 야포, 포탄 등을 계속 증강하느라 그들은 굶고, 힘든 생활을 하였다. 훈련에는 장비를 움직일 기름이 필요하고, 기름도 돈이다. 그런데 장비는 낡아가고 구식이 되며, 포탄은 녹이 슨다. 유지, 보수하는 데 엄청난 돈이 든다. 훈련시킨 병사는 세월이 가면 늙고 병들고 죽는다.

　김일성도 눈이 있고 심장이 있는 인간이다. 나이 늙어가며 백성이 굶주리는 것을 보니 마음이 찔렸을 것이다. 그래서 백성에게 '이팝과 고깃국'을 먹여야겠다고 생각했을 것이다.

　해방 당시 영세 농업 국가이던 남한이 1970년대 초 국민 개인소득이 북한을 앞지르더니, 1970년대 말엔 1,700달러에 달했다. 김일성이 죽기 직전에 무엇인가 변화를 추구하고자 김영삼 전 대통령과의 정상회담을 시도하였던 것으로 보인다. 우라늄 핵무기 개발을 중단하는 대가로 미국이 24만 톤의 식량을 북한에 지원키로 한 것이 김정일이 죽던 지난 17일이다. 우연의 일치일까?

　조갑제 닷컴에서 밝힌 <스탈린 독살, 김일성의 죽음도 닮았다>를 인용하면 다음과 같다.

대북 전문가들과 탈북자 사이에선 김정일이 김일성을 죽였다는 이야기가 오래전부터 떠돈다. 1994년 7월 김영삼 – 김일성 회담을 앞두고 부자(父子)간에 갈등이 깊어졌다는 것이다. 김일성은 북한 주민들의 참상을 비로소 알고는 아들을 불신하기 시작하였다고 한다. 김일성이 묘향산에서 회담 준비를 지휘하던 중 심장마비를 일으켰을 때 응급조치가 늦은 것도 김정일이 함정을 팠기 때문이라고 한다. 의사를 태운 헬리콥터가 평양에서 묘향산으로 가던 중 추락한 사건도 음모로 본다.

1953년 3월 5일에 죽은 스탈린을 둘러싼 미스터리도 많다. 비밀경찰 총수 베리야가 독살하였다는 설은 상당한 근거가 있다. 스탈린은 5일간 의사의 적절한 치료를 받지 못하고 거의 방치된 상태에서 극심한 고통을 치르면서 죽어갔다.

2월 28일 스탈린은 측근들과 함께 크렘린 궁에서 영화를 보았다. 그 뒤 모스크바에서 차로 10분 거리인 자신의 별장으로 옮겨 다음날 새벽 4시까지 먹고 마셨다. 베리야, 말렌코프, 불가닌, 흐루시초프가 동석하였다. 흐루시초프 회고록에 의하면 헤어질 때 스탈린은 매우 기분이 좋았다고 한다. 흐루시초프의 배를 쿡쿡 찌르면서 장난도 쳤다는 것이다.

스탈린은 늦잠을 자도 오전 10시에 일어나서 경호원을 부르곤 하였다. 그날은 일요일이었는데 오후가 되어도 기척이 없었다. 경호원들은 부르지 않으면 내실로 들어갈 수 없었다. 저녁 6시 30분에 방에서 전등이 켜졌다. 경호원들은 부르기를 기다렸지만 밤 10시가 되어도 소식이 없자 겁이 난 경호원이 우편물을 전하는 척하면서 문을 열고 들어갔다.

스탈린은 침대에서 밑으로 떨어진 채 의식을 잃은 상태였다. 부서진 시계는 저녁 6시 30분에 멈춰 있었다. 스탈린은 알아들을 수 없는 신음소리를 냈다. 경호원들은 직접 의사를 부를 수 없었다. 당시 스탈린을 담당하던 의사들 중 상당수는 붙들려가 '요인 독살 혐의'로 조사를 받고 있었다. 경호원은 국가안전부로 연락을 하였다. 국가안전부 장관은 책임을 면하려고 "말렌코프와 베리야에게 알려라"라고 했다.

말렌코프는 전화를 받았으나 베리야에게 연락하는 데 시간이 걸렸다. 베리야는 여자들과 파티를 벌이고 있었다. 전화를 받은 베리야는 경호원들에게 '아무에게도 이 사실을 알리지 말라'고 하였다. 베리야가 곧 별장에 도착하였다. 스탈린은 그때 코를 골면서 자고 있었다.

베리야는 의사를 부르지 않았다. 그는 술에 취해 있었는데 경호원들에게 "스탈린 동지가 잘 자고 있는 게 보이지 않는가. 모두 여기서 나가! 잠을 방해하지 마라!"라고 명령하였다.

의사가 온 것은 스탈린이 뇌졸중으로 쓰러진 시각(오후 6시 30분)을 기준으로 하여 12시간 뒤였다. 베리야는 나중에 몰로토프에게 "내가 그를 처치하였어. 내가 당신들 모두를 살린 거야"라고 말하였다(『몰로토프 회고록』).

당시 스탈린은 공안기관을 장악한 베리야를 제거하려는 계획을 추진하고 있었다. 베리야가 너무 강해져 그 자신도 위협을 느낄 지경이었다. 스탈린은 별장에서 의식불명 상태로 5일간을 지냈다. 베리야는 여러 정치국원이 병상을 지키고 있는 자리에서 스탈린에게 험담을 하기도 하였다. 그러다가 스탈린의 의식이 돌아오는 듯하면 달려가 무릎을 꿇고는 스탈린의 손에 키스를 하는 것이었다.

3월 3일 의사들은 스탈린의 사망이 시간문제라고 진단하였다. 베리야는 실권자가 된 것처럼 행동하였고 정치국원들도 묵묵히 따랐다. 말렌코프와 베리야는 긴급 정치국 회의를 주도하고, 후임 수상에 말렌코프, 제1부수상에 베리야를 임명하기로 결의하였다. 베리야는 내무부에 대한 통제권도 행사하기로 하였다. 비밀경찰 등 여러 공안기관을 통합 조정하는 자리에 오른 것이었다.

스탈린의 죽음을 지켜본 그의 딸은 마지막 순간을 이렇게 묘사하였다. "얼굴 모양이 변하고 검은색이 되었다. 입술이 검어졌다. 갑자기 눈을 떴다. 방에 있는 모든 사람들을 훑어보았다. 무서운 눈길이었다. 죽음을 두려워하고, 분노한 눈초리였다. 아버지는 갑자기 손을 올리더니 누군가를 가리키면서 저주하려는 듯하였다. 그러다가 갑자기 숨이 끊어졌다."

이 순간 베리야는 방을 뛰쳐나가면서 운전사를 불렀다. 그 목소리는 환희에 차 있었다. 석 달 뒤 베리야를 거세하게 되는 흐루시초프는 "그의 얼굴은 빛났다"고 기억하였다.

몇 년 전 러시아 역사가 에드바드 라진스키는 스탈린이 죽을 때 경호원으로 일했던 사람을 찾아내 인터뷰를 하였다. 경호원 로가체프는 의외의 사실을 털어놓았다.

스탈린이 그날 "내가 부르기 전에는 방에 들어오면 안 된다"고 한 것이 아니고 그런 지시를 내린 이는 수석 경호원 흐루스탈레프였다는 것이다. 라진스키는 베리야의 명령을 받은 흐루스탈레프가 스탈린에게 독 주사를 놓았다는 결론을 내렸다. 베리야는 그래 놓고는 의사들의 응급처치도 고의로 방해한 것이다.

스탈린의 죽음과 김일성의 죽음이 비슷해 보인다. 통일된 이후, 또는 김정일—김정은이 거세된 이후 김일성 죽음의 비밀이 드러날지 모른다.

3. 김정일의 통치

현명한 권력가는 최후의 순간까지 후계자 지명을 하지 않는다. 후계자를 지명하는 순간, 부하들의 진정한 충성은 후계자로 옮겨가기 때문이다. 후계자 후보 간 충성경쟁을 유발하여 상호견제의 효과도 있고, 자기 권력의 안전도 보장한다. 이른바 '박치기 방식'이다.

김정일의 경우 1974년 2월 노동당 5기 8차 전원회의에서 후계자로 내정된 이후, 1994년 김일성 사망 때까지 20년간 후계 수업을 받고 스스로 권력기반을 닦았다. 이 20년간은 권력이 김일성으로부터 김정일에게로 계속 이동한 기간이었다고 볼 수 있다.

김일성이 사망할 당시, 김일성에게는 간판만 남았을 뿐이었다. 김일성·김정일 동치(同治)기간에 너무나 튼튼히 권력기반을 다진 김정일은 그 기간에 많은 모험적 사건을 저질렀다.

1976년 판문점 도끼 만행사건

1983년 전두환 대통령 암살 미수사건

1987년 KAL기 폭파

2010년 천안함 폭침 및 연평도 포격사건 등

그리고 1995년부터 3년간 350만 명의 주민이 굶어 죽는 고난의 행군을 감행하기도 하였다.

그러나 그 무엇보다도 그를 괴롭힌 것은 1989년 베를린 장벽 붕괴,

소련의 와해, 그 결과로 16개 독립국가연합(CIS)이 출현한 것과 루마니아의 차우셰스쿠의 최후였을 것이다. 그 악몽에서 벗어나고자 그는 많은 기행(奇行)을 하였을 것이다.

견제하거나 직언할 참모가 없는 절대권력이 결국 그의 생명을 재촉한 것으로 보인다. 공식적인 4명의 부인 외에도 기쁨조란 이름 아래 그는 거침없이 주색에 탐닉하였다.

그는 측근들과 파티를 열다가 브랜디 파라디스 100g 석 잔 마시는 사람에게 1,500달러를 주는 식으로 상금을 뿌려 측근을 관리했다. 흥이 오르면 무용수들을 전라로 만들고 간부들과 춤을 추게 하면서도 "춤을 추는 건 좋지만 만져서는 안 돼. 만지면 도둑이야"라고 말했다. 김정일이 인민의 딸들을 사랑한 방식이다.

이러한 무절제한 생활이 2008년 8월 뇌출혈로 쓰러지게 하였고, 스스로도 얼마 남지 않은 생명이라고 볼 때, 28세의 젊은이에게 너무나 힘든 과제를 물려주고 떠날 생각을 하며 초조하였을 것이다. 그래서 2011년 5월엔 창춘~장쑤 등지로, 8월엔 러시아 극동지역으로 강행군하다 12월 17일 8시 30분, 사망하게 된 것이라 본다.

북한은 김정일의 죽음을 51시간 30분간 숨겼다. 공산국가의 독재자가 모두 그러하였지만 북한이 사상 최장시간이다.

4. 김정은의 세습

이제 28세의 청년 김정은에게 남기고 간 큰 유산이 무엇일까? 두 차례의 핵실험과 핵 보유 문제, 대륙 간 탄도 미사일, 농축 우라늄,

108만 명의 대군, 선군정치체제, 기아선상의 650만여 주민, 2012년 3~4월의 춘궁기 등이다.

김정은의 심리, 사고, 가족, 배경인물이 갖는 특성은 무엇인가? 김정은의 잠재의식 가운데 가장 크게 작용할 것이 적자가 아닌 데서 오는 열등감일 것이다. 김일성은 그의 생모 고영희를 며느리로 인정하지 않았다. 성분(혈통)을 중시하는 이 특이한 나라에서 정통성 결핍은 심리적 안정성을 저해할 것임이 틀림없다. 김정은의 어머니 고영희는 2004년에 사망하였으며, 북송교포출신 무용수였다.

성장과정의 교육은 사고(思考)에 지대한 영향을 주게 되는 것인데 정확한 기간을 알 수 없으나, 사춘기에 스위스에서 혼자 교육을 받은 바 있고, 귀국 후 6년간 군사교육을 받은 것으로 되어 있다.

중국의 주은래, 등소평이 젊은 시절 프랑스에 머물렀던 점을 감안할 때, 김정은의 스위스 시절이 어떤 영향을 미칠지는 두고 볼 일이다.

2011년 12월 17일, 김정일의 사망으로 그의 17년 통치는 끝나고 그의 아들 김정은이 28세의 나이로 3대 통치자로 승계될 것이 확실시된다. 이로써 지구촌 세습 독재국 7개 국가 가운데 통치기간이 가장 길고(63년), 유일하게 3대로 이어지는 세습 독재국이 되었다.

현재 김정은에게 가장 가까운 친인척은 김정일의 누이 김경희(65)와 장성택(65)이다. 김정은의 고모인 김경희는 당 정치국 위원이고, 인민군 대장이며 당 경공업 부장이기도 하지만 암환자이다.

고모부 장성택은 국방위 부위원장이며 역시 대장이다. 최초 발표될 당시엔 장의 위원 서열이 232명 가운데 19위였으나 장례 행사 시

<세습 독재국>

순위	국가	통치기간	통치자
1	북한	63년	1대 김일성(1948~1994) 2대 김정일(1994~2011) 3대 김정은(2011~)
2	쿠바	52년	1대 피델 카스트로(1959~2008) 2대 라울 카스트로(동생)(2008~)
3	토고	44년	1대 에야데마 냐싱베(1967~2005) 2대 포르 냐싱베(2005~)
4	가봉	44년	1대 오마르 봉고온딤바(1967~2009) 2대 알리벤 봉고온딤바(2009~)
5	시리아	41년	1대 하페즈 알아사드(1970~2000) 2대 바샤르 알아사드(2000~)
6	아제르바이잔	18년	1대 헤이다르 알리예프(1993~2002) 2대 일함 알리예프(2003~)
7	콩고민주공화국	14년	1대 로랑 카빌라(1997~2001) 2대 조세프 카빌라(2001~)

영구차에서 김정은의 바로 뒤에 위치하여 '섭정의 위치'로 확인되어 실질적 2인자로 지목되고 있다.

2002년 10월 북한시찰단 18명 가운데 한 사람으로서 한국에 왔었으며 귀국 길에 여성 의류 수천 점을 사 가지고 갔다고 한다(북한에서 가장 인기 있는 선물이라 한다). 룸살롱에서 만취하여 북한경제를 걱정하는 발언을 하여 1970년대와 2004년에 실각하기도 하였다 한다.

무슨 이유인지 알 수 없으나, 김정일에게 뺨을 맞고도 태연자약하였다 한다. 군부 내 서열도 급상승한 것으로 분석되나 김정일 가문 혈통이 아닌 태생적 한계가 있을 것으로 판단된다. 그러나 몸을 사리지 않고 직언을 하는 장성택의 섭정과 김정은의 스위스 교육이 잘 맞아떨어지면 혹 언젠가는 등소평 흉내라도 낼지 희망을 가져보는 실마리이다.

장의 위원 10위까지의 10명 중(권력서열로 본다) 김정은(28), 이영호(69), 김영춘(75)을 뺀 나머지 7명의 평균 연령이 83.6세임을 감안할 때 28세의 김정은과 대화하고 논의하기에는 너무 늙었다고 아니할 수 없다. 중간 조정자가 없어 재편 가능성이 높으며, 젊은 층으로 교체 시 기득권층의 반발이 예상된다.

가장 큰 염려는 이 지구 상에서 핵무기 개발 및 사용권한을 가진 인물 가운데 가장 어린 나이라는 데 있다. 미국 프린스턴대의 저명한 신경과학자 샘 왕(Sam Wang) 교수는 "20대는 여전히 뇌가 발달 중인 단계에 있는 나이로 권력을 쥐고 한 나라를 통치하는 것은 매우 위험할 수 있다"고 진단했다.

왕 교수의 분석에 따르면 순간적인 충동을 억제하고 장기적인 계획을 세우는 데 중요한 역할을 하는 뇌의 부분이 20대에도 계속 발달한다고 한다. 다시 말해 20대는 충동을 물리치고 길게 내다보는 능력이 원천적으로 부족할 수 있다는 것이다. 그는 "지금의 김정은과 10년 뒤 아니 5년 뒤의 김정은은 동일한 인물이 아니다"고 말했다.

"미국 건국의 아버지들이 대통령에 출마할 수 있는 나이를 최소 35세 이상으로 제한한 것은 충분히 납득할 만한 이유가 있는 것"이라며 "그보다 젊은 사람들의 경우, 복잡한 결정을 다룰 만한 경험과 기술이 없다"고 지적했다.

김정은의 생일은 1983년 1월 8일인데 그가 후계자로 등장한 이후 1982년으로 바꾸었다. 이유는 김일성의 출생 100주년을 기념하는 강성대국 원년 2012년을 김정일 출생 70주년, 김정은 출생 30주년으로 맞추기 위해서라고 한다.

상징조작을 위해 무엇을 하든, 지금 이 젊은이가 자기의 구상대로 국정을 운영할 여지는 극히 제한적이다. 우선 닥치는 문제들이 모두 너무 시급한 문제들이기 때문이다.

1945년 해방 때 한국 남자의 평균 신장은 166cm였다.

66년 만에 남한은 173cm로 7cm가 늘었지만 북한은 지금 160cm이다. 6cm가 줄어든 것이다. 지금 한국청년의 평균 신장은 독일보다 조금 작고 이탈리아와 같으며 일본보다 크다.

북한에는 굶주림 속에서 1990년대를 보낸 '식량난 세대'가 있다. 그들은 이념에 관심이 없고 오로지 생존만 추구하고 있다고 한다. 김정일 사망 전 1kg에 3,800원 하던 쌀값이 순식간에 5,000원까지 올랐다 한다. 2년 전 화폐개혁 때 20~40원 하던 것과 비교하면 최대 250배가 뛴 것이다. 유엔 보고서에 의하면, 북한 주민의 66%가 끼니를 거른다. 통일부 관계자는 "북한 노동자들의 월급은 평균 3,000원 수준인데 4인 가족의 한 달 생활비는 평균 10만 원 정도"라며, "북한 주민의 생활고가 극심하다"고 말했다.

2009년 12월 화폐개혁 직후 달러당 35원이던 시장 환율은 1년 만에 2,000원으로 올라섰고 2011년 11월 말에는 3,800원으로 뛰었다. 김정일 사망 후 4,000원 안팎까지 오른 것으로 알려졌다.

문제는 또 있다. 평양 시민의 애도 장면만을 보고 북한 주민 전체의 모습으로 오해해서는 안 되는 점이다. 평양과 지방을 두루 다녀본 사람들의 증언을 모아보면 북한은 사실상 두 개의 나라이기 때문이다. 북한에 근무했던 한스 울리히 자이트 주한 독일대사는 "300만 평양 시민과 2,100만 비(非)평양주민은 얼굴색, 옷차림, 지적 수준이 확연하게 다르다"고 말했다.

춘궁기를 앞두고 기아선상의 주민 650만여 명을 어찌할 것인가?

야포의 포구에서 핵무기 실험으로 쌀이 나오는 것은 아니지 않은가.
이제 북한 주민들 사이에 휴대전화가 80만 대 이상 보급된 점도 주목
할 일이다. 휴대전화와 소셜 네트워크 서비스가 아랍세계를 어떻게
변화시키고 있는가를 우리는 2011년 이래 보고 있기 때문이다.

김정은의 행보는 어떠할까? 위기감이 해소될 때까지 일사불란한
모습을 보일 것이다. 김정은의 북한 첫 메시지가 "MB정부 상종 않겠
다"이고 김정일 애도 기간에 적발된 탈북자에 대해 3대 몰살 지시를
내렸다. 2011년 12월 19일 오후 11시 반경 부인과 두 딸을 데리고 압
록강을 건너려다 국경경비대에 체포된 고 모 씨 가족의 사례다.

중국은 2010년 5월과 8월의 북·중 정상회담에서 "중국의 개혁·
개방과 건설의 경험을 소개해주고 싶다", "경제발전을 위해서는 대외
협력(개방)이 필수적이다" 등과 같은 말로 북측에 개방의 필요성을
역설해왔다.

2011년 10월 북한을 방문했던 리커창 부총리는 김정은과 만나 개
방을 화제로 이야기를 나눈 것으로 알려졌다. 북한이 살아남기 위해
선택할 수 있는 폭은 넓지 않다. 등소평이 걸었던 길이다. 문제는 북
한에 등소평의 역할을 할 인물이 있는가이다.

1945년 8월, 해방 후 오늘에 이르기까지 67년 동안, 북한이 걸어온
행보에 가장 결정적인 요소 한 가지를 꼽으라면 나는 법치가 아닌 인
치 즉, 권력에 대한 공개념이 전혀 없는 데서 찾고 싶다. 국가권력 관
리가 헌법과 제도에 의해서가 아니라 1인의 신격화에서 그리고 대물
림에서 죽을 때까지 권력을 누리다가 그것을 개인 재산처럼 자식에
게 세습하는 데서 모든 재난과 불행이 배태되었다고 본다.

어떠한 명분이나 이유로도 이를 찬양하거나 추종해서는 안 되는 이유이다. 중국의 비협조와 우리 외교의 능력 부족으로 수많은 탈북자들이 북한으로 강제 송환되는 가운데서도 2000년 이후 탈북 주민 입국 현황은 다음과 같다.

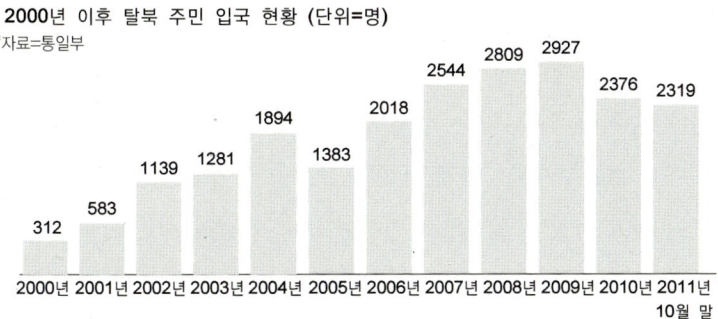

2000년 이후 탈북 주민 입국 현황 (단위=명)
*자료=통일부

아마 지난날 동서독처럼 자유로운 남북한의 왕래가 보장된다면 어떤 현상이 일어날까? 북한 주민은 볼모인가, 포로인가?

북 체제 붕괴 땐 250만 내지 400만의 난민이 생길 것으로 전문가들은 추정하고 있다. 대한민국은 이러한 사태를 훌륭히 치를 수 있게 내부가 정비되어 있는가.

강원도 송도원에 짓는 김정일 일가의 별장은 100m 깊이의 바닷속을 관찰할 수 있는 관망대를 갖추었다. 김정은이 후계자로 부각된 이후 2,000억 원에 가까운 돈을 들여 새로 짓는 주택과 별장은 인민의 삶과 동떨어진 그들만의 천국이다. 3대 세습체제가 무너져야만 북한은 변화할 수 있다.

김제완의 『물리학 이야기』 중 달력에 표시해본 우주 역사에 따르면 창세기를 1월 1일로 표시할 때, 최초의 인간 출현은 12월 30일 밤 10시 30분이고, 농업을 시작한 것이 12월 31일 밤 11시 59분 35초이며, 로마제국 건국이 11시 59분 57초, 문예부흥이 11시 59분 59초라 하니 인류 문명사는 겨우 마지막 1초라는 얘기가 된다.

인간이 출현 이후 살아온 5,400초 가운데 문명사가 마지막 몇 초에 지나지 않음이 인간에게 절대권력이 주어지면 대부분의 세월을 살아왔던 짐승처럼 되고 마는 설명이 될까?

절대권력은 부지불식간에 자신의 감각을 제어하는 능력을 잃게 하고 습관이 되고 마침내 질병으로 변하여 도취를 낳아 시민을 죽게 만든다.

에필로그

우리는 생후 몇 개월 안 되는 유아나 3세, 5세의 아동을 왕으로 추대해 놓고 그 모후나 누군가가 섭정을 하거나 부부, 부자, 형제간 후계 다툼으로 나라를 전란에 휩쓸리게 하는 역사가 세계 거의 대부분의 나라가 겪은 역사임을 살펴보았다.

나는 이 작업을 왜 하였는가?

북한 때문이며 북한을 지지하는 우리 국민이 있기 때문에 이 작업을 하였다. 남북한은 2012년 현재 분단 67년을 맞이하고 있으나 아직 체제 경쟁은 끝나지 않았고 휴전상태이므로 전쟁 중인 상태이다.

대한민국이 오늘날 세계 10위권의 경제 강국이 되고, G-20 주최국이 되었으며 후진국을 원조하는 국가가 된 것은 물론 온 국민의 노력이 가장 크게 작용한 것이지만, 우리의 체제-자유 민주주의 정치체제와 시장경제체제-가 우월한 것에 그 근본이 있다고 본다.

북한의 3대 세습은 시대착오적이고 인류의 역사적 흐름을 거스르는 것이다. 미국 헌법은 국가를 통치할 대통령 후보로 출마하는 자격에 35세 이상이라는 연령적 제한이 정해져 있다.

인간으로서 최소한 필요한 필수적 경험을 쌓을 연륜과 인간 두뇌

발전의 기간을 감안한 과학적 결정이었다.

김정일의 장남인 김정남이 북한의 3대 세습을 일본 일간지를 통해 계속 비판하는 모습을 보면서도 깨달음이 없는가?

대한민국 안보의 가장 위험한 요소는 북한 핵도 특수부대도 아니다. 대한민국 내의 북한 지지 세력이다. '트로이의 목마'이기 때문이다.

나는 이제 80을 바라보는 나이에 이르도록 대한민국 국민과 국가에 큰 은혜를 입으며 살아왔다.

16세에 6·25전쟁을 맞이하고, 18세에 군에 지원 입대할 때도 나는 미래에 대한 큰 희망을 가지고 있었다. 국가가 있음으로 해서 나는 1957년에 도미 유학을 할 수 있었고, 국가와 군은 나에게 민간대학 위탁교육을 시켜주었다.

장교로서 30년간 복무하였고, 공단이사장, 대학교수 생활도 하였다. 국가와 국민 그리고 군에 대하여 깊은 감사 가운데 노후를 행복하게 생활하고 있다.

지금 나의 초미의 관심은 이 땅의 어린이와 젊은이의 미래이다.

나에게는 대한민국이 더욱 번영하고 발전하여 우리의 후손이 우리가 보냈던 세월보다 훨씬 더 잘살게 되기를 바라는 간절한 염원이 있다.

그러자면 남북한의 대결에서 궁극적으로 우리가 이겨야 한다. 중국이나 월남의 길을 걷지 말고, 서독이 걸었던 길을 가야 한다.

나는 북한 공산 치하에서 살아보지 않았지만, 초등학교 4학년 때까지 일제시대를 살아본 경험에서, 북한이 일제시대를 능가하는 동토지대임을 짐작할 수 있다. 나는 6·25전쟁 기간에 굶주림이라는 게 무엇인지를 굶주림이 인간을 어떻게 변모시키는 것인가를 경험으로 알고 있다.

인간이 '기아선상'에 장기간 놓이게 되면, 문화도, 예술도, 체면도, 도덕심도, 자존심도 모두 소멸된다는 것을 안다. 우리 후손들을 그러한 사회로 내몰 수는 없다.

2012년 총선, 대선에서 선출의 기준은 딱 한 가지이다. 지난 20년간 이제 웬만한 사람의 성향은 다 드러났다. 친북좌파만 아니면 누구든 좋다. 다시는 북한에 현금을 주어 핵개발이나 군비를 돕게 하지 말아야 하고 자기를 대통령, 국회의원, 장관으로 만든 기반인 조국 대한민국을 '태어나지 말아야 할 나라'라거나 공공연히 북한이 바라는 발언을 조작해서 하는 사람을 선출하지 말아야 한다.

능력은 조금 떨어지더라도 국가관이 확고한 사람, 국가발전과 국리민복에 정진하려는 올바른 정신을 가진 '모범적 시민'을 선출해야 된다고 믿는다.

참고문헌

김경묵. 『이야기 러시아사』, 청아출판사, 파주, 2006.7.25.
김구진·김희영 편저. 『이야기 중국사』(1, 2, 3권), 청아출판사, 1991.3.10.
김준봉. 『국가위기와 대통령의 역할』, 태영 M&B, 서울, 2007.3.10.
_____. 『이야기 남북전쟁』(1, 2권), 문무사, 서울, 2002.5.30.
_____. 『한국전쟁의 진실』(상·하), 한국학술정보(주), 파주, 2010.6.30.
_____. 『예화중심 리더십』, 박영사, 서울, 1997.6.20.
김상운. 『광기의 권력자들』, 자음과 모음, 서울, 2005.9.21.
김학준. 『러시아사』, 대한교과서 주식회사, 서울, 1991.6.15.
다니엘 리비에르, 최갑수 옮김. 『프랑스의 역사』, 까치, 서울, 1995.8.
뤄 위밍 지음, 김영화 옮김. 『권력전쟁』, 서울, 2011.1.3.
마가렛 대처 지음, 김승욱 옮김. 『국가경영』, 작가정신, 2003.4.25.
앙드레 모로아, 신용석 옮김. 『영국사』, 기린원, 서울, 1991.
_____. 『미국사』, 기린원, 서울, 1994.
_____. 『프랑스사』, 기린원, 서울, 1991.3.20.
역사교육 연구회 엮음. 『이야기 중국사』, 청솔, 서울, 1989.12.1.
와다 하루끼·NHK 취재반 지음, 유영규 옮김. 『사회주의여, 너는 어디로』, 도
　　서출판 글, 서울, 1991.9.1.
이바르 리스너 지음, 김지영·안미라 옮김. 『로마황제의 발견』, 살림출판사,
　　파주, 2007.5.30.
이극찬. 『정치학』, 법문사, 서울, 1994.1.20.
임희완. 『서양사의 이해』, 박영사, 서울, 1999.8.10.
E.M. 번즈·R. 터너·S. 미첨 씀, 박상익 옮김. 『서양문명의 역사』(I~IV), 소나
　　무, 서울, 1994.9.5.
제레미·머리·브라운 편, 김기실 역. 『권력의 초상』, 도서출판 국문, 서울,
　　1981.6.17.
제프리 호스킹 지음, 김영석 옮김. 『소련사』, 홍성사, 서울, 1998.8.27.
E. 카네티, 강두식 역. 『군중과 권력』, 학원사, 서울, 1985.4.30.

패트리샤 버클리 에브리 지음, 이동진·윤미경 옮김. 『케임브리지 중국사』, 시
　　공사, 서울, 2001.4.20.

Col. Vincent J. Esposito. *The West Point Atlas of American Wars, Vol II*, The
　　Dept. of Military Art and Engineering, The U. S. Military Academy, West
　　Point, New York.

Robert G. Athearn. *American Heritage New Illustrated History of the United
　　States*, Fawcept Publications, Inc. New York, N.Y., 1971(Volume 1~16).

Robert Leckie. *The Wars of America*, Castle Books.

성경(Bible).

김준봉

육군사관학교 12기
미 육군 정훈학교(Fort Slocum, N.Y.)
미 육군 민사군정학교(Fort Gordon, GA.)
미 육군 특수전학교(Fort Bragg, N.C.)
연세대학교 교육심리학과 졸업
서울대학교 행정대학원(행정학 석사)
경남대학교 대학원(행정학 박사)

국방부 전략기획국 전략기획과장
군단 참모장
군 작전처장
사단장
육군본부 정책기획실장
육군대학 총장
한국공항공단 이사장
세계민간공항협회 이사, 부회장, 아시아태평양지역 회장
광운대학교 행정학과 교수
광운대학교 경영대학원장
광운대학교 인문사회과학대학 학장
광운대학교 대학원장
동북아공동체연구소 객원연구원
대한민국재향군인회 정책자문위원

『닻을 올리기 전에』(1994)
『예화중심 리더십』(1997)
『이야기 남북전쟁(1·2)』(2001)
『국가위기와 대통령의 역할』(2007)
『한국전쟁의 진실(상·하)』(2010)

세기의 권력자들

초 판 인 쇄 | 2012년 7월 27일
초 판 발 행 | 2012년 7월 27일

지 은 이 | 김준봉
펴 낸 이 | 채종준
펴 낸 곳 | 한국학술정보㈜
주   소 | 경기도 파주시 문발동 파주출판문화정보산업단지 513-5
전   화 | 031) 908-3181(대표)
팩   스 | 031) 908-3189
홈 페 이 지 | http://ebook.kstudy.com
E - m a i l | 출판사업부 publish@kstudy.com
등   록 | 제일산-115호(2000. 6. 19)

ISBN   978-89-268-3628-6 03910 (Paper Book)
            978-89-268-3629-3 05910 (e-Book)

이담 은 한국학술정보(주)의 지식실용서 브랜드입니다.